U0022476

俄羅斯史 增訂四版

謎樣的國度

周雪舫 著

三民書局

國家圖書館出版品預行編目資料

俄羅斯史:謎樣的國度 / 周雪舫著. －－增訂四版二刷.
－－臺北市: 三民, 2017
面; 公分. －－(國別史叢書)
參考書目:面
ISBN 978－957－14－6000－0 （平裝）

1. 俄國史

748.1   104002318

© 俄羅斯史
——謎樣的國度

著 作 人	周雪舫
發 行 人	劉振強
著作財產權人	三民書局股份有限公司
發 行 所	三民書局股份有限公司
	地址　臺北市復興北路386號
	電話　(02)25006600
	郵撥帳號　0009998-5
門 市 部	（復北店）臺北市復興北路386號
	（重南店）臺北市重慶南路一段61號
出版日期	初版一刷　2003年10月
	增訂四版一刷　2015年2月
	增訂四版二刷　2017年10月
編　　號	S 740400

行政院新聞局登記證局版臺業字第○二○○號

有著作權・不准侵害

ISBN　978-957-14-6000-0　（平裝）

http://www.sanmin.com.tw　三民網路書店
※本書如有缺頁、破損或裝訂錯誤，請寄回本公司更換。

增訂四版說明

　　俄羅斯歷史中有許多引人入勝的謎，使人迷惑也使人費解。而同時有鑑於臺灣坊間介紹俄羅斯歷史的專著較為不足，敝局遂請託輔仁大學教授周雪舫老師撰寫一部俄羅斯史，以資讀者認識俄羅斯的興衰，並萃取其經驗。本書以淺近的筆觸，勾勒各時期的政治、外交、經濟、社會、文化等各方面發展，希冀為讀者解開俄羅斯的層層奧祕，甫推出即廣受好評。而為求使內容更豐富、文字更雅潔、版面更美觀，此次再版，著者除調整文句、增添圖片數幀外，並更新大事年表，以求進一步彰顯本書之旨趣，期望讀者在閱讀的過程中，能倍感豐富、舒適。

三民書局編輯部　謹識

代　序

　　若就中國歷史發展的時間秩序來看，俄羅斯歷史的發端就顯得非常遲緩。在西元九世紀，漢、唐帝國早已經開創了中華帝國及發展了燦爛光輝的中華文化時，北歐的一夥或盜或商的航海民族進入了俄羅斯的北部建立了一個據點（此後稱為「新城」的 Novgorod）、然後沿德聶伯河 (Dnieper) 漸漸向南發展經過基輔 (Kiev) 一直到達了黑海邊，這一條被稱為「從瓦里亞吉人到希臘人」(From the Varangians to the Greeks) 的交通大道，帶動了沿途城市的發展，才開啟了俄羅斯的文化。但俄羅斯文化一旦開始發展，其後一千多年中歷史演變的錯綜複雜與詭譎，絕不比相鄰的中國遜色。輔仁大學歷史系周雪舫教授的《俄羅斯史——謎樣的國度》，就是要以通俗的文字及敏銳的分析，把一個或曾被聽聞過、但卻並不熟悉的俄羅斯介紹給讀者。

　　本人與周雪舫教授共同研究及分別教授俄羅斯歷史多年，深知其治學紮實，授課認真、研究謹嚴與寫作克己的精神。為了落實有關俄羅斯與新疆之間貿易關係的博士論文及加強俄羅斯歷史的了解，她曾獨自前往新疆與俄羅斯，除了實地研究與考察外，更浸浴在俄羅斯歷史發源地的大自然環境中，親自體驗創造俄羅斯文化的源泉。當獲知她被三民書局邀請寫作有關俄羅斯歷史一事時，便慶幸撰稿得人，並期待該書早日完稿，能先睹為快。如今不但撰稿完畢，並即將付梓印行，故接周教授來信囑為寫序時，便欣然同意的立刻接受。

　　俄羅斯歷史中確實充滿了許多引人入勝的謎。從一開始，俄羅斯文化的起源就淪入「文化本土論」與「文化輸入論」的糾葛，後來則更演變成為了「斯拉夫派」與「西化派」不同意識形態爭論的精神基礎。一個原來毫不起眼的莫斯科公國，卻在蒙古大汗的卵翼下強大，

俄羅斯史

不但驅逐了蒙古帝國、統一了俄羅斯,更在十五世紀繼承了古羅馬傳統,將顯示東羅馬帝國(拜占庭帝國)雄威的雙頭鷹移植作為莫斯科帝國的沙皇專用,儼然是橫視歐亞兩洲的霸主;「東方正教」也不再是東方正教,因為只有「俄羅斯正教」才是正統。緊接著的羅曼諾夫王朝,就像是貪得無厭的雙頭鷹,在各地搶掠吞食,將莫斯科帝國發展到極致。原來是一個孤立的內陸帝國,經過彼得大帝的征戰與西化,不但開始在歐洲舞臺上叱吒風雲,也從此陷入了其糾纏複雜的旋渦而無法自拔,更無法阻擋西方文化的影響。開明思想、虛無主義、自由主義、工業革命、資本主義、社會主義等一波又一波的西方思潮,洶湧的衝擊著古老的俄羅斯,引起了前所未有的震撼,終致瓦解了舊沙皇秩序。代之而起的是布爾什維克的共產政權,它假借建立人間新烏托邦的迷思,採取了比沙皇時代更殘酷的方式奴役著俄羅斯人民,極力推動著軍事與科學現代化的運動,終於成為世界兩強之一。但曾幾何時,龐大的俄羅斯蘇維埃帝國,就像海灘上的堆沙城堡一樣,被自由的浪潮席捲而盡。這一個充滿著矛盾與衝突的俄羅斯歷史真相,真令人費解。它暗含的精神是什麼?它在人類歷史過程中究竟顯示出些什麼特別的意義?周雪舫教授在她五篇十一章的《俄羅斯史──謎樣的國度》中,就是要替讀者一一解謎。讀者可以慢慢閱讀,更可對照著中國歷史的發展來閱讀,得以獲悉每一個人類歷史都有其獨特性,但也有與其他歷史享有不可分割的共同性。

美國華盛頓塔可瑪社區大學歷史系教授及榮譽課程主任

國立政治大學歷史系教授

賀允宜

中華民國 92 年 8 月 14 日,美國華盛頓州塔可瑪之棄書窖

俄羅斯史
謎樣的國度

目　次

Russia

第 I 篇
初期的俄羅斯
(862−1682)

　　早期人類歷史的發展受到地理環境的影響極大，俄羅斯民族居住的環境尤其如此。分散的斯拉夫部落，在來自北歐的留里克統治下，建立起政府組織，史家稱之為「基輔羅斯」。基輔羅斯與拜占庭帝國進行國際貿易因而形成其特殊的發展。經濟上，上層者以商業活動為主，一般平民仍以農業為主；政治上，係以基輔城邦為主的鬆散邦聯，各親王受限於貴族議會與市民議會，無法專斷獨行；社會上，貴族能自由選擇效忠的親王，農民也能夠自由地遷徙，尚未產生農奴制度；外交上，與四鄰國家或民族有頻繁的接觸；宗教上，接受拜占庭的基督教，豐富了俄羅斯文化的內容。十一世紀中葉後，基輔羅斯陷入長期分裂，加上各游牧民族的侵擾，最終在 1240 年亡於蒙古人。由蒙古人建立的金帳汗國，統治東北羅斯二百四十年，但未干預其東正教信仰。在莫斯科公國的領導下，以宗教作為統一的精神中心，不但不再臣屬於金帳汗國，且統一東北俄羅斯，實行中央集權的統治。1598 年，留里克王朝因無子嗣而結束。經過十五年的內憂外患，羅曼諾夫王朝於 1613 年建立，初期有三件大事值得敘述：1649 年法典的公佈，確立了農奴制度；尼康的宗教改革，造成教會的分裂，卻加強沙皇的權威；烏克蘭哥薩克的歸附，使脫離四百餘年的東烏克蘭重新與俄羅斯合併，俄羅斯正逐步邁向帝國之路。

第一章
基輔羅斯時期
(862–1240)

> 俄羅斯土地的廣袤無垠、遼闊廣大與俄羅斯的精神是相適應的；
> 自然的地理和精神的地理是相適應的。
>
> 別爾嘉耶夫,《俄羅斯思想》
>
> 用理性不能了解俄羅斯,用一般標準無法衡量它：它具有的是
> 特殊性格——唯一適用於俄羅斯的是信仰。
>
> 丘特切夫（F. Tiutchev, 1803–1873,詩人）

第一節　地理環境與民族

一、地理環境

　　俄羅斯 (Russia) 民族的居住地包括歐洲的東部和亞洲的北部,這個地區為一廣大的平原區,被稱為「歐亞平原」,它的特色是「單調」,整個地區為無垠的單一平原地形。人們習慣上以烏拉山 (Ural Mt.) 作為「歐俄」和「亞俄」的分界線,實際上,該山脈並未破壞歐亞平原的統一性,山的兩邊有同樣的地理景觀,是亞洲草原的延續而非天然的分界線,我們稱之為「歐亞俄羅斯」(Eurasian Russia) 或許較適合。

烏拉山也不是個天然屏障，大多是低矮的山丘，最高處只有 1,895 公尺，在西南靠近裏海 (Caspian Sea) 處有個大缺口，使得亞洲游牧民族容易進入歐洲，蒙古的入侵就是一個明顯的例子。

　　若以自然地理區劃歐亞平原，由北向南可劃分為四個地帶。1.苔原帶：蔓延整個北極海沿岸，面積約占全國領土的 10%，是個只長苔蘚、地衣與低矮灌木的冰冷地帶；2.森林帶：位於苔原帶以南，面積約占全國領土的一半；北部為針葉林帶，南部為闊葉林帶；莫斯科 (Moscow)、聖彼得堡 (St. Petersburg)、喀山 (Kazan) 均屬本地帶，是俄國歷史發展的核心地帶；3.草原帶：位於森林帶之南，面積約占全國領土的 30%。本區土壤相當肥沃，為著名的「黑土區」，有「歐洲穀倉」的美稱，烏克蘭 (Ukraine) 即位於本地帶。在十七世紀末葉以前，草原帶是游牧民族活躍的地區，俄羅斯民族無法在此安心耕種；4.沙漠帶：位於草原帶之南，面積約占全國領土的 10%，自裏海北岸、東岸迄鹹海 (Aral Sea) 皆屬之。上述草原帶與沙漠帶於 1991 年蘇聯解體後，大半不屬於俄羅斯聯邦領土，但是它們對於俄羅斯民族的發展有密切的關係。

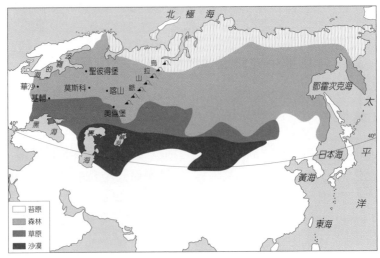

圖 1：俄羅斯自然地理區劃圖

　　歐亞平原佈滿著眾多河流，如同蜘蛛網般密佈著。歐俄的主要河流有涅瓦河 (Neva R., 74km)、德聶伯河 (Dnieper R., 2,201km)、頓河 (Don R., 1,870km)、伏爾加河 (Volga R., 3,690km)，全都發源於離莫斯科不遠處，且海拔不超過 1,500 公尺的湖泊和沼澤地區；另有發源於烏拉山的烏拉河 (2,428km)。位於西伯利亞 (Siberia) 地區的河流有鄂畢河 (Ob R., 4,070km)、葉尼塞河 (Yenisei R., 4,092km)、勒拿河 (Lena R., 4,400 km)、阿穆爾河（Amur R., 4,416km，中國稱之為黑龍江）。由於河水落差小、流得緩慢且少有險灘，極適合航行。主要河流的支流相當多，各河流的流域之間很接近，聯繫上極為便利，是整個國家政治、經濟和文化發展的樞紐。

　　歐亞平原的氣候屬於大陸性氣候：夏季炎熱、冬季嚴寒。因地形的單調使得從北部到南部和從西部到東部的氣候變化不大；分佈在邊境的海洋對內陸氣候影響有限，境內各區的冬季溫度較不受緯度的影響，反倒是經度對溫度的變化較為明顯：愈往東，冬季愈冷；夏季溫度則與緯度相稱❶。

　　地理環境影響俄羅斯歷史極大，建立俄國第一個政府是來自北歐的諾曼人（Norman，意為北方人）；之後來自亞洲的蒙古人統治俄國二百四十年，其造成的武力威脅遲至十八世紀末才完全消除。無障礙的廣大平原與密佈的河流一則便利人民的移殖，俄國著名史家克柳切夫斯基 (V. O. Kliuchevsky, 1841-1911) 就說殖民和國土的開拓是俄國歷史的主題。西歐國家是海外殖民，殖民地遠離本土；俄國是在內陸殖民，殖民地與本土相連，是國土的延伸。二則方便實行中央集權的專制統治，致使俄國文化的發展深具獨特性。

❶例如奧倫堡 (Orenburg) 在聖彼得堡的東南，緯度低了 8 度，經度相隔 25 度，1 月份平均低溫奧倫堡比聖彼得堡低 5°C，7 月份平均高溫高 7°C，全年平均溫度僅低 0.4°C。

　　俄國地理環境中最突出的特徵是國土遼闊，也是最為封閉的內陸國家，與西歐各國形成極大的差異。西歐的地形變化大，海岸線曲折；俄羅斯的海岸線雖漫長，卻無法發揮應有的功能，造成極長的冰凍期。通往大西洋、地中海、波羅的海 (Baltic Sea) 和黑海，在十八世紀初之前一直由其他民族控制，造成俄羅斯與西歐長期的隔絕。俄羅斯在地理上雖然橫跨歐亞二大洲，但是歐洲人不認同它，亞洲人也無法認同它，我們只能說俄羅斯兼具歐亞文化，長期的發展使其文化具有獨特性，其中地理環境的影響是不可忽視的。

二、民族的來源

　　俄羅斯人屬於高加索種的斯拉夫民族 (Slavs)，語言屬於印歐語系 (the Indo-European Languages) 的斯拉夫語族的俄羅斯語。最初居住在喀爾巴阡山 (Carpathian Mt.) 東北部與維斯杜拉河 (Vistula R.) 以及德聶斯特河 (Dniester R.) 上游之間。約在西元一世紀時，斯拉夫人分為東西二支：東斯拉夫人分佈在德聶伯河中、上游，奧卡河 (Oka R.)、伏爾加河上游、德維納河 (Dvina R.) 一帶；西斯拉夫人分佈在維斯杜拉河、奧得河 (Oder R.) 和易北河 (Elbe R.) 一帶。之後，一批東、西斯拉夫人向南遷徙至多瑙河 (Danube R.) 流域和巴爾幹半島 (Balkan Peninsula)，六至七世紀左右，形成南斯拉夫人。

　　東斯拉夫人分為若干不同的部落沿河居住，主要有波利安人 (Polians)、德雷夫利安人 (Drevlians)、克里維奇人 (Krivichians)、拉迪米奇人 (Radimichians)、塞維里安人 (Severians) ⋯⋯等十三個部落。每個部落有一個酋長領導，但是互不相統屬。各部落有自己獨特的習俗、法律，例如波利安人的嫁娶習俗是新郎不親自迎娶新娘，而是在婚前一天請人帶領新娘到新郎府上，第二天男方再送聘金到女方家。德雷夫利安人則盛行搶婚，沒有婚嫁禮儀。克里維奇人、拉迪米奇人也沒有婚嫁禮儀，男女在村落間的聚會中經由唱歌、跳舞熟識，只要雙方情投意合，男子可帶女子回家，他們允許男子擁有二至三個妻子。

居住在德聶伯河流域的波利安人，由基伊 (Kii)、謝克 (Shchek)、霍里夫 (Khoriv) 三兄弟建一座城堡，以長兄基伊之名稱為基輔城，日後成為基輔羅斯的首都，稱之為「城市之母」❷。三兄弟去世後，波利安人和附近一些斯拉夫部落受到來自伏爾加河下游建立起汗國的突厥族哈札爾人 (Khazars) 的征服，向其稱臣納貢。

一條連結斯堪的那維亞半島 (Scandinavia Peninsula) 和拜占庭 (Byzantium) 帝國的水路，被稱為「從瓦里亞吉人 (*Variagi*, Varangians) 到希臘人的道路」：自九世紀初起瓦里亞吉人從芬蘭灣 (Gulf of Finland) 進入涅瓦河，經由拉多加湖 (L. Ladoga)、沃爾霍夫河 (Volkhov R.)、伊爾門湖 (L. Ilmen) 和洛瓦特河 (Lovat R.)，接著將船隻拖上岸，行走一小段陸路即進入德維納河的上游，再經由陸路隨即進入德聶伯河，然後順流而下再沿黑海的西北岸航行，最後抵達君士坦丁堡 (Constantinople) 與拜占庭帝國進行貿易。

瓦里亞吉人向居住在洛瓦特河流域的克里維奇人及附近的其他斯拉夫部落徵收貢賦。依據《往年紀事》（記載 852–1117 年的編年史）的說法，斯拉夫部落將瓦里亞吉人趕回海外，自己管理自己，卻出現內訌而戰亂不已。為了安定，他們邀請瓦里亞吉人統治他們，於是留里克（Riurik，約 862–879）❸ 於 862 年來到諾弗哥羅 (Novgorod)，就這樣建立了俄國歷史上第一個政府——羅斯 (Rus)。二十年後，奧列格 (Oleg, 879–912) 征服了基輔城，因其離君士坦丁堡較近，首都自諾弗哥羅遷至此，所以史家又稱此政府為「基輔羅斯」。

瓦里亞吉人原居住在北歐的斯堪的那維亞半島，為日耳曼部落——諾曼人，他們以海上掠奪和貿易為生，

❷在希臘語裡，首都即各城市之母。

❸本書中對統治者一律附其統治年代，至於非統治者則附生卒年代。

八至十世紀時經常入侵歐洲各地。進入俄羅斯平原（歐亞平原的歐俄部份）的稱為「瓦里亞吉人」（意為商人），然而土著芬人 (Finns) 以「羅斯」稱之。「羅斯」乃芬語「划槳者」之意，以其善於航海駕船之故。少數的瓦里亞吉人統治了多數的斯拉夫人，經由長期的通婚已融合為一，採用「羅斯」的稱號，數世紀後又由「羅斯」轉為「俄羅斯」，二者皆指民族、國家以及其居住地。

第二節　經濟、社會、政治與對外關係

一、經濟生活

　　基輔羅斯於 862 年建立，至 1240 年為蒙古所征服，前後共計三百七十八年。綜觀基輔羅斯近四百年的發展，對外貿易是重要的活動。南方的拜占庭帝國是其主要的貿易對象，其他與西北方的斯堪的那維亞半島、西方的北日耳曼諸城市、東南方的裏海和黑海之間與阿拉伯人進行貿易亦有其重要性。內部的商業活動同樣興盛，基輔、諾弗哥羅、斯摩稜斯克 (Smolensk)、切爾尼戈夫 (Chernigov)、蘇茲達爾 (Suzdal') 等城市，不但是各城邦的政治中心，也是手工業和商業的中心。內部的貿易主要是南部草原帶的糧食供應北部森林帶人民的需要，此外，手工業產品的交換也十分活躍。有關冶鐵、兵器製造、金銀首飾、玻璃製造和製陶的技術都很高。

　　來自斯堪的那維亞的羅斯人向斯拉夫部落徵收貢品，有毛皮、蜂蜜、蜜蠟、穀物、食鹽、奴隸，在強大武力的護衛下，南行至君士坦丁堡，換取武器、酒、絲綢、白銀、黃金、日用品等。如果拜占庭帝國不願與羅斯人進行貿易，或是貿易的數額不能達到羅斯人的要求，羅斯人會以武力迫使拜占庭與之締結商業條約，較著名的有 907 年、911 年、945 年、971 年。關於 907 年條約起於基輔大公奧列格率領大軍乘船進軍君士坦丁堡，殺害希臘人、燒毀宮殿和教堂，拜占庭被迫

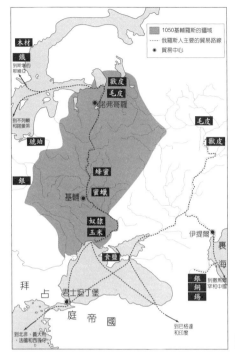

圖 2：基輔羅斯河流與貿易圖

求和，支付一筆龐大的賠款，供應來到君士坦丁堡經商的羅斯商人半年的糧食（麵包、酒、肉、魚、水果），給予免稅貿易權。羅斯商人不准攜帶武器進城，在他們啟程返家時，還可以獲得旅途所需要的食物、錨、纜繩、帆和其他必需品。911 年條約則增加雙方商業糾紛的仲裁方式，例如羅斯人若殺死希臘人，或希臘人殺死羅斯人，可以在行兇現場處死兇手。若行兇者逃亡，以其財產的一部份賠償給受害人的近親；若無財產，行兇者若被逮捕則可處死。

　　941 年基輔大公伊戈爾 (Igor', 912–945) 又遠征拜占庭，迫使拜占庭恢復舊商業條約，雙方並簽訂軍事協定以對抗共同敵人——佩切涅格人 (Pechenegs) 和馬札爾人 (Magyars)。971 年條約也是在基輔大公斯維亞托斯拉夫 (Sviatoslav, 945–972) 武力相逼之下簽訂的。

　　960 年代之後，斯維亞托斯拉夫大公征服了位於伏爾加河下游、

頓河流域、北高加索山之間的哈札爾汗國，不但擴增版圖，且掌握由此通往東方的商路。這是當時歐洲人控制的唯一東西方貿易路線——通過裏海、中亞，抵達印度、中國的一條絲路，在伏爾加河流入裏海的哈札爾汗國首都伊提爾 (Itil) 售有中國的絲綢、印度的香料。

由於內部的手工業和商業發達以及對外貿易的興隆，基輔羅斯時期大量使用貨幣。初期以牲畜和毛皮當作貨幣，十世紀中葉起開始使用金銀貨幣，至十世紀末出現了鑄幣。從《羅斯法典》(*Russkaia Pravda*)❹可看出無論是對殺人犯、偷盜者、傷害他人身體、縱火者、越界耕種者等的懲罰，大多以罰款處理。《羅斯法典》可說是「錢」的法典，顯示國內外商業皆發達，貨幣交易普遍。從法典條文中看不到死刑與坐牢，雖然早期允許仇家復仇，不久之後即以罰款代替。

商業活動對於親王來說固然重要，但是農業在基輔羅斯時期也同等重要。廣大的民眾是以農耕為主，到了基輔羅斯後半期，親王逐漸以土地收入為主，農業成為經濟的主要基礎，這是因為對外貿易漸衰，商業收入減少且不固定的關係。

二、社會和政治

大致說來，基輔羅斯早期呈現出自由開放的社會；到了後期，階層之間的流動極緩，但是職業仍是自由而非世襲的。

位於社會頂端的是親王 (*kniaz'*, Prince)，是各城邦最高統治者，基輔親王則被稱為「大公」(Grand Prince)，地位最高，這些親王均是留里克的後裔。在親王之下，屬於社會上層者是親王的軍事扈從 (*druzhina*)，充當親

❹《羅斯法典》由三部法典組成：1.《雅羅斯拉夫法典》，由雅羅斯拉夫 (Yaroslav) 大公參考拜占庭的法律，配合斯拉夫人的風俗習慣彙編而成；2.《雅羅斯拉夫維奇法典》，由雅羅斯拉夫的三個兒子依據前法典加以修改和補充；3.《莫諾馬赫法典》，1113 年由莫諾馬赫對前二部法典再加以修改和補充。

王的軍事和商業顧問。雙方的關係是契約式，一旦期滿，這些軍事扈從可以選擇其他親王作為效忠對象，不會構成背叛的罪名，先前親王賜與的土地和金錢不必歸還。此外有一種沒有軍事義務的貴族，包括早期斯拉夫部落的貴族和經商致富的巨商，這兩種貴族稱之為「包亞」(boyar)。隨著留里克家族的繁衍，其部份後裔已與包亞無異。

位於社會中層是經營店鋪的市民、從事國內外貿易的商人、富農，他們約占總人口的 13%，除自由外沒有任何特權。屬於社會底層的有工匠、自由的農民、半自由的負債農民（債務還清後即恢復自由之身）和奴隸。

瓦里亞吉人稱羅斯地區為加爾達里基 (Gardariki)，意為「城鎮之地」(Land of City)，有資料可查的就有二百七十座。其中有因戰略地位而建的城鎮（城堡），有因手工業中心或因商業和貿易的發展而成為城鎮。基輔大公是諸親王公認最高的統治者，然而各親王在其城邦內有自治權，有自己的政府、自訂外交政策。各城邦由貴族組成的議會「包亞杜馬」(Boyar Duma) 對於親王有極大影響力，重大事件若未經其同意，親王不敢貿然行事。另由市民組成的市議會（維契，"veche"）對於限制親王增稅、是否繼續作戰亦能發揮影響力❺。市民亦組成由親王供應馬匹和武器的軍隊，但只參與重大戰役。總之，基輔羅斯未實行中央集權，係以基輔城邦為主的鬆散邦聯。

三、對外關係

基輔羅斯在外交上與四鄉交往頻繁，此與興盛的對外貿易相互生輝。在留里克去世之後，一直都有瓦里亞

❺ 例如 1068 年，基輔市民召開維契，要求繼續對抗東南方的游牧民族波洛維茨人 (Polovtsy)。大公不願接受，憤怒的群眾趕走大公，另立波洛茨克 (Polotsk) 城邦親王為大公。

11

❻國教指某種宗教係該國官方所規定的宗教，該國人民一出生即理所當然為某宗教之信徒。有關神學理論、教義之解說和生活習俗均依官方之規定，違者視為異端，異端不但得不到政府和社會的保護，且是遭受攻擊的對象。

❼契丹人所建立的遼國於 1125 年亡於金國，一些契丹人西徙至今新疆建立西遼，不久統治了中亞地區。

吉人來到俄羅斯平原，充當軍事扈從或從事商業活動，故瓦里亞吉人的習俗、文字影響羅斯文化。日耳曼人向東擴展至波羅的海，與羅斯有商業往來，以斯摩稜斯克為主要貿易城市。基輔大公與神聖羅馬帝國皇室有多次的皇室聯姻，教皇係透過日耳曼人、波蘭人與基輔羅斯來往。羅斯與拜占庭的關係至為密切，除了商業活動、皇室聯姻之外，更自拜占庭接受基督教並成為國教❻，高級神職人員不但由拜占庭派任，且多半為希臘人。藉由宗教信仰，拜占庭文化影響羅斯不但廣泛且深遠。高加索山 (Caucasus Mt.) 是基督教與伊斯蘭教的交會點，分佈在北高加索山的奧塞梯人 (Ossetians)、科索吉安人 (Kosogians) 曾受雇於基輔大公為傭兵。

羅斯與南高加索的喬治亞人 (Georgians) 有皇室聯姻，和亞美尼亞人 (Armenians) 共組軍事同盟對抗波蘭人。在東方是透過商業活動與土耳其人、伊朗人來往。東南方則是信奉伊斯蘭教的游牧民族，有佩切涅格人、波洛維茨人，阻礙了羅斯認識更遙遠的東方，不過他們知道統治中亞的契丹人❼，因此俄文的「中國」與契丹同音 (Kitai)。羅斯與其他斯拉夫民族亦有來往，其中與波蘭人的關係最為密切。前後有八位羅斯親王娶波蘭公主，有十一位羅斯公主嫁給波蘭國王。

第三節　基督教成為國教

一、改信基督教

在改信基督教之前，東斯拉夫民族的宗教信仰是崇拜祖先和大自然。他們相信祖先會保佑自己的子孫，以

油煎薄餅、肉、蜂蜜等食物供奉在祖先墳前祭拜。自然界的風、雷、電、火、水等威力無比，於是崇拜雷神、火神、風神、太陽神、林神（狩獵者的保護者）、水神（捕魚者的保護者）、家神；又因為東斯拉夫人是農業民族，故也崇拜畜神、繁殖女神等。這種多神信仰並沒有供奉神明的廟宇，木製的神像就放在露天下，也缺乏有組織性的宗教機構，僅有個別的法師對民眾施行法力，為其治病或驅逐惡魔。

哈札爾人早已在 865 年左右信奉猶太教，居住在伏爾加河上游的保加爾人 (Bulgars) 約於 920 年信奉伊斯蘭教，鄰近的丹麥人、挪威人、波蘭人均已信奉羅馬教皇統轄的基督教，拜占庭帝國亦信奉基督教，當時的基督教尚未分裂，但是雙方的差異極大。由於接觸的民族有不同的一神論宗教信仰，羅斯有機會比較和選擇最適合自己的宗教信仰。依據《往年紀事》的記載，弗拉基米爾大公 (Vladimir, 978–1015) 得知伊斯蘭教的戒律是實行割禮、不准吃豬肉，尤其對於不准飲酒最無法苟同。對於生活在寒冷地區的俄羅斯人來說，飲酒是取暖的好方法，所以弗拉基米爾說：「飲酒是羅斯人的享受，我們不能沒有它。」

由羅馬教皇派來的使者說明基督教的戒律：「依個人身體的強弱行齋戒。我們的老師保羅說過任何人所吃的和喝的都是上帝恩賜的。」弗拉基米爾對這樣的戒律沒興趣。實際上，由於羅馬教皇主張教權高於主權，又經常有政教之間的衝突，這對一個統治者來說是不利的。對於哈札爾人所信奉的猶太教須行割禮、不吃豬肉、遵守安息日等教規不表意見，但是詢問他們的祖國在哪裡？他們回答在耶路撒冷，因為有罪所以被上帝驅逐而成為異邦人。弗拉基米爾不願接受亡國民族的宗教，況且猶太人民的彌賽亞（救世主）尚未來臨，暗示即使以世俗統治者的權力也無法拯救人民。

最後，來自君士坦丁堡的希臘人也出現在弗拉基米爾的面前，提及「任何人只要接受我們的信仰，必能夠死而復活並且得永生。凡不信仰主耶穌基督的人，在上帝再次降臨審判人們時，他們將遭炙燒」。弗拉基米爾聽得很入神卻無法立即做決定，於是派使者實地考察每種

宗教的儀式以及他們如何禮拜上帝。

弗拉基米爾的考察團對於君士坦丁堡的聖索菲亞 (St. Sophia) 大教堂首先是驚嘆其富麗堂皇的建築和裝飾，在聆聽唱詩班動人地歌頌上帝後相當感動，又迷戀其隆重優美的彌撒儀式。他們說當時的感覺是不知道自己身在天上還是人間，因為在人間從未看過如此優美和華麗的景象，那是無法用言語來形容，只知道上帝與他們同在，這樣的禮拜比起其他的宗教儀式好得太多了。又說：「如果希臘人的宗教不好，那麼您那位聰明絕頂、極有智慧的祖母奧莉加 (Ol'ga, 945–962) 就不會受洗了。」奧莉加曾擔任十八年的攝政，於 955 年前往君士坦丁堡，由拜占庭帝國皇帝和教長 (Patriarch) 共同見證奧莉加成為基督徒。之後，陸續有一些羅斯人受洗為基督徒。

基輔羅斯和拜占庭長期有著頻繁的商業接觸，對於基督教並不陌生；再者，拜占庭無論在政治、文化、經濟上均有卓越的表現，接受基督教的客觀條件相當成熟。直接促成弗拉基米爾改信的原因是拜占庭皇帝在 987 年受保加爾人的軍事威脅，於是向他求援，條件是退敗敵人後，允諾許配皇妹安娜 (Anna) 公主，但是弗拉基米爾和其人民必須放棄多神信仰，改信基督教。在弗拉基米爾擊退保加爾人之後，皇帝卻反悔，不願履行婚約，於是憤怒的弗拉基米爾兵臨城下，迫使皇帝遵守約定。弗拉基米爾在拜占庭屈於劣勢的情況下受洗並娶公主為妻，但不臣屬於拜占庭帝國。

二、東正教的特色

弗拉基米爾於 988 年宣佈基督教為國教，下令基輔人民跳入德聶伯河受洗，多神教的木頭神像被燒毀或丟入河裡。之後，基輔羅斯的其他地區亦接到相同的命令。長期對人民影響甚深的多神信仰固然不能公開存在，卻隱藏在新的神祇名下依舊活在人民心中，如先知以利亞 (Ilijah) 的形象和雷神的形象互為表裡。

原本表面上仍維持統一的基督教，於 1054 年正式分裂為西方的羅

馬公教 (Catholic)❽和東方的希臘正教 (Orthodoxy)。分裂的主要原因有：1.爭奪教會最高領導權。羅馬教皇堅持羅馬教會是基督門徒中相當有份量的彼得所建立，理當享有最崇高地位。拜占庭帝國則實行「政教合一」，實際上政權高於教權，皇帝不願在教會上屈從於教皇；2.對聖靈的解釋不同。西方教會主張聖靈來自聖父亦來自聖子，不分彼此，沒有先後之別。東方教會認為聖靈僅來自聖父，這是 325 年第一次大公會議 (Ecumenical Council) 所做的決定，但是西方教會在 589 年未經東方教會的同意下逕行修改，雙方為此爭論不休；3.宗教儀式的差異。東方教會指責西方教會在聖餐禮使用未經發酵的餅；餅和酒被視為耶穌的血和肉，在西方，教徒只能領祝聖後的餅，唯獨神職人員才能同領餅和酒；東方則允許教徒共享餅和酒，分享耶穌的生命。

　　1054 年 7 月羅馬教皇派使者前往君士坦丁堡，就雙方長期存在的差異進行溝通，卻演變為言語上針鋒相對，並互相革除對方的教籍，致使東西方教會持續七百餘年的紛爭，終於徹底分裂。東方教會以「正統」自居，遵守前七次基督教大公會議的決議和 325 年的《尼西亞信經》(Nicene Creed)，故稱「正教」，即「東正教」。西方教會對前七次基督教大公會議的決議和《尼西亞信經》加以補充和修正，因具有「普遍性」而自稱「(羅馬)公教」，即「天主教」。他們在基本教義上並無不同，例如都宣揚獨一無二的上帝、三位一體(聖父、聖子、聖靈)、原罪、救贖、天堂和地獄、末日審判、信望愛等。

　　東正教遵守古老的基督教傳統，堅持不做任何修改、補充和革新，造成東正教的保守性，此為其特色之一。神祕主義是東正教另一個特色，認為真理和真神存

❽羅馬公教於 1517 年因馬丁路德改革宗教而再度分裂，仍以羅馬教皇為最高領導的稱之為「天主教」，其他的則稱為「基督教」(新教或抗議教)，有許多教派如路德教、英國國教、喀爾文教……等等。

圖 3: 東正教十字架　其形狀與羅馬公教單純的「十」字架不同。

在於信徒的信仰之中，特別重視宗教儀式，至於教理和教條不是重點；認為人們可以通過懺悔把心靈奉獻給上帝，通過贖罪來拯救自己的靈魂，通過祈禱得到永生。拜占庭的教會視皇帝為上帝選民的代表，是神在人間的代表以及教會最高的領袖，皇帝有權任免君士坦丁堡教長、召開宗教會議、批准宗教會議的決定、詮釋教義和制定教規，故教會依附於世俗政權之下，這也是東正教的特色之一。再者，羅馬教皇是所有天主教會的最高領袖，東正教會則各自維持獨立自主的地位，互不相統屬。

　　東西方教會的區別還在於：天主教所有神職人員一律不准結婚，東正教除了高級神職人員不能結婚外，允許地方教士結婚，但只能結一次婚，其教職由子嗣世襲；西方舉行彌撒是以拉丁語進行❾，東方允許使用地方語言；天主教教堂內備有長椅子供教徒跪坐祈禱，東正教教堂內沒有椅子，教徒在冗長的禮拜儀式中只能站立；唱詩歌時，天主教唱詩班有風琴伴奏，東正教唱詩班沒有任何樂器伴奏，純以人聲呈現；天主教聲稱天堂和地

❾天主教會遲於1962-1965 年召開「梵蒂岡第二次大公會議」才允許使用地方語言進行彌撒。

圖4：聖索菲亞大教堂 (1037)　位於
基輔，有十三個洋蔥形圓屋頂，代表
基督及其十二位門徒。

圖5：聖母像 (1037)　用彩色馬賽克
鑲嵌成的，位於基輔聖索菲亞大教堂
內。

獄之間存在「煉獄」（鍛煉靈魂，洗滌生前罪惡的場所），東正教否認
煉獄的存在；天主教教堂為莊嚴、雄偉的羅馬式或哥德式的建築；東
正教教堂的建築風格為拜占庭式，有數個洋蔥形（或說未剝開而完整
的蒜頭形）屋頂，飾以鮮豔的塗料或鍍上金箔顯得金光閃閃，在冰天
雪地中十分耀眼且讓人感到溫暖。

第四節　基輔羅斯的衰亡

一、內　憂

　　基輔羅斯的衰亡可說是內憂和外患所造成的。內憂方面有爭奪王
位的內訌、國際貿易的衰退，外患有南方草原游牧民族的侵擾。
　　雅羅斯拉夫鑑於其父弗拉基米爾、祖父斯維亞托斯拉夫兩代均發

生諸子爭奪王位的鬩牆之爭，於是擬訂新的王位繼承法。規定基輔大公是各親王最高的統治者，由長子擔任，其餘諸子分封各城邦，距基輔愈近的城邦地位愈高。大公去世後，各親王依長幼順序以及考慮個人的才能和封地的人口數加以調整其封地。每次大公去世後，各親王的封地也跟著重新調動。新的王位繼承法不但造成各親王以武力爭取大公或較大城邦的統治地位，亦造成各親王「五日京兆」之心，因其統治時期不長，其子嗣亦不可能繼續統治，永續經營的態度蕩然無存。

　　隨著留里克家族的繁衍，親王之間的關係越來越疏遠。羅斯的國土也分裂為各自獨立的城邦。基輔大公在雅羅斯拉夫去世後逐漸無法派任官員至各城邦，也就是說已無法強制各城邦納貢。各城邦也再分裂成數個獨立的小邦，例如切爾尼戈夫城邦分裂成切爾尼戈夫、諾弗哥羅—塞維爾斯克 (Novgorod-Seversk)、庫爾斯克 (Kursk)、特魯伯切夫斯克 (Trubchevsk) 等小城邦，基輔羅斯不再是強盛的國家。

　　基輔羅斯的經濟基礎在於國際貿易和農業生產，二者不分軒輊。十一世紀末威尼斯 (Venice) 商人獲得在君士坦丁堡貿易的特權，減少了基輔與君士坦丁堡的貿易機會。到了 1204–1261 年之間，由於十字軍東征，拜占庭帝國由拉丁人支配，間接削弱基輔羅斯的經濟利益。南方草原由游牧民族波洛維茨人占據，控制經由伏爾加河與東方的貿易，也阻礙了基輔與君士坦丁堡的貿易。十三世紀初，由日耳曼人組成的騎士團以德維納河口（即今日拉脫維亞 "Latvia" 的首都里加 "Riga"）處為基地定居下來。他們逐漸控制了波羅的海，商業是主要的活動，將里加、普斯科夫 (Pskov)、諾弗哥羅納入「漢撒同盟」(the Hanseatic League)。於是南北水道均受阻，國際貿易大受影響。

二、外　患

　　在外患方面主要是受南方草原游牧民族的侵擾。基輔羅斯建國之初就面臨抵抗由突厥人建立的哈札爾汗國的命運，汗國衰微後，又有新興的游牧民族佩切涅格人取而代之，由於基輔羅斯的強盛，大約到

了十一世紀中葉已不構成威脅。新興的游牧民族波洛維茨人隨即向羅斯發動襲擊，此時的基輔羅斯漸衰微，為抵抗其入侵，雙方均耗盡國力，這使得直接來自亞洲的蒙古人極易將雙方征服。

　　基輔羅斯長期對抗游牧民族，產生了許多可歌可泣的故事。斯維亞托斯拉夫即位後四處征戰，迫使保加爾汗國歸順、哈札爾汗國潰敗，又將入侵基輔的佩切涅格人趕走。但是斯維亞托斯拉夫在 973 年自拜占庭敗退欲返國重整軍隊，途經德聶伯河險灘，突遭埋伏的佩切涅格人襲擊而喪生。佩切涅格汗將斯維亞托斯拉夫的首級砍下，將其頭蓋骨鑲以黃金製成杯子，作為飲酒之器❿。

　　在抵抗波洛維茨人方面有個動人的故事。1185 年諾弗哥羅—塞維爾斯克城邦親王伊戈爾 (1178–1202) 不顧妻子與一些貴族的反對，勇敢地率軍深入草原，欲討伐波洛維茨人，不幸受傷且被俘虜，其子弗拉基米爾也被俘虜。大汗欲與伊戈爾結盟共同統治羅斯，邀請俊男美女載歌載舞引誘之，然而伊戈爾不為所動。次年，有位波洛維茨人協助伊戈爾逃出囚牢，平安返抵家園。大汗為了把弗拉基米爾羈留下當人質，以女兒許配，但是公主卻與弗拉基米爾一起返回羅斯。十二世紀末有位不知名的詩人寫下《伊戈爾的故事》，詩人感慨羅斯各親王彼此爭鬥而遭致波洛維茨人入侵，他呼籲親王們停止內鬥而致力於保家衛國⓫。

　　蒙古人的興起與強盛可說是歐亞平原的大風暴，農業民族自然不是他們的敵手，其他的游牧民族亦輕易地被擊敗。蒙古軍在拔都 (Batu Khan, 1208–1255) 的領導下於 1236 年征服保加爾汗國，接著攻下羅斯東北方的數個城邦。1240 年攻下基輔，放火焚城並屠殺人民，倖存的人民

❿ 據說以某人之頭蓋骨作為酒杯，盛酒飲下之後，此人的智慧和勇敢將和酒一起傳給飲酒者。這是歐亞平原上游牧民族的習俗。

⓫ 十九世紀的作曲家鮑羅定 (Alexander Borodin, 1833–1887) 為此故事作曲，完成《伊戈爾王子》歌劇，其中具有濃厚東方風格的「韃靼人之舞」是一般人熟悉的曲子。實際上，鮑羅定未完成此劇的作曲工作，後由林姆斯基·高沙可夫補充完成。

只得四處逃離，基輔成為廢墟。1242 年拔都建立「金帳汗國」(Golden Horde，或稱為欽察汗國)，以伏爾加河流入裏海處的薩萊 (Sarai) 為首府，統治羅斯長達二百四十年。

第二章
蒙古的統治與莫斯科
公國 (1240–1598)

韃靼人與摩爾人不同，雖然征服我們，卻未帶來代數學，也未
帶來亞理士多德。

　　　　　　　　　　　　　　　　　　　　普希金

第一節　金帳汗國的統治與莫斯科公國的興起

一、金帳汗國的統治

　　蒙古在中國所建立的元朝，採直接統治方式，由蒙古人派官直接管理；對於羅斯則採間接統治，委派當地親王負責。這是因為基輔羅斯後期係各城邦分立，並無統一的國家組織，蒙古人須先整合內部方能直接統治，如此既耗力且費時，不如各親王直接向可汗效忠，由親王統治各城邦繼續其分裂狀態，致使各城邦無法聯合抵抗。再者，羅斯領土遼闊，森林與沼澤密佈，不易深入，採間接統治方能事半功倍。蒙古將權力委託給一位親王，冊封為「弗拉基米爾大公」，各親王向大公臣服，大公須親自前往薩萊接受冊封。大公負責徵稅、徵兵與鎮壓各地區的叛亂。

　　羅斯受到異族統治二百四十年，致使其歷史的發展改變了方向。首先是原基輔羅斯的疆域分裂為三：東北羅斯以莫斯科公國為主，臣

❶小俄羅斯名稱
源自君士坦丁堡
教長鑑於基輔成
為廢墟，故於
1303 年在加利西
亞 (Galicia) 成立
大主教區，就稱作
「小俄羅斯大主教
區」(Metropolitan
of Little Russia)，
以照顧加利西亞、
沃倫 (Volhynia or
Volyn) 和圖羅夫
(Turov) 等地區的
東正教徒。

服於金帳汗國；西北的諾弗哥羅只要定期向可汗繳稅即
可，並不受蒙古的統治，繼續發展其工商業和國際貿易，
政體係以維契為主的共和政體；西部和西南部（今日白
俄羅斯、烏克蘭）被立陶宛公國兼併，其後烏克蘭轉由
波蘭統治。俄羅斯人因此分成大俄羅斯人，為羅斯人和
土著芬人的混血，由金帳汗國統治；小俄羅斯人❶，即
烏克蘭人，由波蘭人統治；白俄羅斯人，由立陶宛公國
統治。

　蒙古人對於羅斯的統治主要是要求其定期納貢和
提供兵源，至於羅斯人的傳統文化，包含語言、文字、
習俗、社會組織甚而是東正教的信仰均能維持。可汗甚
而給予教會特權，免除其賦稅，使教會土地加速擴充。
在異族統治下，宗教信仰最能夠洗滌人民痛苦的心靈，
東正教的影響更加深遠。修道院不但增多且延伸至北方
荒涼之地，不再像之前侷限於東南繁榮的城鎮，這有助
於邊區的開發。在蒙古人的統治下，羅斯極少與拜占庭

圖6：蒙古統治俄羅斯圖

接觸，促成其東正教的發展含有濃厚的民族色彩，例如聖像畫中出現了本土的風格。東正教會成為維繫民族情感最好的橋樑，莫斯科公國與教會合作，結合強大的武力和高昂的民族精神共同對抗金帳汗國。

　　蒙古可汗的權力至高無上，乃天神授予，不容分割，這種專制的中央集權政體為莫斯科公國沿用，直到1917年沙皇政府崩潰為止。之後的蘇聯為共和國形式，但是專制政體的遺風仍存，其實行的民主政治與西方差異極大。蒙古的人口普查方法、徵稅制度、徵兵制度、專賣制度（例如酒類）、驛站郵傳制度，甚至習俗、服裝（長袍束帶、長統皮靴、高頂皮帽）等對俄羅斯都有很大的影響。蒙古的統治使俄羅斯深具東方色彩，其文化發展與西方不同，可說是蒙古長期統治的結果。

二、莫斯科公國的興起

　　文獻中最早提到莫斯科是在1147年，為弗拉基米爾公國的邊陲小鎮，現在的莫斯科市即以此年為建城之年。源於羅斯托夫‧蘇茲達爾 (Rostov-Suzdal') 公國的第一位統治者尤里‧多爾戈魯基（Yurii Dolgoruky, 1125–1157，基輔大公 1155–1157）❷於1147年將勢力擴及莫斯科河上的庫奇科瓦 (Kuchkovo)，由於該領土主人拒不稱臣而殺之，隨即易名為莫斯科。又在1156年修築設防的木柵，這就是莫斯科最早的克里姆林（城牆之意）。尤里之子安德烈 (Andrei Bogoliubsky, 1157–1174) 在位時，以弗拉基米爾城為首都，其弟弗謝沃洛德 (Vsevolod, 1176–1212) 將公國改稱為弗拉基米爾公國，於是羅斯托夫‧蘇茲達爾公國被稱為弗拉基米爾公國。亞歷山大‧涅夫斯基 (Alexander Nevsky, 1252–

❷今天在莫斯科離紅場不遠的普希金廣場上有座尤里‧多爾戈魯基的青銅雕像，紀念莫斯科「城」的開山始祖。

1263) 於 1263 年把莫斯科城封給幼子丹尼爾 (Daniel, 1263–1303)，莫斯科成為獨立的公國。

　　莫斯科的地理位置對其興起有極大的幫助。莫斯科位於奧卡河(為伏爾加河支流)的支流莫斯科河上，地處東北羅斯中心，是全羅斯陸路和水路的交通樞紐帶。陸路方面，西部的斯摩稜斯克到東部的弗拉基米爾，以及北方的諾弗哥羅到南方的梁贊 (Riazan) 公國的商路，是以莫斯科為交接點。水路方面，莫斯科河繞城而過，諾弗哥羅的商人乘船於莫斯科河駛往伏爾加河下游的裏海，可與東方各國貿易；從西往南，可繞頓河上游，順河而下經由亞速海 (Azov Sea) 及黑海，抵達克里米亞 (Crimea)，在此與義大利和希臘商人交換商品。至十四世紀末，莫斯科已是一個很重要的商業城市。

　　莫斯科四周環繞著茂密的森林，東與金帳汗國之間有梁贊公國和下諾弗哥羅公國隔開，故較少受到蒙古騎兵的侵擾。北面與西面有諾弗哥羅、普斯科夫、斯摩稜斯克公國相隔，使其不至遭受瑞典人、立陶宛人、條頓騎士團的威脅。莫斯科成為當時比較安全的地方，人們為了躲避戰亂紛紛到此定居，使荒野密林成為人口稠密的地區。莫斯

圖 7：今日莫斯科市中心圖　由莫斯科河環繞的莫斯科城。

圖 8: 今日莫斯科克里姆林宮　今日莫斯科紅色城牆長
達 2.23 公里，高 19 公尺，設有 20 個塔樓。綠色屋頂
建築物為今日俄羅斯總統府辦公室。右邊為高達 81 公
尺的鐘樓，建於 1508 年，內有 21 個大鐘，看守者發現
敵人入侵，立即敲鐘，讓軍民隨即備戰。

科地處森林帶南部，有肥沃的灰色和棕色土壤，人口的增長促進了農
業、商業、手工業的發展，不但增加大公的收入，也增強軍備與擴大
軍隊。

　　與莫斯科爭奪弗拉基米爾大公的是特維爾 (Tver) 公國，位於莫斯
科西北方，特維爾河流入伏爾加河處，控制著諾弗哥羅通往伏爾加河
的商路。十四世紀初，特維爾親王雅羅斯拉夫 (1264–1271) 被金帳汗國
冊封為「弗拉基米爾大公」。為了不讓任何一個親王壯大，可汗另外支
持莫斯科的尤里・丹尼爾洛維奇 (Yurii Danielovich, 1319–1325)，並以
其妹聯姻，卻未能削減特維爾公國的勢力。繼承尤里的是其弟伊凡一
世 (Ivan I, 1325–1340)。為了提高莫斯科的地位，伊凡極力拉攏特維爾
不支持的大主教 (Metropolitan) 彼得 (Peter)，在莫斯科為他修築聖母安
息大教堂和豪華住宅，彼得常住在此。繼任的大主教甚而在 1326 年正
式將教座遷到莫斯科，莫斯科成為羅斯的宗教中心，加強其統治的正
統性。

特維爾人民不滿蒙古軍隊在該城劫掠，在 1327 年由亞歷山大 (1326–1328) 率眾叛變。伊凡率軍平定叛亂，處決亞歷山大。1328 年伊凡被可汗冊封為「弗拉基米爾大公」，以後的繼承者大致保留此頭銜。大公負責徵收全羅斯的賦稅，留一些賦稅為己用，金帳汗國不再直接派官徵稅，以免叛亂再起。由於伊凡善於攢錢，因此獲得「卡利達」（Kalita，意為錢袋）的外號。

莫斯科大公對內不斷奪取其他公國的領土，對外除了謹慎獲得可汗的信任外，亦謀思脫離金帳汗國的統治。伊凡之孫德米特里 (Dmitrii, 1359–1389) 九歲繼位，失而復得「弗拉基米爾大公」之頭銜。德米特里於 1367 年在克里姆林的木柵外築石城，增強莫斯科的防禦能力。

莫斯科在德米特里統治下國勢漸強，金帳汗國則在 1360–1380 年因內爭更換十四位可汗，國力漸衰，國土呈分裂狀況。1380 年金帳汗國可汗馬麥 (Mamai, ?–1380) 與立陶宛大公雅蓋洛 (Jageillo, 1351–1434) 訂立同盟，另與梁贊協議共同殲滅莫斯科。德米特里率軍於頓河的「鷸鳥場」(Kulikovo Pole) 大敗馬麥軍隊，在途中尚未與馬麥軍隊會合的立陶宛、梁贊軍隊聽說馬麥戰敗，立即撤軍。德米特里因此役戰勝獲得「頓斯科伊」（Donskoi，意為頓河的）之稱。莫斯科雖獲勝，傷亡亦重，尤其是二年後新可汗托赫塔米什 (Tokhtamysh) 率軍攻擊莫斯科，大肆劫掠與放火燒城，莫斯科不得不再臣屬於金帳汗國。1380 年戰役並非決定性的戰役，但是象徵意義大於實際意義，打破蒙古軍隊戰無不勝的神話，德米特里·頓斯科伊自稱為「全羅斯的大公」(Grand Prince of All Rus)，確立莫斯科公國在東北羅斯的領導地位。

莫斯科的興起與其地理位置的優越性、歷代統治者積極治理公國並擴充疆域、努力獲得可汗信任以換取「弗拉基米爾大公」頭銜，憑藉此頭銜向各公國徵稅得以擴充財源與增強軍備，此外，其王位繼承法對公國的強盛有莫大的幫助。東北羅斯各公國習慣上採取諸子均分的繼承法，不但造成諸子為繼承引發內爭，繼承的土地也越來越小，終至貧弱。如十五世紀初從雅羅斯拉夫分出來的札奧澤爾 (Zaozer) 公

國的親王德米特里，其封地僅府邸一幢，其有一子甚而因貧困而入修道院。

　　莫斯科公國採取長子繼承法，長子繼承的土地超過諸弟的總和，使長子的勢力愈來愈強。長子繼承法須經長時期因勢利導方能達成，尤里於 1325 年去世，無子嗣而由弟伊凡・卡利達繼承；伊凡有二子，長子「傲慢者」西蒙 (Simeon, the Proud, 1340–1353) 去世無子嗣，由其弟伊凡繼承，是為伊凡二世 (Ivan II, 1353–1359)。伊凡二世僅有一子德米特里，自然形成「長子繼承法」。德米特里有五子，由長子瓦西里繼位，是為瓦西里一世 (Vasilii I, 1389–1425)。他繼承了三分之一的領地，此外，德米特里的遺囑交代將交給金帳汗國的貢賦中每 1,000 盧布須給長子 340 盧布。瓦西里一世僅有一子，是為瓦西里二世 (Vasilii II, 1425–1462)。瓦西里二世以十四座城由長子繼承，十二座城給其餘四子，就算是諸弟聯合起來也敵不過長兄。伊凡三世 (Ivan III, the Great, 1462–1505) 鑑於其叔父尤里與瓦西里二世進行長達二十年的王位爭奪戰，以六十六座城給長子瓦西里三世 (Vasilii III, 1505–1533)，三十三座城給其餘四子，以增強長子的實力。瓦西里三世僅有一子，繼位為伊凡四世 (Ivan IV, the Terrible, 1533–1584)，統治俄國長達五十一年，於是長子繼承法大致鞏固下來。

第二節　俄羅斯統一國家的形成

一、東北羅斯的統一

　　莫斯科原是個小小的村鎮，丹尼爾於 1301 年自梁贊公國獲得位於莫斯科河和奧卡河匯合處的科洛姆納 (Kolomna) 城；次年自無子嗣的親屬繼承了相鄰的佩列雅斯拉夫爾・札列斯基 (Pereyaslavl' Zaleskii)。丹尼爾的兒子尤里自斯摩稜斯克公國獲得莫札伊斯克 (Mozhaisk)。結果沿莫斯科河的土地全部歸屬莫斯科公國，以後的莫斯科統治者莫不

以擴充疆域為要務。

德米特里在位期間征服了加利奇 (Galich)、弗拉基米爾、史塔羅杜布 (Starodub) 等公國，與其相鄰的強敵有特維爾、梁贊、下諾弗哥羅。德米特里之子瓦西里一世兼併了下諾弗哥羅公國。

瓦西里一世留給兒子瓦西里二世的是個既大且強的公國，在領土與人口方面遠超過其他公國。東北羅斯的統一除了與莫斯科公國逐漸強盛有關，又與統一的強國方能脫離金帳汗國的統治和阻擋外敵如立陶宛、波蘭、條頓騎士團、瑞典等入侵有關。

伊凡三世於即位後的次年 (1463) 兼併了雅羅斯拉夫爾 (Yaroslavl) 公國，1474 年時又兼併了羅斯托夫公國。當時的諾弗哥羅是個以商業為主的共和國，為了對抗莫斯科，於 1470 年與立陶宛大公卡西米爾四世 (Casimir IV, 1445–1492) 結盟。由於立陶宛大公信奉天主教，伊凡三世乃以諾弗哥羅背叛東正教為由，於 1471 年 6 月揮軍入侵，戰勝後雙方訂約，諾弗哥羅賠款並保證不與立陶宛結盟，但未改變其共和政體。諾弗哥羅是莫斯科統一羅斯的主要障礙，伊凡三世藉口諾弗哥羅的「維契」不允許他享有與他在莫斯科相同的主權，於 1477 年 10 月再度入侵；次年，諾弗哥羅投降，接受莫斯科的統治，象徵議會的鐘被移送到莫斯科，表示無法再實行共和政體，官員改由伊凡三世派任，一些貴族與大商人被迫遷至莫斯科。

特維爾公國是莫斯科統一東北羅斯的另一個強敵。同樣是與立陶宛大公卡西米爾四世結盟的特維爾公國給予莫斯科絕佳的入侵藉口，1485 年終將特維爾公國征服並兼併之。接下來，伊凡三世將目標瞄準維亞特卡 (Viatka) 公國。在瓦西里二世時，維亞特卡公國已接受莫斯科的統治，並支援伊凡三世對諾弗哥羅的征討，但仍有一些強勢貴族不願順從，於是伊凡三世以維亞特卡於 1485 年未派兵支援征討喀山汗國為理由，於 1489 年兼併之。至此，東北羅斯的統一工作大致完成，接下來的普斯科夫和梁贊分別於 1510 年和 1517 年由瓦西里三世兼併。

二、脫離金帳汗國的統治

金帳汗國統治末期相繼分裂為數個汗國：1436 年建立的喀山汗國，位於卡馬河流入伏爾加河處；阿斯特拉罕 (Astrakhan) 汗國於 1466 年建立，位於伏爾加河流入裏海處；克里米亞汗國於 1430 年建立，位於克里米亞半島北部，1475 年起臣屬於鄂圖曼 (Ottoman Turks) 帝國❸。其他對莫斯科較無威脅的汗國有 1391 年成立的諾該 (Nogai) 汗國、1420 年代成立的哈薩克 (Kazakh) 汗國和烏茲別克 (Uzbek) 汗國。

伊凡三世於 1478 年停止向金帳汗國繳納貢賦，阿赫馬特 (Akhmat) 汗與立陶宛大公結盟，率軍征討以迫使莫斯科納貢。1480 年，兩軍在奧卡河的支流烏格拉河 (Ugra R.) 岸對峙。當烏格拉河結冰時，伊凡三世下令撤軍，阿赫馬特誤判為誘其渡河再予殲滅而不敢進攻。由於克里米亞汗國在後方威脅立陶宛，加上內亂使得立陶宛無法派軍支援，阿赫馬特在缺乏糧食又無厚衣禦寒的情況下只得撤離莫斯科。就這樣，莫斯科於 1480 年起永久終止向金帳汗國納貢。次年，阿赫馬特在頓涅茨河 (Donets R.) 被秋明 (Tiumen) 汗國的亦瓦黑汗所殺。1502 年，克里米亞汗國的緬格利‧吉拉一世 (Mengli Giray I, 1478–1514) 趕走阿赫馬特之子失赫‧阿赫馬特，金帳汗國不復存在。

❸鄂圖曼帝國建於 1299 年，英語譯為「鄂圖曼土耳其」或「土耳其帝國」，1919 年正式滅亡。1923 年 10 月土耳其共和國成立，疆域大為縮小。

三、俄羅斯國家的統一

莫斯科公國不但脫離金帳汗國的統治，也因統一了東北羅斯，產生了統一的俄羅斯國家。這個工作在伊凡三世時大致完成，伊凡三世不再只是莫斯科公國的領

❹俄羅斯的國徽一改再改,但始終保留雙頭鷹。1882年確定為雙翅、鷹頭戴著彼得的三頂皇冠、利爪抓著象徵皇權的權杖和金球、胸前戴著盾牌、盾牌上有勝利者聖喬治的圖案。十月革命後,去除皇冠、權杖、金球、勝利者聖喬治的圖案,在鷹下加徽陶里達 (Taurida) 宮圖案。1993年 11 月,葉爾欽總統規定採用十月革命前的紅底金黃色雙頭鷹為俄羅斯國徽。

袖,他自稱為「全羅斯的君主」(Sovereign of All Rus),以拜占庭「雙頭鷹」和家族族徽中屠龍的聖喬治圖案結合為國徽❹。「俄羅斯」一詞係拉丁語對「羅斯」的音譯,初見於十五世紀末的編年史,到了十六世紀在正式的文獻中頻繁地出現,極少再看到有「羅斯」之字眼。此後,以「俄羅斯」稱呼其國名。

統一的俄羅斯國家形成後,原先在封邑時代由貴族自行管理其封邑的行政體系已不適用,須建立起管理全國的中央行政機構。新成立管理各種事務的「局」(*prikaz*):如外交事務局、內政管理局、驛站管理局、糧食局、地產管理局、御庫局、御馬監、官吏局(掌管服役貴族之軍官)、奴隸管理局、宮廷管理局(管理宮廷土地及其居民)。伊凡三世將全國劃分為三大區——弗拉基米爾區、諾弗哥羅區、梁贊區,另有為此三大區專設的「局」,就以三大區命名。

伊凡三世於 1497 年頒佈法典 (*Sudebnik*, Law

圖 9:俄羅斯國徽 承襲拜占庭帝國的雙頭鷹國徽。

圖 10:天使報喜教堂 (1484–1490) 位於莫斯科紅場,歷代沙皇在此舉行洗禮與婚禮。

Code)，從法典內容可看出行政體系由地方分權走向中央集權。「包亞杜馬」仍是國家最高行政機構，實際上由中央各局負責行政權。在司法方面，自富裕者選出地方官，審判農民偷竊、搶劫案件，法典亦規範地方官的權力、訴訟費，擴大「食邑貴族」(kormlenie)❺對大公的責任。法典規定唯有莫斯科大公享有鑄幣權，大公權力的提升也可從法典對於武裝叛亂的罪犯處以死刑看出。法典的頒佈說明統一的俄羅斯國取代了莫斯科公國。

　　在軍隊方面，伊凡三世廢除了各親王領導的扈從軍，建立直接向大公負責以服役貴族為主的常備軍。基輔羅斯至蒙古統治時期的農民均享有自由遷徙的權利，1497 年的法典規定農民每年只能在聖尤里耶夫節（St. Yur'ev，11 月 26 日）前後二個星期遷徙，尚須還清債務並繳納一筆遷徙費。地主若不願農民離去，會在這段期間故意逃避，農民則須再等待一年。

　　隨著統一的俄羅斯國家形成，大俄羅斯民族亦形成。在蒙古統治時期，東北羅斯各公國的經濟、政治互相隔絕，各自的方言、日常生活與風俗習慣亦不盡相同，迨莫斯科公國兼併其他公國，以莫斯科方言為主而融合為統一的語言——大俄羅斯語，此促成統一的「大俄羅斯人」。

第三節　諾弗哥羅共和國與立陶宛公國

一、諾弗哥羅共和國

　　諾弗哥羅意為「新城」，位於拉多加湖與伊爾門湖之間，正當沃爾霍夫河自伊爾門湖流出的出口處，是「從

❺食邑貴族集司法、行政、徵稅權、軍事權於一身，其收入來自審判稅、婚姻稅、關稅，常濫用職權以增加收入。

瓦里亞吉人到希臘人的道路」的起點。來自北歐的留里克於 862 年在諾弗哥羅建立俄國歷史上第一個政府，二十年後以基輔城為新都，卻不減其作為商業城鎮的重要性。蒙古統治時期的諾弗哥羅只需定期向可汗繳稅即可，繼續發展其工商業和國際貿易。

諾弗哥羅共和國的疆域極廣，西起芬蘭灣口、東至烏拉山西麓，南至伏爾加河上游、北至北極苔原帶，此區遠離南方草原，東部又有密林阻隔游牧民族的入侵，唯有西北部易遭敵人入侵。1240 年瑞典人入侵，亞歷山大率軍抵禦，於涅瓦河上擊敗瑞典人，贏得「亞歷山大‧涅夫斯基」（意為涅瓦河的亞歷山大）之美稱。1242 年又遭日耳曼騎士團（German Order，亦稱條頓騎士團 "Teutonic Knights"）入侵，亞歷山大‧涅夫斯基在楚德湖 (L. Chud) 的冰面上攻破日耳曼人的「豬嘴陣」❻，此為著名的「冰上大戰」。

自 1136 年起諾弗哥羅親王由市議會「維契」選出，此舉表示脫離基輔大公的統治。市議會規定親王不能自行宣戰、媾和、徵稅、干涉內政，親王的職責在於領兵禦敵、領導行政、維持秩序。親王若越權，會遭致市議會罷黜甚而驅逐。市長亦由市議會選出，其地位僅次於親王。自 1156 年起主教亦由市議會選出，可看出市議會的權力極大。

市議會的成員是家長，非全體公民；遇有大事由親王或成員敲鐘召集，但非定期召開；任何議案採口頭表決方式，但須獲全體一致通過方能成立，常以爭鬥方式逼迫反對者服從，再不服從，有可能被投入沃爾霍夫河。邁入十五世紀的市議會權力漸失，由少數家族產生的五十位大貴族（含主教、高級官員）所組成的包亞杜馬漸

❻豬嘴陣即楔形陣勢，在前列和左右兩翼部署身穿金屬鎧甲的騎士，中央是步兵。騎士隊以楔形攻勢像豬嘴一樣穿入敵軍，將敵軍隊伍分割開來，造成敵軍的混亂，乘勢獲勝。亞歷山大則以民軍部署中央，主力軍埋伏於兩翼，結果獲勝。

攬大權，但未造成寡頭政府。

十三到十五世紀間，諾弗哥羅成為當時歐洲大城市之一，這有賴於其人口多（約在五至十萬之間）、領地廣大，出產毛皮、蜜蠟、銀等珍貴物品，加上手工業發達且是國際貿易城市之故。1195 年曾與維斯比（Visby，位於波羅的海的哥特蘭 "Gotland" 島）的日耳曼商人簽訂貿易條約，1229 年又分別與斯摩稜斯克、里加 (Riga) 訂立貿易條約。待漢撒同盟❼成立後，諾弗哥羅成為該同盟位於最東端的據點。

諾弗哥羅商人大多在境內與日耳曼商人貿易，至多前往波羅的海沿岸的多爾帕特 (Dorpat)、里加、列瓦爾（Reval，今塔林）。日耳曼商人只能住在「日耳曼區」(German Settlement)，自組基爾特（guild，行會之意），採自治方式。諾弗哥羅輸出品以毛皮、蜜蠟、食鹽、亞麻為主，進口以酒、武器、呢絨、乾果為主。其中以毛皮的輸出最為重要，由毛皮貿易的興衰可看出諾弗哥羅的興衰。諾弗哥羅的毛皮以灰色的松鼠皮為主，曾經是倫敦、巴黎貴族喜愛的奢侈品，十五世紀後松鼠皮價格大降，一般人士容易購得，上流人士轉購昂貴的黑貂皮、狐狸皮，此產於北德維納河流域，但十五世紀中葉後該領地歸屬莫斯科，加上盛產松鼠皮的地區以及毛皮供應路線亦漸由莫斯科公國占領，毛皮供應量遂驟減。此外，1440 年代諾弗哥羅與騎士團交戰，漢撒同盟停止與諾弗哥羅貿易達六年之久，二十年後再度關閉四年，漢撒商人轉移至利瓦尼亞 (Livonia) 地區的城市。致命的一擊乃是莫斯科兼併諾弗哥羅後，於 1494 年中止與漢撒同盟的貿易，結束了諾弗哥羅國際毛皮市場的地位。

諾弗哥羅共和國的特色在於政治上實行共和政體，

❼漢撒同盟 (Hanseatic League) 成立於十三世紀中葉，東起倫敦城，西迄諾弗哥羅城，由日耳曼人掌控波羅的海區域的貿易，在興盛時期將近有八十座城市加盟，十六世紀後主要因荷蘭的興起而漸衰。

經濟上以國際貿易為主，是個繁榮且重要的商業共和國。唯其內部不團結，無法抵抗實行中央集權的莫斯科公國，1478 年被征服後亦結束共和政體與國際貿易。

普斯科夫位於佩普斯 (Peipus) 湖南端，原屬諾弗哥羅統治的小城市，到了 1348 年獨立。其實行的政體與諾弗哥羅相似，市議會的權力甚而更強大。1510 年被莫斯科公國兼併，結束了共和政體。

二、立陶宛公國

立陶宛位於波羅的海東岸，涅門河 (Niemen R.) 為主要河流。十三世紀時西面有強敵條頓騎士團，分散的諸部落為抵抗敵人，由明多夫格 (Mindovg, 1240–1263) 在 1250 年代統一各部落，又兼併原屬基輔羅斯的一些領土，如格羅德諾 (Grodno)、斯洛尼姆 (Slonim) 等，該區域被稱為「黑俄羅斯」❽，鄰近的「白俄羅斯」有些地區也受其控制。

傳至傑迪明 (Gedymin, 1316–1341) 重新統一立陶宛，將勢力擴及白俄羅斯地區的波洛茨克、維特布斯克 (Vitebsk)、明斯克 (Minsk)、圖羅夫、平斯克 (Pinsk)、布列斯特·利托夫斯克 (Brest-Litovsk)，以維爾納 (Vilna) 為新都，疆域擴大一倍多。歐爾傑德 (Olgerd, 1345–1379) 即位後，於 1362 年兼併基輔和波多利亞 (Podolia)，1366 年兼併沃倫公國。立陶宛公國統治的地區十分之九是前基輔羅斯的疆域，統治的人口有四分之三是信仰東正教的羅斯人。大公並未干涉宗教信仰，彼此的通婚亦普遍。

雅蓋洛 (Jageillo, 1377–1434) 統治時受到條頓騎士團的威脅，為了加強實力抵禦強敵，於 1386 年與波蘭

❽「黑俄羅斯」表示該地區人民需繳稅，「白俄羅斯」表示該地區在未受立陶宛統治之前不需繳稅；另一說法為前者之戰士袍為黑色，後者為白色，故稱之為白俄羅斯。

王室通婚，成為波蘭國王兼立陶宛大公。波蘭是個天主教國家，雅蓋洛遂受洗為天主教徒。多數立陶宛人民亦改信天主教，天主教會獲得多項特權，境內的東正教徒漸失勢。到了 1410 年波蘭與立陶宛聯手擊敗條頓騎士團，之後騎士團一蹶不振，不再構成威脅。至 1445 年卡西米爾四世即位時，立陶宛公國已是東歐強國，疆域又向東擴至維亞茲瑪 (Viazma)、斯摩稜斯克、切爾尼戈夫、波爾塔瓦 (Poltava)，直接與莫斯科公國為鄰。

伊凡三世尋求外交之助力，諸如與喀山汗國維持友好關係，使得東疆無戰爭之慮；又與克里米亞汗國結盟，鼓動其騷擾立陶宛南界；莫斯科也爭取到北方的丹麥為盟友，以外交上孤立立陶宛。伊凡三世常派軍侵擾立陶宛邊境，因此立陶宛大公亞歷山大 (1501–1506) 娶伊凡三世之女海倫 (Helen) 為妻，以緩和彼此之間的緊張關係。

伊凡三世視立陶宛公國為其祖產，最後仍以其女與信仰東正教的俄羅斯人民在立陶宛受到迫害為由，向立陶宛宣戰，戰爭延續三年 (1500–1503) 無甚結果。到了瓦西里三世才收復維亞茲瑪、斯摩稜斯克、切爾尼戈夫，其餘地區尚須等待二百五十年後才回歸俄羅斯。

第四節　俄羅斯專制政體的建立

一、伊凡三世奠立專制政體

在統一的俄羅斯國家形成過程中，中央集權的專制政體亦逐步發展，二者可說是相輔相成。莫斯科公國採長子繼承制，其餘諸子即使聯合亦不足以威脅長兄，大公的權力遠遠超過各親王，為中央集權奠下基礎。

在伊凡三世之前，未有全國性的統一軍隊，大公與親王各自擁有軍事屬從，另外有由市民組成的民兵。遇有戰事，各親王率領其軍隊以應大公的徵召；作戰時，各親王常擅自行動，未必順從大公的指揮。

若突然遭遇敵人入侵，大公不易在短時間內召集，因為每次召集前，大公須與各親王協議。伊凡三世將各親王的軍隊領導權劃歸自己管轄，又剝奪親王效忠大公的選擇權，亦即只能效忠莫斯科大公，若違背則沒收土地；對於投效立陶宛大公（天主教國家）的親王更是加上叛國者之罪名以沒收土地。此外，伊凡三世創立服役貴族 (*dvoriane*, courtier) 封地制，凡服役者獲賜一塊領土 (*pomestie'*, fief)，原土地上的農民為其耕種，若終止服役，其土地歸還政府。此制度的實行與莫斯科公國的不斷兼併有關，如 1471 年兼併諾弗哥羅後創立二千多位服役貴族，多半是出身低微甚而於出身奴隸，這批新興的服役貴族被稱為「德沃里亞尼」(*dvoriane*)，與傳統的包亞貴族不同，後者的土地係世襲的私有土地叫做「沃奇納」(*votchina*)，沒有服軍職的義務。

二、伊凡四世鞏固專制政體

伊凡四世三歲即位，十七歲成年時親政，正式加冕為沙皇 (tsar)❾，此後的莫斯科公國改稱「俄羅斯沙皇國」，簡稱「沙俄」。

十六世紀初服役貴族的封地已遍及莫斯科之外的全國各地，但莫斯科中央地區須等到伊凡四世時才大致完成。1556 年伊凡四世下令規定只要耕地面積達 150 俄畝（1 俄畝等於 1.08 公頃）的地主均有服役的義務，至此，所有的貴族均須服軍職，更有助於中央集權的鞏固。

伊凡四世建立兩支強盛的皇家軍隊，一為「禁衛軍」(*Strel'tsy*, musketeers)，約一千名，享有高薪與特權，於莫斯科郊區配有土地，平時可從事商業活動而不需納稅，至十六世紀末，人數將近二萬人。另一支軍隊係「常

❾沙皇一詞源自羅馬皇帝奧古斯都·凱撒 (Augustus Caesar)，俄人對拜占庭帝國皇帝與金帳汗國的可汗皆稱為「沙皇」，表示元首有至高無上的權力。1572年君士坦丁堡大主教至莫斯科，為伊凡四世舉行沙皇加冕彌撒，此有助於提升其國際威望。

備軍」，配有步槍火藥等新式武器，共一萬二千人，其中五千人駐守首都，七千人戍守邊區。這二支軍隊均由沙皇直接指揮，有利於君主專制政權的建立。

世襲的包亞貴族勢力仍大，包亞杜馬對於沙皇的影響力亦不小。為了對抗舊貴族，伊凡四世於 1548 年挑選親信組成「樞密院」(*izbran-naia rada*, Chosen Council)，制定重要決策，進行一些改革以限制包亞貴族權力。沙皇在包亞杜馬中增加新興貴族人數，減低包亞在貴族議會中權力的行使，此外，在 1550 年正式召開「國民大會」(*zemskii sobor*, Assembly of the Land)，成員有包亞、教士、貴族、商人、農民代表，各階層的代表係由上層指派，非經由投票產生。國民大會的召開係沙皇面臨是否繼續對外作戰、徵新稅、徵新兵，訂立法典、選新沙皇的問題時，作為減弱包亞杜馬權力的一個組織。

沙皇「直轄區」(Oprichnina) 的建立，對包亞貴族是重大的打擊。伊凡四世被稱為「恐怖者伊凡」或「伊凡雷帝」，可知其個性殘暴，濫殺無辜。有兩件事對伊凡四世個性的轉變影響很大。首先是 1560 年皇后安娜斯塔西亞 (Anastasia Romanov) 去世，伊凡怪罪樞密院的成員，於是將他們流放或處死，親屬亦被株連。其後伊凡有六次婚姻，卻都不滿意，有二位妻子被判下獄，一位溺死。伊凡的脾氣愈來愈暴躁，猜忌心也愈來愈重，常懷疑周圍人士陷害他。另一件事是庫爾布斯基親王 (Andrei Kurbsky, 1528–1583) 於 1564 年投奔立陶宛。庫爾布斯基乃伊凡童年時的密友，為樞密院重要成員，在給伊凡的信中，譴責沙皇專制擅權。伊凡回信說明沙皇權力乃神授，任何人不得違抗君主的意志與觸犯君主至高無上的權威。

1564 年 12 月伊凡四世帶領家人與一些親信突然離開莫斯科，前往郊區亞歷山大羅夫斯克 (Alexandrovsk) 村，然後送二封信回莫斯科。一封是給大主教阿法納西 (Afanasi)，指責包亞貴族叛國之種種罪行，亦責難教會庇護這些叛國者，因此沙皇宣佈退位。另一封信是給莫斯科商人和市民，沙皇表示對他們並無不滿，但是貴族的叛逆，使沙皇

出於無奈而出走。這封信語氣溫和,在紅場上當眾宣讀,市民要求大主教和貴族懇請沙皇返回莫斯科。伊凡答應回首都的條件是保證沙皇擁有全權嚴懲叛徒,以及同意將國內一部份土地劃為沙皇直轄區。

「直轄區」的名稱源自「除外」(oprich') 一詞,指撥給遺孀的一塊領地。伊凡四世自 1565 年 2 月起將全國分成兩大部份,一為普通地區,仍舊由包亞杜馬治理;一為沙皇本人治理的直轄區,各有行政機構治理,後者的首都設在亞歷山大羅夫斯克村。凡是劃為沙皇直轄區的地方,原居住該區的貴族被迫遷往普通地區,在普通地區獲得補償地,直轄區的土地則分給「直轄軍」(oprichniki)。直轄軍是伊凡四世專門為直轄區成立的祕密警察,他們身穿特製的黑袍並騎黑馬,馬鞍旁掛上狗頭和掃帚,初期約有一千人,最盛時達六千人。直轄軍對有背叛嫌疑的貴族可以不經審判即逮捕、驅逐或殺害。

直轄區不斷擴大,全盛時期幾占全國一半領土;直轄軍的瘋狂屠殺有增無減,1566 年召開國民大會,代表們請求沙皇廢除直轄區制,結果全遭喪身之禍。大主教阿法納西勸阻無效後離職,繼任者菲利普 (Philip) 不滿教會領地被侵占,責問沙皇何時停止濫殺無辜,結果遭致流放特維爾的修道院,後被直轄軍暗殺。1570 年沙皇親率直轄軍到諾弗哥羅,宣稱該城企圖投降立陶宛公國,主謀者是主教,於是展開殘酷的大屠殺。修道院、富商的財產被沒收,神職人員、貴族、市民被殺者無數。諾弗哥羅經過此次毀滅性的災難後,完全歸順莫斯科,成為一個普通的城市。

伊凡四世於 1572 年 2 月廢除實行七年的直轄區制,這是因為阻礙沙皇獨裁權力的因素已排除。包亞貴族對沙皇不再構成威脅,擁護沙皇的新興貴族已成為專制政體的支柱。為了使新貴族階層維持一定的土地以具備服役的能力,伊凡將部份教產世俗化以解決服役貴族的債務問題,又於 1572 年、1580 年、1584 年三次頒佈法令,禁止教會擴充土地,教徒捐贈土地給教會須經政府的核准。沙皇直轄區制不僅對包亞貴族予以致命的打擊,直轄軍亦搜括農民、殺害百姓,提高賦稅

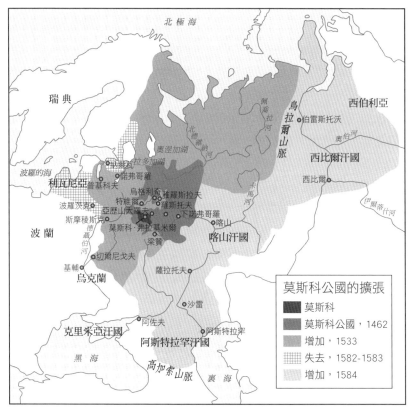

圖 11：莫斯科公國擴張圖 (1261–1598)

和加重徭役，造成農民大量逃亡致使土地荒蕪。為了阻止農民逃亡，自 1581 年起政府經常宣佈該年為「禁年」——剝奪農民每年在聖尤里耶夫節前後二星期更換地主與遷徙的權利，此為農奴制度的前兆，亦是鞏固沙皇專制政體的必然產物。

第三章
混亂時期與羅曼諾夫王朝初期 (1598–1682)

> 周圍的人越是粗野，文明的跡象越是少，他就越覺得自由。
>
> 托爾斯泰，《哥薩克》

第一節　混亂時期與羅曼諾夫王朝的建立

一、留里克王朝的終止

　　1581 年伊凡四世在憤怒中向太子伊凡丟擲權杖，正好擊中太陽穴，太子當場喪命。1584 年伊凡四世因悲傷過度而去世，留下兩個兒子，一個是第一位皇后所生的費多爾 (Fedor I, 1584–1598)，另一位是第七位皇后瑪麗亞 (Maria Nagoy) 所生的德米特里。費多爾身心皆不健全，國家大權由費多爾的妻兄戈都諾夫 (Boris Godunov, 1598–1605) 掌控。史家卡拉姆津 (Nicholas Karamzin, 1766–1826) 在《俄羅斯國家史》一書中謂沙皇費多爾在修道小室或洞穴中比在皇位上更適得其所。

　　戈都諾夫是個精明幹練的輔政者，其最大貢獻莫過於提升教會的地位。莫斯科教會隸屬於君士坦丁堡教長，教長在十六世紀末經常拜訪莫斯科，實際上是接受金援。戈都諾夫勸使教長耶里米亞 (Jeremiah)

❶莫斯科大主教伊西多爾 (Isidor, 1436–1458 年任大主教) 參加 1438–1439 年在佛羅倫斯召開的宗教會議,他與君士坦丁堡教長一致同意與羅馬天主教會聯合。伊西多爾返國後被指為異端並遭到逮捕,不久逃到立陶宛。莫斯科藉機於 1443 年自選大主教。

❷索菲亞是拜占庭末代皇帝君士坦丁十一世弟弟的女兒,母親是義大利人,故長年居住於羅馬,受到羅馬教皇的庇護。

同意俄羅斯教會由大主教區提升為獨立的教長區,1589 年俄國首位教長約伯 (Job, 1589–1607) 就職。莫斯科大主教❶向來由君士坦丁堡教長派任,至 1443 年起改由莫斯科大公選派俄羅斯人擔任。1453 年拜占庭帝國亡於異教徒鄂圖曼土耳其,俄羅斯成為東歐信奉東正教唯一獨立的大國。1472 年伊凡三世娶拜占庭末代皇帝姪女卓約 (Joe,後改名為索菲亞)❷,因此以拜占庭唯一繼承人自居,並使用拜占庭的雙頭鷹國徽。

莫斯科於 1510 年征服普斯科夫城,當地的葉利札羅夫 (Elizarov) 修道院院長菲洛費 (Filofey) 在寫給瓦西里三世的信中提到第一個羅馬因蠻族而淪陷,第二個羅馬 (指君士坦丁堡) 亡於異教徒,但是新的第三個羅馬 (指莫斯科) 自北方誕生,它永遠屹立於世,是最後一個羅馬。於是莫斯科成為拯救所有東正教徒的核心,在提升為教長區後更是名正言順。「莫斯科是第三羅馬」的理論導致教會對所有外來事物採取敵視態度,對俄羅斯民族的獨特性極力頌揚,堅持舊有的一切。

費多爾即位後,即將幼弟德米特里及其生母瑪麗亞移居至北方的烏格利奇 (Uglich)。1591 年德米特里才九歲,與同伴在庭院中玩耍時突然摔倒,小刀正好戳入咽喉而喪命。瑪麗亞皇后堅稱係戈都諾夫派人下毒手,民間亦如是傳說。由包亞貴族舒伊斯基 (Shuisky) 率領調查團前往烏格利奇調查,認為皇子在嬉戲時因癲癇症發作摔倒在刀口上,並非遭受他人殺害,於是將皇后送入修道院以懲罰其照顧不周。

二、混亂時期

1598 年費多爾去世,由於無子嗣,留里克王朝遂告

終止，開啟為期十五年的「混亂時期」。國民大會選戈都諾夫 ❸ 為新沙皇，他雖然勵精圖治，但是自 1601 年起連續三年的饑荒，造成大量人民餓死，飢餓的農民成群結隊搶劫糧食。

　　自戈都諾夫即位後，民間即謠傳皇子德米特里活著逃出烏格利奇，這給予波蘭報復俄國的大好機會。1602 年有位來自莫斯科，曾經當過修士的奧特列皮耶夫 (Gregory Otrepiev) 在波蘭自稱皇子德米特里。這位偽德米特里獲得波蘭貴族姆尼什克 (Yuri Mnishek) 的青睞，應允許配女兒瑪麗娜 (Marina)，條件是統治俄國後，使俄國皈依羅馬天主教；斯摩稜斯克、切爾尼戈夫劃歸波蘭國王西吉斯蒙德三世 (Sigismund III, 1587–1652)。

　　1604 年偽德米特里率領波蘭軍隊與哥薩克 (Cossacks) 越過德聶伯河，向莫斯科進軍。沿途的城市向偽德米特里投降，農民相信他就是真的皇子，紛紛加入行列。1605 年 4 月戈都諾夫突然去世，其子年僅十六歲繼位，是為費多爾二世 (1605)。對戈都諾夫不滿的貴族也接受偽德米特里，舒伊斯基甚而推翻德米特里死亡的調查聲明，宣稱此偽德米特里即是真正的皇子，在位六星期的費多爾被迫去位，旋即被殺害，由偽德米特里繼任沙皇。

　　偽德米特里並未改善農民的生活，也未給予俄國貴族利益。反之，在 1606 年春天與瑪麗娜在克里姆林宮舉行天主教婚禮，數日的豪華宴會引起人民的不滿，暴民殺害波蘭人，貴族則進入宮中殺害偽德米特里，瑪麗娜與其父逃回波蘭。

　　1606 年 5 月舒伊斯基由國民大會推選為沙皇，稱瓦西里四世 (Vasilii IV, 1606–1610)。新沙皇統治期間，

❸由普希金 1825 年寫的劇本與穆索斯基 1868 年譜曲而於 1874 年首演的歌劇《戈都諾夫》，描述人民憎恨沙皇的暴政。此劇不但是俄國民族歌劇的里程碑，在世界歌劇史上亦相當著名。因採用許多俄國民謠作為素材，又打破學院派古典和聲法的法則，影響近代和聲法的創立。

農民與市民暴動不已，以頓河哥薩克領袖波洛特尼科夫❹(Ivan Bolotnikov, ?–1608) 領導的暴動規模最大。1607 年 10 月波洛特尼科夫圍攻莫斯科三個月方被逐出，四個月後設在圖拉 (Tula) 的基地被政府軍搗毀，波洛特尼科夫被捕，以後零星的農民暴動仍不時出現在伏爾加河中部流域。

1607 年秋天在波蘭國王支持下出現了第二位偽德米特里，在修道院的瑪麗亞皇后承認係其子；瑪麗娜亦相認為其夫，並生下一子。1608 年春第二位偽德米特里率領受壓迫的農民和哥薩克在莫斯科附近的圖希諾 (Tushino) 建立總部，設官封爵，儼然為一個小朝廷，一些俄國貴族前來投靠，包括菲拉列特·羅曼諾夫 (Philaret Romanov)。

瓦西里四世為了解圍，派人向瑞典求援，1609 年 12 月雙方達成協議：瑞典派軍援助，俄國將利瓦尼亞和卡列利阿 (Karelia) 劃歸瑞典。1610 年 3 月瑞典軍隊將偽德米特里趕至卡盧加 (Kaluga)，瑞軍進入莫斯科。波蘭國王則率軍越過邊界，派佐爾切夫斯基 (Zolchevsky) 率軍攻入莫斯科，在莫斯科的瑞軍倒戈與波軍聯合於 7 月推翻了瓦西里政府，由包亞杜馬暫時代理 (1610–1613)。包亞杜馬先同意由波蘭王子弗拉迪斯拉夫繼任沙皇，再派菲拉列特為首的代表團前往斯摩稜斯克與波王西吉斯蒙德正式會商。未料此時的波王反悔，想自己擔任俄國沙皇，因此拘禁代表團。莫斯科由波軍控制，瑞典軍隊則攻占諾弗哥羅。

在俄國危急存亡之時，教長赫爾莫根 (Hermogen, Patriarch, 1606–1612) 呼籲人民抵抗波軍。1611 年 10 月，由下諾弗哥羅的富商米寧 (Kuz'ma Minin, ?–1616)❺

即描述此愛國故
事，1836 年在聖
彼得堡「大劇院」
首演。

圖 12: 米寧和波札爾斯基紀念碑 (1804–
1817)，馬爾托斯 (I. Martos, 1752–1835) 雕
刻　位於紅場，紀念 1612 年擊退波蘭軍隊。

出資組民軍，由波札爾斯基 (Dmitrii Pozharsky, 1578–
1642) 指揮。1612 年春第二支民軍在雅羅斯拉夫建立國
民政府。同年 8 月民軍抵達莫斯科，二個月後擊敗波軍，
結束了為期十五年的混亂時期。

三、羅曼諾夫王朝的建立

　　1613 年 3 月國民大會推選菲拉列特年僅十六歲的
兒子米哈伊爾・羅曼諾夫 (Mikhail Romanov, 1613–
1645) 為沙皇，其姑母為伊凡四世的元配。新政府首先
要驅逐留在國內的瑞典和波蘭軍隊，1617 年先與瑞典簽
訂「斯托爾博沃 (Stolbovo) 條約」，瑞典保有芬蘭灣沿岸
地區，使得俄國又與波羅的海隔離，但換取瑞典退出諾
弗哥羅的承諾。1618 年俄國與波蘭在杜利諾 (Duelino)
訂立為期十四年的休戰條約，斯摩稜斯克給波蘭。1634
年雙方再簽訂「波利亞諾夫 (Polianov) 條約」，斯摩稜斯
克仍歸波蘭，波蘭放棄俄國皇位之要求。俄國未能在斯

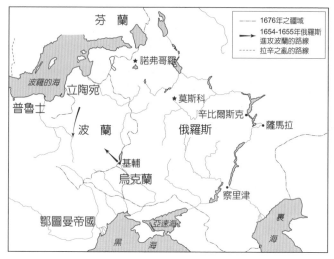

圖 13： 羅曼諾夫王朝初期疆域圖

摩稜斯克獲勝的原因之一是克里米亞韃靼人襲擊南疆，與波蘭媾和之後，俄國積極修築「防禦線」，以確保南方草原的安定。

新王朝的建立標誌著新氣象。先談國民大會，其由盛轉衰代表沙皇權力的擴大。自 1550 年召開首次的「國民大會」以來，於「混亂時期」發揮最大功能，在米哈伊爾登基前，它執行政府權力。當菲拉列特於 1619 年自波蘭返國，被提名為教長兼沙皇「共治者」，於 1622 年鞏固權力後，國民大會開始衰微。

國民大會的權限始終模糊不清，不能提案立法，只有在政府需要它時才召開會議，會期簡短，主要是肯定政府的決策，提供政府諮詢的機構。一旦沙皇權力穩固就不需要它。1648–1649 年召開的國民大會負責草擬新的法典並通過，再來就是 1654 年為討論烏克蘭歸附的問題而召開，此後名存實亡，至 1682 年正式解散。

莫斯科公國自伊凡三世起即朝向中央集權統治，這有賴強大的沙皇削弱貴族的權力。在羅曼諾夫王朝初期，沙皇是政府最高領導人，其下有包亞杜馬與國民大會，行政機構則設立「局」，如軍事局、財稅

局、大使局、奴隸局……等，在米哈伊爾時約五十個局。各機構的職權不明，疊床架屋又難以協調，行政效率極差。在各地區係由總督 (vo-evoda, governor) 總攬財政、司法、警政與軍隊，總督僅需對沙皇負責。由於總督的職權並無明確界定，經常濫權，人民抱怨被剝削到只剩下骨頭。

第二節　尼康的教會改革與分裂

一、約瑟夫與尼爾的論爭

　　至十五世紀末教會在政府的庇護之下已擁有龐大地產，但脫離不了政府的控制，於是引起爭論。以約瑟夫 (Joseph Sanin) 為首的主張：沙皇權力源於上帝，政府有責任維護基督教真理；教會擁有教產才能施展其功能；各種禮拜與儀式均須在固定的形式下進行。以尼爾·索爾斯基 (Nil Sorskii) 為首的則有不同的見解：發揚真理有賴信徒虔誠的禱告，政府無須干涉也不須消滅異端；反對教產，因處理教產使得神職人員分心；反對教堂的修建，信徒內心的誠敬與不斷的祈禱最為重要。可看出尼爾派主張教會脫離政府而獨立，約瑟夫派主張教會為沙皇服務。兩派都要提升教會的權威，但是手段不同。

　　兩派爭論互有勝負，最後因沙皇婚姻而成敗見分曉。瓦西里三世結婚二十年仍無子嗣，欲離婚另娶。尼爾派反對沙皇離婚，約瑟夫派贊成，於是約瑟夫派的大主教丹尼爾在 1531 年的宗教會議上大獲全勝，壓抑尼爾派。第一次的教會改革運動雖然失敗，但是引起人們重新了解《聖經》的需求。希臘人馬克西姆 (Maxim) 於1518 年抵達莫斯科，倡導靈修，主張不受政治與經濟影響的教會。他更將教會書籍譯為俄文，發現俄國使用的教會書籍已有數世紀的錯誤，俄國的禮拜儀式也與拜占庭不同。

　　由波蘭統治的基輔多半是東正教徒，為了抵制波蘭政府對東正教

的壓抑，基輔大主教莫吉拉 (Peter Mogila, 1596-1647) 於 1631 年成立「基輔學院」，以希臘文、拉丁文、斯拉夫文教導，訓練出先進博學的神職人員。他們應邀至莫斯科協助印刷教會書籍，赫然發現俄國教會書籍與禮拜儀式錯誤百出，這些都為日後尼康 (Nikon, 1606-1681) 教長的改革奠下基礎。

二、教會的改革

俄國教會第二次的改革是由尼康教長展開的。尼康出生於貧窮的農家，先是擔任教區教士，為了有更好的發展，獲得妻子同意後進入修道院，1643 年成為北方小修道院院長。1646 年尼康訪問莫斯科，深獲年僅十七歲的沙皇阿列克謝 (Aleksei, 1645-1676) 敬仰，獲邀擔任皇室的「新救世主」修道院院長，1648 年升為諾弗哥羅大主教，1652 年成為教長。

「混亂時期」造成俄國更加仇視外國人，虔誠者視混亂時期的苦難係上帝憤怒的象徵，唯有教士與人民的道德重整，重視虔誠以及維護俄國東正教的民族特色，才能拯救俄國。這是以地區教士為主組成的「虔誠派」(the Zealots of Pity)，於 1630-1640 年代盛行的宗教改革運動。

新王朝建立後引進西方科技，尤其是軍事科技方面，聘用許多外國軍官，使俄國軍官貴族不滿受制於外國軍官。外國商人（英國人、荷蘭人、日耳曼人）的湧入，激起招架無力的俄國商人極力反對。但是俄國政府與經濟依賴外國的工商業技術與資金，頂多在莫斯科郊區建立「日耳曼區」，要求外國人居住該區與經商。日耳曼區內有學校、教堂、規劃整齊的住宅與街道，西方文化與習俗自此處傳給俄國人民。外國的影響力引起俄國保守派人士的驚慌，尤其是教士，深恐削弱東正教純真的信仰與人民的道德。

虔誠派獲得沙皇的支持，尼康在未當教長之前亦支持。1652 年尼康任教長後，企圖增加教會的權威，欲脫離世俗統治。為此，他要求嚴格的教會紀律以凝聚教會內部力量；又要求統一宗教書籍與禮拜儀

式，革除數百年來因手抄經書所出現的錯誤，以及統合各地區不同的禮拜儀式。這些均以希臘教會作為修改的典範，經由希臘人與基輔教士協助改革。

1653 年沙皇下令尼康對教會進行改革，改革主要內容有：教徒不再用兩個手指而是用三個手指劃十字；頌唸「哈利路亞」(Alleluia) 不是二次而是三次；聖像只能仿照希臘樣式；環繞教堂的行進方向非自東向西，而是自西向東行進；神職人員的服裝仿照希臘教會；一些祈禱詞與讚美詩也改變。這些改革立即引起許多教士強烈的反對，但是沙皇支持改革，將不遵守新規定者革除教籍或流放至西伯利亞。

沙皇支持宗教改革，除了與尼康的私人情誼外，自有其政治上的考量。俄國作為東正教世界的中心地位，現在發現因早期翻譯上的問題而沿用數世紀的錯誤當然須要修改，俾能與希臘教會、基輔地區的東正教徒所閱讀的經書與禮拜儀式一致。加上 1653 年烏克蘭請求歸附莫斯科，次年經由國民大會通過，阿列克謝的頭銜已是「大、小、白俄羅斯的沙皇」，統治者有必要統合國內各地區的差異。

三、教會的分裂

不願接受尼康的改革者，仍然沿用舊的經書與儀式，他們自稱為「舊信徒」(Old Believers)，官方則給予歧視的「分裂者」(*Raskol'nilki*) 名稱。舊信徒以阿瓦庫姆 (Simeon Avvakum, 1621–1681) 為領袖，即使受到政府當局的壓迫，仍不惜以身殉道，自焚而死。阿瓦庫姆於 1681 年由當局下令活活燒死，成為舊信徒的精神領袖。

舊信徒不被官方承認，他們多半逃往北部白湖地區，南部哥薩克區或西伯利亞等地區過著隱居的生活，他們受到的限制越來越多，例如不能從事公職；不能當見證人；宗教婚禮不被承認，所生子女為非婚生子女，無法進入公立學校就讀；不能公開禮拜，不能持有聖像、十字架，不能建教堂。以上限制曾有短暫放寬，但直到 1906 年「宗教寬容法案」的頒佈才完全取消。

何以舊信徒不願順從政府頒佈的教會改革方案？舊信徒堅信莫斯科是第三羅馬，即因其維持純真的信仰，若改革教會，莫斯科則不再是東正教的中心。由於不會有第四個羅馬，世界末日必定即將來臨，信徒不可能獲得拯救，這對教徒而言是無法理解的。再者，數百年來的傳統已被接受，如果傳統是錯誤的，之前被封為聖徒是否也是錯誤的？以二根手指劃十字，頌唸「哈利路亞」二次均是 1551 年宗教會議認同的。宗教是神聖的，教義與儀式攸關教徒能否進入天堂，當然不能做任何的變動。

尼康個人專斷的行事風格也是造成教會分裂的原因之一。尼康在未召開宗教會議前就下令執行新禮拜儀式，引起教徒的不滿。為了提升教士的知識水準，對於不稱職的神職人員不是加以訓練就是撤換，取代的有些是希臘教士；尼康創立新的主教區與地方教區，更加控制教區的生活，使得原本較民主的教區失去獨立性，虔誠派尋求加強教士在地方教區的影響力遭受破壞，致使下層教士也反彈。東正教實行多中心政策，君士坦丁堡、亞歷山卓、安提阿、耶路撒冷、莫斯科均是獨立自主的教長區，只要保留教義的純淨與真實性，允許各教區獨特的習俗。在尼康頒佈第一個改革命令時，君士坦丁堡教長即表示反對，而作了上述的聲明。

尼康不但要在教會建立起個人絕對的權威，又認為神權高於世俗政權，他說：「正像月亮的光來自太陽一樣，沙皇的權力來自教會。」尼康經常干預政府事務，此時的沙皇阿列克謝年歲已長，不願尼康繼續專斷；尼康則不滿沙皇蔑視教長，而於 1658 年提出辭呈，離開莫斯科。尼康此舉本是威脅沙皇，期待沙皇請求他復返，未料沙皇將計就計，於 1666 年的宗教會議革除尼康的教長職務，但接受尼康的改革，尼康被放逐至遠方的修道院，1681 年去世。

尼康的教會改革，導致俄國教會史上第一次的分裂。舊信徒不但依循舊的教會儀式，生活上也不接受任何改變。他們是反開化論者、反啟蒙者，保留了俄羅斯古代的習俗、思想與家庭結構，被視為最具

有俄羅斯的獨特性，有強烈的民族特色。由於舊信徒不能公開活動，又缺乏共同的領袖，以後分裂為無數的宗派，無論如何，各宗派的共同點是反對尼康的教會改革。舊信徒人數相當多，至帝俄末期超過 1/4 的大俄羅斯人屬於舊信徒，是反對政府的危險人物。

第三節　農奴制度與哥薩克人

一、農奴制度的確立

1649 年法典 (*Ulozhenie, Law Code*) 規定追捕逃亡農民無時間限制，因而確立了農奴制度。此後，農民世代被束縛於其地主的土地上，失去更換地主與遷徙權，也漸失去部份的人身權，農民被奴役化了。農民仍是隸屬於國家的國民，他們既非佃農也非奴隸（為主人的私人財產，主人可自由處分），卻形同奴隸，故稱之為「農奴」。

政府規定地主重新登記成年男性農民名字以及其居住地，這項調查工作於 1592 年完成。1597 年 11 月費多爾一世下令地主追捕逃亡農民的期限為五年，如果在這期間原地主未尋獲農民，農民就可以留在新地主那裡，或者成為自由民。1601 年遭遇大饑荒，大量農民逃亡，致使戈都諾夫頒佈「禁年」(the forbidden year)❻，以後每年均是「禁年」。1607 年瓦西里四世規定地主追捕逃亡農民的期限延長為十五年，亦即自 1592 年逃亡的農民都必須回到原地主處。

在「禁年」的頒佈與延長地主追捕逃亡農民的期限政策雙管齊下，農民很難再離開原地主處，事實上農民已成為農奴。1649 年的法典只不過是確認上述政策，並

❻「禁年」表示該年即使農民於聖尤里耶夫節付清債務，也不能離開原地主，失去更換地主與遷徙權。

對於逃亡的農民制定了詳細的懲罰條款。法典規定在法典公佈之前或之後所有逃亡農民，無論時間長短均須返回原地主處。逃亡的女性農民若與新地主的農民結婚，則其丈夫、子女必須返回女性農民的原地主處，以示懲罰新地主收納逃亡農民。寡婦於逃亡期間再婚，亦須與夫婿返回前夫地主處。農民於逃亡期間獲得的財富一併歸屬原地主。

農奴制度的形成，與沙皇實行中央集權的專制政體有密切關係。伊凡三世創立服役貴族制，不但保證兵源，也使得沙皇的專制政體得以建立，因貴族若不服役則失去經濟來源，貴族的社會地位與財富有賴於沙皇的保障，貴族只能順從沙皇，不可能與之對抗。

農奴制度不利於工商業的發展。由於農民被迫世代為農民，無法成為自由市民以從事商業活動或手工製造業，亦使得俄國無法產生資產階級。同時期的西歐其農奴已消失數世紀，資產階級不但促使城市興起與商業繁榮，帶來大量財富，也促進代議政體的產生，朝向民主政治發展。反觀俄國，農奴制度使得社會停滯與落後西歐許多。

二、哥薩克與拉辛之亂

哥薩克一詞源自突厥語 "Kazak"，意為「勇敢、自由的人」。他們為了追求自由、平等，脫離重稅、專制統治、農奴化與爭取宗教信仰

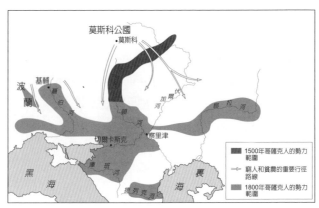

圖 14：哥薩克分佈圖

的自由，因此逃至中央政府管轄不及的地區——德聶伯河下游、頓河、伏爾加河下游、烏拉河、捷列克河 (Terek R.) 與庫班河 (Kuban R.) 流域。大約於十五世紀末十六世紀初形成，成為俄羅斯和烏克蘭歷史上居住在邊境的特殊人群。

哥薩克夾處在波蘭王國、莫斯科公國、克里米亞汗國、鄂圖曼帝國的邊境無政府地帶，這也是盜賊出沒的危險區域，因此養成哥薩克強悍的性格，並且建立軍事化的組織。每一支哥薩克有一位領袖，在俄國稱為阿他曼 (*Ataman*)，在烏克蘭稱為蓋特曼 (*Hetman*)，由「拉達」議會 (*rada*, council) 選出，遇戰爭時享有獨裁權力，戰後即交出權力，恢復平民身份。哥薩克社會起初是個全民平等的社會，無階層之區分。

哥薩克以捕魚、打獵與劫掠為主，也從事簡單的農業生產，養蜂採蜜則是家家戶戶普遍的副業。大致說來，天然資源有限，哥薩克過著貧窮卻享有自由與平等的生活。

「頓河哥薩克」源自十六世紀初從梁贊地區逃亡的農民，1570 年代在頓河下游建立「軍團」(host)，享有自治權，但承認沙皇為最高統治者。自十六世紀末起，沙皇雇用頓河哥薩克戍守南部邊疆，稱之為「註冊哥薩克」(registered Cossacks)。他們是受薪者，配有土地、軍需品，但不需繳稅，仍享有自治權。在 1630 年代「註冊哥薩克」約有一

圖 15: 哥薩克舞蹈　穿著鮮豔服裝，騰躍於半空中或半蹲狀，表現出哥薩克的力與美。

萬一千人，到 1650 年代增加一倍，他們成為享有特權與富裕的哥薩克，其餘占多數的哥薩克屬於貧窮者，成為農民暴動的主要來源。

1667–1671 年爆發的拉辛之亂 (Revolt of Razin)，是反抗農奴制度規模龐大的叛亂。拉辛 (Stepan Razin, 1630–1671) 出身於切爾卡斯克 (Cherkassk) 的富裕哥薩克望族，1663 年曾率領哥薩克軍團對抗克里米亞韃靼人。1665 年其兄伊凡參與俄波戰爭，中途擅自離開部隊返回頓河，結果被判絞刑。拉辛為了報兄之仇，於 1667 年頓河發生饑荒時率領貧窮哥薩克人叛亂，以後有逃亡的農民、工人加入。

1670 年春拉辛宣誓：「誰願與我站在一起，他就是自由的哥薩克」，然後率隊向伏爾加河進軍，先後攻下察里津 (Tsaritsyn)、阿斯特拉罕、薩拉托夫 (Saratov)、薩馬拉 (Samara)。1671 年在辛比爾斯克 (Simbirsk) 被政府軍擊敗後又退回至頓河，不久，被富裕哥薩克出賣交給政府，6 月 6 日在紅場❼遭受殘酷的分屍處決。

拉辛之亂歷經五年終被平定，然而拉辛成為貧窮農民和哥薩克人心目中的「羅賓漢」，是劫富濟貧的英雄好漢。拉辛反抗壓迫的勇敢精神，不斷在民間流傳，成為俄國民歌的素材，至今仍可聽到「斯捷潘‧拉辛」這首民歌。

第四節　征服西伯利亞與兼併東烏克蘭

一、征服西伯利亞

西伯利亞一詞源自由蒙古後裔建立的西比爾 (Sibir)

❼「紅場」位於莫斯科克里姆林宮，著名的建築物如：聖瓦西里大教堂（見本書封面）、列寧墓、歷史博物館、國家百貨商場。俄文中的「紅色」一詞亦有美麗、美好之意。十五世紀末市集交易在這裡舉行，也在這裡處決刑犯。十七世紀中葉才稱這個廣場為紅場。1535–1538 年緊臨著克里姆林外圍建「中國城」（今日仍保留此名稱，但從來就不是華人聚居處），成為莫斯科的商業中心。

汗國，位於鄂畢河中游的額爾濟斯河 (Irtysh R.) 和托博爾河 (Tobol R.) 之間。今日西伯利亞指烏拉山以東一直延伸至太平洋沿岸，北臨北極海，南抵哈薩克中北部山地，以及與中國、蒙古北部邊界，總面積達 1,280 萬平方公里，西南端屬哈薩克 (Khazak) 共和國。

西比爾汗國於 1555 年臣屬伊凡四世，1563 年為庫臣汗 (Kuchum Khan) 所併，改稱庫臣汗國，不肯再向沙皇稱臣納貢。除此汗國之外，廣大的西伯利亞地區僅有散居且互不隸屬的游牧部落。他們僅有弓箭、刀、矛等兵器，無法抵禦有新式武器配備的哥薩克人入侵。

1574 年伊凡四世特許富商史特羅加諾夫 (Stroganov) 家族越過烏拉山以東拓殖，並允擁有私人軍隊開發西伯利亞。吸引俄國對西伯利亞的擴張是珍貴的毛皮，沙皇規定臣服者成年男女須繳納若干毛皮，而毛皮貿易❽也成為俄國主要的財源。此外，俄國往波羅的海的發展，因長達二十五年的利瓦尼亞戰爭 (1558–1583) 戰敗，受阻於瑞典、波蘭，只能向東發展。

早期開發西伯利亞的功臣是哥薩克領袖葉瑪克 (Yermark, 1550–1584)，他因劫掠前往莫斯科宮廷的波斯商隊而被沙皇通緝，1580 年率領五百多名哥薩克投靠史特羅加諾夫家族。次年 9 月葉瑪克越過烏拉山，利用西伯利亞河流密佈的特點，以舟船為工具，深入西伯利亞，1582 年攻占西伯城，俘虜庫臣汗。葉瑪克派人以貂皮二千四百張、海獺皮五十張、黑狐皮二十張呈獻給沙皇，沙皇不但赦免葉瑪克，且派軍支援，接管西比爾汗國。1584 年葉瑪克為躲避敵人，慌忙中乘船逃生，失足溺死於水中。葉瑪克❾奠下俄國開拓西伯利亞的基礎：1585 年俄國在圖拉河 (Tura R.) 上建秋明城，1587

❽自 1586 年起沙皇向西伯利亞人民徵收毛皮稅，直至 1769 年因獸類減少始予廢除。十七世紀毛皮貿易的收入一直占全國歲入的 10% 左右。

❾沙皇追封已去世的葉瑪克為西伯利亞公爵，1839 年在托博爾斯克城建立紀念碑。碑基以花崗石築成，高一公尺，碑身為大理石，高十四公尺，上刻「獻給西伯利亞的征服者葉瑪克」。

年在西伯舊城建「托博爾斯克」(Tobolsk) 城，至 1604 年在鄂畢河中游建托木斯克 (Tomsk) 城。

1598 年庫臣汗國滅亡後，西伯利亞各部落無力抵抗俄國，哥薩克部隊沿著河流水系直抵葉尼塞河與勒拿河流域。1632 年在勒拿河中游建立的雅庫茨克 (Yakutsk) 成為向東部西伯利亞發展的據點。1639 年俄人已抵達鄂霍次克 (Okhotsk) 海岸，建立鄂霍次克城，此處面臨太平洋西岸。1648 年經西伯利亞繞過白令海峽，次年在白令海峽南方建阿納德爾 (Anadyr) 城。1653 年俄人抵烏蘇里江江口建城，以探險者之名稱為哈巴羅夫斯克（Khabarovsk，即伯力）城。1658 年在石勒喀河與涅爾恰河 (Nercha R.) 會合處建涅爾琴斯克（Nerchinsk，即尼布楚）城。

俄國往黑龍江下游處發展受阻於中國清政府，雙方於 1689 年訂立「尼布楚條約」，規定兩國邊界以沿額爾古納河、外興安嶺為界，因此俄國失去黑龍江南岸地區，但是條約允許兩國人民通商，使得當時西伯利亞的皮貨滯銷得以解決。俄國即以毛皮換取中國的絲綢、棉織品、大黃、磚茶、煙草、手工業產品，開啟中俄邊境貿易，這也是中國第一次與西方國家正式接觸與貿易。

二、兼併東烏克蘭

烏克蘭❿一詞原意為「邊境」，十二世紀末係指基輔羅斯的邊境。基輔羅斯滅亡後，基輔一帶成為廢墟，是個人煙罕至的荒涼地區，至十四世紀末被立陶宛公國兼併。1386 年立陶宛與波蘭王室聯姻，立陶宛貴族漸改信天主教。後因受俄國、瑞典的威脅使得波、立二國於 1569 年進一步聯合。兩國有共同的議會和選王制，內政

❿今日烏克蘭為國名，北與俄羅斯、白俄羅斯為界，南到黑海北岸，西起德聶斯特河，東到頓河下游，面積 60.37 萬平方公里，北部為森林帶，南部為草原帶。

則各自獨立。對內立陶宛稱「公國」，波蘭稱為「王國」；對外統稱為「波蘭王國」。原屬於立陶宛公國的烏克蘭併入波蘭。

十六世紀初，波蘭農民失去更換地主與遷徙的權利，生活在波蘭貴族統治下的俄羅斯東正教徒為了擺脫桎梏，前往德聶伯河和布格河 (Bug R.) 流域，這裡是貴族尚未統治的邊境草原區，移民至此的農民被稱為「哥薩克」。由於草原地帶常有盜匪、韃靼人的出沒，哥薩克選擇孤島且四周長滿蘆葦可遮蔽處，建簡單要塞——「謝奇」(sech', 以木頭圍起來的營地，易建易撤)。首座謝奇建於 1557 年，位於德聶伯河下游險灘外的孤島上，這裡的哥薩克被稱為「德聶伯河哥薩克」或「烏克蘭哥薩克」，亦稱為「札波羅什哥薩克」，此因「札波羅什」(za-porozh'e) 原意為「在險灘近旁」。

札波羅什哥薩克人採分工合作的生活方式：一部份人從事擄掠，靠戰利品生活；另一部份人從事捕魚、狩獵、養蜂維生。婦女與小孩不准進入謝奇。入冬時，謝奇裡只留下數百名哥薩克人守衛大砲和財物，夏季時會達到三千人左右。當烏克蘭人民遭受韃靼人侵襲或被波蘭政府迫害時則會增加人數。

波蘭國王西吉斯蒙德二世 (1548–1572) 為了掌控桀驁不馴的哥薩克，成立了三百人編制的常設部隊，後來被稱為「註冊哥薩克」，由政府提供薪資、土地和農奴。他們的人數隨著國王對外作戰而增加，也隨著戰役結束而減少，更會因暴動遭受懲罰而減少人數。1591 年爆發第一次註冊哥薩克反抗波蘭政府的戰役，起因於積欠薪資。自 1596 年的布列斯特宗教會議達成妥協性的「東儀天主教會」(Uniate Church)，允許東正教徒沿用舊的禮拜儀式，但須尊奉羅馬教皇為最高權威。反對者以逃至邊境，或尋求有軍事力量的札波羅什哥薩克為後盾。烏克蘭的哥薩克人數也因尋求宗教信仰而增加。

1591 年之後的哥薩克暴動不斷，最大規模的是由赫梅利尼茨基 (Bogdan Khmel'nitskii, 1595–1657)❶領導的「1648 年暴動」。赫梅利尼茨基不滿其地產被另一貴族奪走、妻子也被搶走、幼兒則被鞭笞致死，

❶果戈里寫的小說《塔拉斯‧布爾巴》(*Taras Bulba*)，歌頌烏克蘭哥薩克對抗波蘭寧死不屈的愛國精神。塔拉斯‧布爾巴是札波羅什哥薩克的領袖，波蘭政府懸賞二千金幣才將其俘虜，但是他在火柱上忍受燒痛不畏懼地說：「難道在世上能夠找到這樣一種火和這樣一種力量戰勝俄羅斯的力量嗎?」果戈里在小說中表達了強烈的民族情感。

圖 16：赫梅利尼茨基青銅雕像 (1888)　位於基輔聖索菲亞大教堂廣場。

欲尋法律途徑解決不果，於是前往札波羅什獲選為「蓋特曼」。他以尋求正義與恢復註冊哥薩克的權利為由展開對抗波蘭政府的暴動。此次的暴動頗為成功，波蘭被迫增加註冊哥薩克人數至四萬人；東正教的大主教在波蘭參議院占有一席；哥薩克自治區涵蓋基輔、布拉茨拉夫 (Bratslav)、切爾尼戈夫等地區享有司法權，此在 1649 年 8 月雙方訂立的「茲博羅夫 (Zborov) 條約」中確立。

條約簽訂後，波蘭政府相信他們失去太多，哥薩克則確信他們獲得的太少，尤其是參與暴動的農民對於戰勝後仍須回到原地主處耕種更是表達不滿，雙方均有開戰之意。

赫梅利尼茨基深知哥薩克實力不足以對抗波蘭，為

維持自治權利必須爭取外援，最後選擇在民族血統上、宗教信仰上與
其大致相同的莫斯科公國。1653年哥薩克在佩列亞斯拉夫舉行會議，
同意投靠莫斯科。阿列克謝沙皇召開國民大會，幾經討論，始於1654
年10月接受。允哥薩克保留自治地位，「阿他曼」由哥薩克自行選舉，
註冊哥薩克人數增至六萬人，雙方並締訂「佩列亞斯拉夫條約」。

　　波蘭政府不願放棄烏克蘭，於是向俄羅斯開戰。初期，波蘭較占
優勢，但瑞典乘機入侵，占領華沙、克拉科(Cracow)、波茲南(Poznan)，
瑞典國王查理十世宣稱自兼波王，引起俄國反對。俄瑞兩國捲入戰爭，
俄國不願與瑞波同時作戰，波蘭也無力同時與俄瑞作戰，於是俄波雙
方同意結束戰爭，簽訂「安德魯索沃休戰協定」(Andrusovo Armistice)，
瓜分烏克蘭。俄波以德聶伯河為界，河以東併入俄國，河以西仍歸波
蘭。基輔雖位於河西，但歸屬俄國，哥薩克的自治權只限於札波羅什。
失去四百餘年的烏克蘭又成為俄羅斯的領土。

第 II 篇
擴張的俄羅斯帝國
(1682–1855)

彼得大帝在俄國實行大規模的西化改革，為使改革順利進行，將
首都自莫斯科遷至芬蘭灣口——新建立的聖彼得堡。在戰勝瑞典後，
俄國獲得波羅的海的控制權，打開通往歐洲的窗口。彼得大帝開疆闢
土，領土超越傳統俄國領域，建立起多民族的「俄羅斯帝國」；此外，
經由各項的改革，傳統俄國煥然一新，邁入「近代」，也使得俄國走上
「西化」的不歸路。凱薩琳大帝繼續擴張俄羅斯帝國，經由三次瓜分
波蘭，俄國得以經由陸路直通歐洲；經由兩次對土耳其的戰爭，打開
黑海窗口，俄國成為歐洲舉足輕重的強國，1812 年亞歷山大一世成功
地抵抗拿破崙率軍入侵即是明證。凱薩琳確認貴族免除服軍役之義務，
使得貴族有閒暇從事藝文活動，因而誕生了新的「知識份子」階層。
他們以法語為日常用語，又接受西方啟蒙運動的自由、平等思想。西
化後，俄國知識份子始對本國語文有興趣；加上對拿破崙戰爭的勝利，
使俄羅斯民族感到自豪，從而形成俄羅斯的民族文化。到了尼古拉一
世，由於專制政體和農奴制度使得俄國的進步受阻，知識份子尋求俄
國未來發展的方向，展開斯拉夫派與西化派的爭論：俄國的歷史發展
有其獨特性，應回到彼得大帝之前的俄國模式？抑是與西歐類似，走
上資本主義社會的道路？

第四章
俄羅斯帝國的建立與西化 (1682-1796)

> 大自然在這裡（聖彼得堡）給我們開闢了通向歐洲的窗口，……
> 走進了歐洲大家庭的行列。　　　　　　普希金，〈青銅騎士〉
>
> 彼得大帝是「偉人中的偉人」，但是他的改革「雖然外表炫爛，
> ……立刻會造成鉅大的精神罪惡」。　阿克薩科夫（斯拉夫派）
>
> 他（彼得大帝）扔給我們一件文明大衣，我們撿起這件外衣，
> 但未觸及文明本身。　　　　　　　　　恰達耶夫（西化派）
>
> （彼得大帝）為其人民打開迎向上帝之光的大門，引導人民走
> 上世界歷史發展的康莊大道。　　　　　別林斯基（西化派）

第一節　俄羅斯帝國的建立

一、青少年時期的彼得

　　沙皇阿列克謝於 1676 年去世，由年僅十五歲且體弱的長子費多爾三世 (Fedor III, 1676–1682) 繼任，政權由母族把持。費多爾去世後，本應由阿列克謝之次子伊凡繼任，然伊凡多病且愚鈍，於是包亞杜馬宣佈彼得 (Peter I, 1682–1725) 為新任沙皇。彼得與伊凡、費多爾係同父異

❶三聖大修道院建於 1340 年，位於莫斯科東北 71 公里處的謝爾吉耶夫鎮 (Sergiev Posad)。內原有著名畫家魯布廖夫 (Andrei Rublev, 1370?–1427 or 1430) 於 1422 年繪製的「舊約三位一體」聖像畫，以具有人類的形式滲入宗教的祕密。該修道院為「金環」之一。指環繞在莫斯科的北方和南方，有數個建於十二至十七世紀的古老修道院，因教堂金色的圓屋頂故稱為「金環」(the Golden Ring)。蘇聯政府於 1974 年定名為金環，規劃成著名的觀光旅遊路線。

❷新少女修道院，建於 1524 年，位於莫斯科河岸山丘上，為莫斯科西南主要堡壘。該堡

母之兄弟，伊凡母族乃發動政變，迫使彼得與伊凡 (Ivan V, 1682–1696) 均稱沙皇。名為共治，實由伊凡之姊索菲亞 (Sophia, 1682–1689) 攝政。彼得與其母退居莫斯科近郊的普列奧布拉任斯基 (Preobrazhenskii) 小村。

普列奧布拉任斯基小村附近有個外國人居住的「日耳曼區」，彼得無法在宮中接受正規教育，但與荷蘭、日耳曼等外籍人士接觸，認識了西歐先進的造船、航海、軍事訓練等技術，也學習數學、地理、建築要塞等知識，奠下日後西化的基礎。

彼得對軍事特別有興趣，十一歲時就從宮廷侍從子弟挑選六百名成立二個少年兵團，以鄰近的村名稱為普列奧布拉任斯基與謝苗諾夫斯基 (Semenovsky) 兵團。他們修建軍營、砲臺，從使用木槍、木砲發展到真槍實彈。彼得聘外籍軍官實行嚴格與先進的軍事訓練，經常演習攻奪城堡。這兩個兵團後來成為彼得正規軍的核心力量。

七年過後，彼得已是身材魁梧的十七歲青年，心智亦漸成熟。他對索菲亞的攝政漸生不滿，索菲亞亦深感成年且新婚的彼得是一大威脅。索菲亞採取先發制人策略，密謀於深夜殺害彼得，彼得機警地逃到鄰近的三聖大修道院 (The Trinity St. Sergei Lavra)**❶**。次日，彼得的兩個兵團來到修道院護駕，母親、妻子亦安全抵達。彼得籲請莫斯科人民與外國軍官擁護合法的沙皇，並下令禁衛軍重要軍官來見他，違者處死。於是叛軍紛紛脫離索菲亞，彼得乃將索菲亞囚禁於新少女修道院 (The *Novodevichy* Convent)**❷**。

彼得排除索菲亞後並未親政，政權由外戚掌管，彼得仍常去日耳曼區遊玩。1694 年母后去世，二年後伊凡五世過世彼得始親政。

圖 17：舊約三位一體 (1423)　魯
布廖夫繪，142 × 114 cm，特列季
亞科夫 (Tret'iakov) 畫廊藏。

圖 18：新少女修道院 (1524)　位於莫
斯科市區。

二、彼得赴西歐考察

　　彼得為了獲得黑海的出海口，於 1695 年先發動攻
打土耳其帝國控制的亞速。由於缺乏海軍，彼得大敗。
次年夏彼得即在沃羅涅日 (Voronezh) 建立俄國第一支
海軍，以在日耳曼區結識的瑞士籍雷佛特 (Francis
Lefort, 1656–1703) 為海軍元帥。1696 年再度攻亞速，
獲勝，隨即選定塔干羅格 (Taganrog) 為海軍基地，大量
建造艦艇。

　　要建立一支強大的海軍，需要通曉海軍事務的軍官、
造船匠、水手、製砲等專家。彼得決定親自率團出國，
除了與西歐各國結盟對抗土耳其外，也準備招募海軍相
關人才。1697 年 3 月彼得化名米哈伊洛夫 (Mikhailov)，

壘堅固，於 1591
年抵擋克里米亞
加濟可汗 (Gazi
Giray, 1588–1608)
的入侵；1612 年
由波蘭將軍喬德
基維斯 (Chodkie-
wicz) 率軍入侵亦
被阻擋於此。今日
成為博物館，院內
墓園葬有文學家
契訶夫、音樂家史
克里亞賓、國家領
袖赫魯雪夫和葉
爾欽等人。

率領約有二百五十人的「大使團」(Grand Embassy) 自莫斯科出發，第一個目的地為荷蘭。

「大使團」經由瑞典占領的里加港前往東普魯士的哥尼斯堡 (Konigsberg，今加里寧格勒 "Kaliningrad")，受到布蘭登堡 (Brandenburg) 選侯腓特烈三世 (Frederick III, 1688–1713, elector of Brandenburg) 的歡迎，並親自學習砲兵學。8 月來到當時歐洲最富庶的國家荷蘭，其商船占歐洲的 4/5，造船業興盛。彼得先在沙安丹 (Zaandam) 小木屋（已闢為紀念館）學習造船術，被人識破後乃轉往阿姆斯特丹。彼得在技師保羅指導下，親自建造一艘三桅巡洋艦，竣工後下水，保羅稱讚彼得是一位勤奮且聰明的木匠❸。

在荷蘭停留五個月後，彼得一行於 1698 年 1 月抵達英國，仍以學習造船術為主，並參觀倫敦的造幣廠、牛津大學和格林威治天文臺，訪問英國皇家協會。三個月後彼得折返荷蘭，獲悉奧地利與威尼斯有意與土耳其媾和，於是急忙說服荷、英政府與俄同盟，但兩國考慮到與土耳其的貿易關係，加上正準備西班牙的王位繼承戰爭 (1701–1714) 而不願加入。彼得來到維也納，勸奧地利皇帝利奧波爾一世 (Leopold I, 1640–1705) 不要與土媾和，但沒有成功。正當彼得準備前往威尼斯時，從莫斯科傳來禁衛軍擁護索菲亞叛變的消息，決定立即回國。彼得在途中獲知叛亂已被平定，於是順道訪問薩克森 (Saxon) 選侯兼波蘭國王奧古斯都二世 (Augustus II, 1697–1706)，1698 年 8 月返抵莫斯科。

彼得出訪西歐，有關反土同盟的任務雖未達成，但是親自認識西歐文明的進步，又延聘約七百五十位西歐技術人員，此大多為荷蘭人與英國人，有造船師、航海家、工

❸德國人勞爾靜 (Albert Lorzting, 1801–1851) 於 1837 年完成譜曲的《沙皇與木匠》歌劇即描述彼得充當木匠造船之事。

程師、醫師、數學與物理學者。這些外籍技術人員對於俄國科技的發展有重大貢獻。最重要的是使彼得深感俄國的落後非得進行改革不可，返國後立即展開「西化」工作。

三、大北方戰爭與遷都

　　十七世紀的瑞典十分強盛，波羅的海東岸與南岸均為其勢力範圍。彼得欲自黑海與西方接觸，因反土同盟的瓦解而未成，卻因波蘭、丹麥均反對瑞典的擴張而於1699年共同締結祕約對瑞典作戰。

　　有了同盟的支持，俄國遂向瑞典宣戰，爆發長達二十一年的「大北方戰爭」(The Great Northern War, 1700–1721)。1702年俄軍擊退從涅瓦河到芬蘭灣沿岸的瑞軍，次年5月16日（新曆是27日，是聖彼得堡的建城日）先在涅瓦河口修築「聖彼得與保羅要塞」(St. Peter and Paul Fortress)❹，彼得暫時居住在三天就蓋好的「彼得

❹聖彼得與保羅要塞修建後卻成為監禁政治犯的監獄，第一位入獄者是彼得大帝之子阿列克謝。十月革命後闢為博物館。

圖19: 聖彼得與保羅要塞　位於聖彼得堡，建於1702年。要塞內巴洛克式的大教堂建於1733年，鐘樓尖塔高122.5公尺，自彼得與之後的皇族棺木置於此。

小屋」，在涅瓦河兩岸沼澤地修建新都。這是為了就近且長期對抗瑞典而作的決定，此亦與彼得欲進行西化有關，因為莫斯科是個古老保守的都城，欲作改革其困難性極大。

　　彼得下令全國所有石頭都留作建都之用；進入涅瓦河的船隻每艘須運三十塊方石，馬夫進城時須交三塊鋪路石。1706 年彼得首先要求海軍部移至尚未完成的新都，不久即建造海軍部大廈。二年後，皇族人士、高級官吏與富商陸續遷入。1712 年沿涅瓦河的「冬宮」建成❺，次年即將首都自莫斯科遷至聖彼得堡。這是一座完全新的城市，聘請義大利、法國建築師規劃，街道為整齊的棋盤式，主要的涅夫斯基大道係長達五公里的筆直大道。市民幾乎都是從外地移入，1714 年有三萬四千五百人，至 1725 年彼得去世時，已是個十萬人口的大城市了。彼得稱這座城市是「我的天堂」，但是建城耗費鉅資，數萬名農民因築城勞累致死，史家克柳切夫斯基稱新都為「大墳場」。

❺「冬宮」建成後於 1726 年毀壞，其後歷經多次擴建。今日「冬宮」占地九公頃，共計 1,057 個房間。在凱薩琳大帝時收購大量歐洲油畫及其他藝術品，今日成為世界著名的「赫爾米塔什」(Hermitage) 博物館，接近二百八十萬件收藏品。

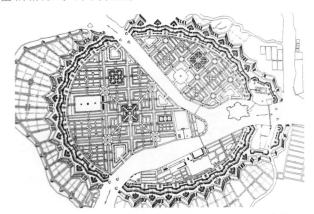

圖 20：聖彼得堡都市計劃藍圖 (1717)　法國建築師魯布隆 (1679–1719) 設計。

大北方戰爭中，瑞典國王查理十二 (Charles XII, 1697–1718) 親自率軍，初期頗為順利，1700 年先打敗丹麥，占領俄國的納爾瓦 (Narva) 又平服波蘭，迫使波王奧古斯都二世 (Augustus II, 1697–1706, 1709–1733) 退位。彼得為了對抗瑞軍，在烏拉山一帶製造軍火，又成立新軍，大量徵兵，於 1704 年收復納爾瓦。但是次年，烏拉河一帶的巴什基爾 (Bashikir) 人、伏爾加河下游的舊信徒、喀山地區的韃靼人開始動亂。1707 年秋頓河哥薩克領袖布拉文 (Kondratii Bulavin, 1660–1708) 結合札波羅什哥薩克發動大規模暴動。這些內亂迫使彼得徵調軍隊方能平定，後者於 1708 年平定，前者遲至 1711 年才完全鎮壓。

1708 年春查理十二率軍經波蘭進入白俄羅斯，決定先南下與烏克蘭哥薩克領袖馬澤帕❻(Ivan Mazepa, Hetman, 1687–1709) 會合，未料在里加的瑞軍遭到俄軍擊潰而未能將補給品送達查理手中。1709 年 7 月俄瑞決戰於波爾塔瓦，俄獲大勝，查理與馬澤帕逃入土耳其邊境，三個月後馬澤帕去世。次年，俄國占領波羅的海東岸的維堡 (Vyburg)、卡列利阿、里加、愛沙尼亞、庫爾蘭 (Kurland) 等地。

波爾塔瓦之役是大北方戰爭的轉捩點，逃入土耳其的查理不久被監禁，1714 年底始返國，再度開啟戰爭。此時的俄國獲得普魯士、漢諾威 (Hanover) 與薩克森選侯的支持，不過戰局陷入膠著狀態。查理十二於 1718 年去世，瑞典漸衰，西班牙王位繼承戰爭早於 1714 年結束，英國不願俄國取代瑞典，加入俄國的盟邦自 1719 年起紛紛退出。1721 年俄瑞簽訂「奈斯塔德條約」(Treaty of Nystadt)，先前俄國占領波羅的海東岸的領土獲得確認。

❻英國詩人拜倫 (Lord Byron, 1788–1824) 曾為馬澤帕寫 869 行之長詩；柴可夫斯基以普希金的長詩《波爾塔瓦》為題材譜寫為歌劇《馬澤帕》。

圖 21：基日 (Kizhi) 島上的主　圖 22：冬宮　位於聖彼得堡涅瓦河畔，廣
顯容教堂 (1714)　　位於奧涅　場中央為亞歷山大圓柱，對面半弧形建築物
加湖 (L. Onega)，共有二十二　為參謀總部。
個圓屋頂，不用一根釘子建造
的木造教堂。

　　「奈斯塔德條約」簽訂後，波羅的海改由俄國控制，數百年來，
俄國首次獲得與西方接觸的一扇窗口。俄國參議院 (Senate) 為慶祝戰
勝，尊彼得為「國父」、「大帝」和「皇帝」，俄國邁向對外擴張的帝國
時期，稱為「帝俄」(Imperial Russia)，正式揚棄莫斯科維（Muscovy，
約 1300–1700 年時期的俄羅斯）的稱號。

第二節　彼得大帝的西化

一、彼得各項的改革

　　彼得時期的歐洲各國諸如荷蘭、英國、法國、普魯士、瑞典等國，
無論是軍事、工商業、科學與文化方面均超越俄國。彼得赴西歐考察

返國後，隨即展開改革工作。彼得改革的項目繁多，主要如下：

1.**軍事改革**。彼得的改革即因應軍事上的需要，為的是獲得對外戰爭的勝利。1699 年彼得開始實行徵兵制，貴族家庭男子服役不得少於 1/3，其餘擔任文官；平民方面則每二十至三十戶派丁一人，如此保證了兵源。在軍事訓練方面，不但聘請外籍軍官，也派俄國軍官前往西歐學習；同時在國內成立砲兵、海軍、工程等軍事學校以培養軍事人才；建立兵工廠以改善槍砲裝備，並生產軍需品。

彼得於 1703 年創建波羅的海艦隊，1712 年成立海軍部。禁衛軍乃伊凡四世時建立，彼得大帝以其戰鬥力不強、軍備落伍、又多次參與政變，故於 1699 年將之解散，另組近衛軍 (the Guards)。常備軍有二十九個步兵團與二個騎兵團 (驃騎兵、龍騎兵)，步兵分為砲兵與長矛兵；1718 年成立陸軍部以加強指揮陸軍。

2.**行政改革**。在中央方面，彼得廢除包亞杜馬，於 1711 年成立參議院。設參政九人，多數同意即通過議案。參議院係直屬沙皇的全國最高行政機構，一直到 1917 年革命後始被撤銷。彼得也取消了原為中央行政部門的五十多個「局」，改組為九個「委員會」(College)：外交、陸軍、海軍、財政、監察、礦務、工業、司法、商務等。每一委員會由十位委員組成，含主席、副主席各一位，重大問題以投票表決。

地方行政方面，於 1708 年底將全國劃為八省 (guberniia)，各省設總督一人，掌管行政和軍事權，直接聽命於中央。1719 年又增設為十一省，並將各省細分數個州 (provintsiia)，州下設縣。省制仍保留，但總督只負責軍事，州長負責行政，直接隸屬中央。

為了提升官員的行政效率，彼得於 1722 年頒佈「官階表」，將文武官員分為十四等級，官員不論出身一律從最低等級做起，按功績升遷。非貴族出身者只要升遷至第八級即擁有貴族頭銜，獲封地、農奴，此政策提升文武官員的素質與行政效率，打破貴族只論出身的傳統做法。

3.**經濟改革**。彼得執政三十年中，對外戰爭占二十九年，龐大的

戰費支出於 1701 年占國庫收入的 3/4，1710 年時高達
4/5，彼得以發展工商業以及增收賦稅方式解決。

　　為了保證軍需品的供應，彼得實行當時歐洲盛行的
重商主義 (mercantilism)❼政策，獎勵工商業發展。為解
決勞工來源問題，彼得於 1721 年下令允許商人將整個
村莊連同農奴一起購置，以農奴當勞工使用，稱之為奴
工。彼得與歐洲國家簽訂商業條約，設立領事館以推展
對外貿易活動，主要貿易國是英國和荷蘭。輸出品以皮
革、糧食、粗麻布、鉀鹼、毛皮為主，輸入品以絲織品、
呢絨、糖、酒、茶葉以及奢侈品為主。對於進口商品課
以高額關稅，以防止外國商品大量輸入，此外也是為了
扶植國內剛起步的工商業。彼得又從國外聘用技術專
家，允許他們在俄國設廠，給予外籍人士宗教寬容和司
法特權。

　　至彼得執政末期，全國工廠由三十多個增至二百四
十個。這些工廠以生產軍需品為主，有呢絨、麻布、製
革、帆布、造船、採礦、冶金、火藥等製造業；生鐵產
量已接近英國。出口商品額高於進口商品額；國內貿易
──市集也蓬勃發展，如諾弗哥羅市集有來自雅羅斯拉
夫的毯子、皮貨；來自卡盧加的大麻油、蜂蜜、蜜蠟；
來自羅斯托夫的麵粉、蔥、蒜；來自莫斯科的紡織品、
日用百貨和蜜蠟。

　　在稅收改革方面，1699 年 1 月彼得從西歐引進新
的稅收形式──印花稅，以此徵收貿易稅，為了增加政
府的收入，多數出口商品掌握在國家手裡；政府專賣的
商品有鹽、酒、煙草、鹼、魚子醬、毛皮、焦油、鬃毛、
脂油等。以鹽為例，政府在 1705 年將價格提高一倍賺
取厚利。

❼重商主義盛行
於十六至十八世
紀的歐洲，主張應
由政府控制國家
的經濟，削弱競爭
國的實力以增強
本國的實力。重商
主義的主要原理：
金、銀等貴金屬是
國家不可少的財
富；對外貿易須保
持順差。

在直接稅方面，大幅增加徵稅項目，如養蜂、捕魚、磨坊、沐浴、渡船、馬車運貨、橡木棺材、婚禮、煙囪、蓄鬍等稅。1718 年起仿照法國實行人頭稅，一改過去按犂（1679 年前）、按戶（1718 年前）的徵稅法。由於農民以合併戶數逃稅，彼得先實行男丁繳納統一稅捐，1719–1722 年實行戶口普查，自 1724 年起對男性農民、市民、奴隸徵收人頭稅，全國納稅人口共計為 565 萬人，此項稅收約占全國總收入的一半。

4.**宗教改革**。鑑於教會擁有龐大財產，彼得改為由政府接管以增加國庫收入。又因為約欽姆 (Ioakim, 1674–1690) 與安德里安 (Andrian, 1690–1700) 二位教長先後與沙皇分庭抗禮，又反對西化，於是彼得在安德里安去世後不再產生新教長，由二位烏克蘭出身的教士代理。彼得於 1721 年成立「神聖宗教會議」(Holy Synod)，負責教長的職務，其地位與參議院平行，教會成為隸屬政府的行政單位，此制一直實行至 1917 年。

圖 23: 彼得大帝青銅騎士雕像 (1782) 位於聖彼得堡十二月黨人廣場，面對涅瓦河。馬蹄下踩著一條長蛇，表示埋葬邪惡。

圖 24: 彼得大帝

5.**社會文化改革**。彼得模仿西歐在俄國首創世俗學校，但以配合軍事知識為主。他下令貴族子弟（十至十五歲）須進入初等學校學習算術、幾何等課程，否則不得結婚。先後在莫斯科、聖彼得堡成立造船、航海、礦業等技術學校，以培養相關人才，並聘請西歐學者到俄國任教。為了推廣教育，彼得下令簡化字母與文法，取代複雜的教會斯拉夫字體，使得人民更易學習俄文，印刷書籍也更為簡便。在彼得之前，俄國出版書籍以《聖經》相關書籍為主，現在為了配合世俗課程，大量印刷有關歷史、算術、天文、航海、語言、文學等書籍，也廣泛翻譯西歐著作，不過宗教書籍仍以舊字體印刷。

1703 年 1 月俄國出版第一份報紙《新聞報》，取代從前手抄國外報紙的消息。《新聞報》主要報導大北方戰爭的消息，以及俄國的外交關係、工業發展狀況與文化生活等。直至 1756 年莫斯科大學出版《莫斯科新聞報》，俄國才有第二份報紙。

彼得也模仿西歐於 1714 年建立俄國首座圖書館，以後又陸續成立博物館、劇院、公園以達到教育人民的作用。1724 年 1 月彼得下令建立科學院，目的是發展俄國的科學研究事業。由於俄國缺乏專業人才，科學院的研究人員多聘請外籍人士。1725 年（彼得去世後）科學院正式成立。

彼得自西歐返國後，第一個西化工作即親自剪掉大臣的鬍子，不久又剪掉長衣袖改以日耳曼人的服裝取代蒙古統治流傳下來的寬大衣袖。不過農民、神職人員、市民堅持蓄鬍與傳統服裝，彼得不得不讓步，但對農民、市民徵蓄鬍稅。除了薙鬚與易服外，彼得下令改「吃煙」為「吸煙」，政府還因專賣煙草增加一筆可觀的收入。彼得仿自法國在聖彼得堡舉辦大型舞會，為上層貴族、大商人提供社交活動的機會，要求婦女參加，這是俄國婦女首次能夠在社交場所公開露面。彼得為了改變俄國人較落後的生活習慣，頒佈「青年守則」，規勸貴族：不要穿長靴跳舞、不要摀著手帕大聲擤鼻涕、不要用手指挖鼻孔、不要用手擦嘴、在僕人面前最好說外語等。

俄國傳統的曆法係以西元前 5508 年創世紀為紀元開始，9 月 1 日為一年之首。彼得下令改用「朱利安曆法」(Julian Calendar)，自 1700 年 1 月 1 日開始實行，其實當時西歐大多已廢除朱利安曆法，採用教皇格列哥里十三 (Gregory XIII, Pope, 1572–1585) 於 1582 年改革的「格列哥里曆法」，前者較後者慢了十一天，以後每隔 128 年慢一天。

二、彼得改革的影響與評價

彼得的改革是俄國歷史上重要的轉振點，改革後的俄國由東方轉向西方，由中古轉入近代。俄國因彼得的改革成為國際政治舞臺上一個重要的成員，扮演著不可或缺的角色。

彼得的改革僅影響貴族，至於廣大的農民、少數民族、舊信徒則不受影響，造成日後貴族與農民的隔閡。從外表看來，服裝、是否蓄鬍即明顯看出他們的不同；貴族接受西式教育，農民仍是傳統文化的維護者，雙方生活在不同的世界，一改過去只是貧富之差異。

西歐的文明奠立在自由民（已廢除農奴制度）、市場經濟、開明專制或代議政體之上。彼得對西歐的科技較有興趣，對於專制政體則更加強化，農奴制度也未做變動。西歐的體制促使其進步，但是俄國實

圖 25：喀山的公貓　影射彼得大帝（只有髭鬚），貓來自伊莉莎白女皇要求在喀山一帶尋找 50 隻大貓到冬宮抓老鼠，以保護宮中珍藏的文物和藝術品。

圖 26：喀山公貓的葬禮　其中一段文字說明一隻喀山老公
貓，生活得很好，吃得好，喝得好，幾乎沒有什麼臭味。指彼
得連保守的俄國人的臭味都甩掉了，這是最嚴重的叛國行為。

行有限西化之後會遭遇絆腳石，無法順利發展。

　　在彼得的西化改革中，發生了人倫悲劇。彼得與第一位妻子所生
的阿列克謝 (1690–1718) 相處不睦，彼得安排日耳曼邦國公主與其子
婚配，阿列克謝對此婚姻不滿意，婚後四年，生一子名為彼得，不久
公主去世。1698 年宮廷政變後，彼得與妻子仳離，迫其入蘇茲達爾聖
母修道院，阿列克謝常前往探望母親。

　　1716 年彼得身在丹麥，去函要求阿列克謝放棄繼承皇位並隱入修
道院，或者立即赴丹麥與他見面。阿列克謝表面同意前往丹麥，卻在
出境後轉入維也納，受到連襟奧皇查理六世 (1711–1740) 保護，並支持
其繼承皇位。彼得獲悉太子逃亡後大怒，迫使奧皇交出阿列克謝。1718
年 2 月彼得返國後，首先廢除阿列克謝的皇位繼承權，然後答應他若
說出逃亡真相則允予赦免。彼得方知支持太子的保守派人士企圖謀殺
他，並廢除西化改革。

　　為了確保西化改革的成果，在彼得授意下，太子以陰謀叛亂罪被
處死刑，死於聖彼得與保羅要塞的監獄中。

圖 27：聖母誕生大教堂 (1364) 位於蘇茲達爾，為環繞莫斯科的「金環」之一。

第三節 凱薩琳大帝與帝國的擴張

一、宮廷政變時期

自彼得去世後至凱薩琳大帝登基的三十七年期間，共計有七位沙皇。皇位更迭頻繁與外國勢力的滲入是其特色，另一特色是新沙皇須獲近衛軍支持方能即位。

阿列克謝被處死後，其子彼得以及彼得大帝與第二位妻子凱薩琳所生之子小彼得成為合法繼承人，而一年未到小彼得即告夭折 (1719)。彼得成為唯一男性繼承人，但直到 1725 年 2 月彼得大帝去世前未曾宣佈繼承人選。於是由參議院決定皇位繼承問題，當保守貴族提議彼得時，一群近衛軍闖入要求凱薩琳繼承王位，參議院被迫接受。

圖 28： 緬希科夫宮 (1707)　位於聖彼得堡涅瓦河畔。

凱薩琳一世 (1725–1727) 是利瓦尼亞（今拉脫維亞）出身的平民，即位後的凱薩琳宣佈奉行彼得的西化政策。大權由六人組成的「最高樞密院」(Supreme Privy Counsel) 掌握，其中又以緬希科夫 (Alexander Menshikov, 1673–1729)❽勢力最大。

凱薩琳於 1727 年去世，阿列克謝之子彼得二世 (1727–1730) 繼位，年僅十二歲。緬希科夫為了維持其權勢，將女兒許配給彼得二世，但仍遭保守派人士沒收其財產，放逐至西伯利亞。保守派亦將首都遷回莫斯科，放棄彼得的西化政策。彼得在位三年，正當結婚前夕，因天花病去世，羅曼諾夫王朝男嗣至此中斷。

最高樞密院決定擁護伊凡五世之女安娜 (1730–1740) 登基。安娜在彼得大帝的安排下，嫁給波蘭王室的封地庫爾蘭公爵。婚後一年，安娜成為孀婦。樞密院提出「條件」要求安娜接受，安娜行事須先徵得樞密院的同意。安娜登基後，發現多數近衛軍對樞密院不滿，即位月餘即撕毀「條件」，解散最高樞密院，宣佈自己為專制君主。

　　來自庫爾蘭的比隆 (Ernst Johann Biron, 1690–1772) 等多位日耳曼籍人士掌控朝政，排除近衛軍干政。安娜奉行西化改革，將首都遷回聖彼得堡。1740 年 10 月安娜去世，由其妹凱薩琳的外孫伊凡六世 (1740–1741) 即位。此時的伊凡不足周歲，由其母與比隆攝政，同樣是日耳曼籍人士掌握大權，引起近衛軍的不滿，在位一年即被推翻。

　　近衛軍擁護彼得大帝與凱薩琳所生之女伊莉莎白 (Elizabeth, 1741–1762)，年三十二歲，未婚。伊莉莎白賞賜近衛軍大片土地與高職位。伊莉莎白本人不太過問國事，喜騎馬玩樂，酷愛服飾，珍藏一萬五千套衣服，沉湎於舞會。

　　伊莉莎白生前即指定其姊安娜之子彼得三世 (1762) 為繼承人。彼得之父為霍爾斯坦 (Holstein) 公爵，父母早亡，自幼在俄國宮廷成長。1745 年與日耳曼公主索菲亞結婚，即以後的凱薩琳二世 (Catherine II, 1762–1796)。彼得是位心志不全的人，崇拜普魯士國王腓特烈大帝 (Frederic II, the Great, 1740–1786)，對俄國傳統文化與東正教相當歧視。即位後因準備遠征丹麥以維護霍爾斯坦的利益，引起軍隊的不滿。凱薩琳藉機發動政變，殺害彼得，自立為女皇。

　　宮廷政變時期是貴族的黃金時期，因近衛軍參與政變而獲得多項特權。1736 年起貴族服役縮減為二十五年，允留下一子經營地產。1732 年成立的預備軍官學校 (Cadet Corps) 使貴族不需先入伍受訓就能成為軍官。

　　1731 年參議院廢除彼得於 1714 年頒佈的「長子繼承法」，又恢復諸子均分地產法。為了幫助貴族重振地產，政府於 1754 年成立「貴族銀行」，貴族以農奴抵押，但貸款上限為一萬盧布。

　　政府允許貴族壟斷酒精蒸餾權，限制商人貿易權利。英國操控俄國對外貿易，1734 年雙方訂條約，英國賣給俄國羊毛，購買俄國糧食、毛皮等原料。

　　雖然宮廷時期政局紛亂，國力不如彼得大帝與凱薩琳大帝時期的強盛，但是彼得使俄國「走進歐洲大家庭的行列」，歐洲諸國間的戰爭

圖 29: 凱薩琳大帝　被稱為「俄羅斯國母」，此為用彩色馬賽克鑲嵌成的畫，俄羅斯博物館藏。

常見俄國參與。1725–1740 年間的俄國外交政策由日耳曼人奧斯特曼 (Heinrich J. F. Osterman, 1686–1747) 主導，1726 年與奧地利結盟反對法國，因法國支持瑞典、波蘭、土耳其。1733–1735 年的波蘭王位繼承戰爭，俄奧聯合擊敗法國，改由俄奧支持的奧古斯都三世 (1733–1763) 為波王。1736–1739 年俄奧又聯合攻打土耳其，土耳其在法國支持下仍失敗，俄國雖然光復亞速但是船隻仍不得進入由土耳其控制的黑海。1741–1743 年俄奧與瑞法作戰，俄國戰勝，取得芬蘭東南一片土地。1740–1748 年爆發「奧國王位戰爭」，俄奧英對抗普法，俄國於 1746 年才加入助奧，不過幫助不大。1756–1763 年的「七年戰爭」，俄法奧對抗普英，俄國派軍三十萬於 1760 年占領柏林，普魯士面臨亡國之危。俄軍雖占優勢，但人員與財產損失龐大，時值伊莉莎白逝世，新即位的彼得三世傾向普魯士，立即退出戰場，因而扭轉普魯士的危機。

二、凱薩琳大帝與帝國的擴張

　　凱薩琳與彼得三世結婚時年僅十六歲,婚後生活不美滿。凱薩琳雖為日耳曼人,但嫁到俄國後,先易名又皈依東正教,對俄國的文化習俗極力維護,獲得俄國貴族的支持。1762 年 6 月凱薩琳在近衛軍的支持下宣讀文告,譴責彼得蔑視俄羅斯文化,隨後近衛軍宣誓效忠凱薩琳二世。彼得被捕入獄,一星期後去世。

　　凱薩琳二世被尊稱為「大帝」❾,在俄國歷史上的地位相當崇高。凱薩琳徹底奉行彼得大帝的西化改革,在行政、財政上的改革使之更加完善。不過與之前的沙皇同樣對貴族權利維護有加,又罔顧農民的利益,以致爆發了俄國歷史上規模最龐大的農民暴動:「普加契夫之亂」(Pugachev Revolt, 1773–1774)❿。

　　普加契夫 (Emelian Pugachev, 1742–1775) 為頓河哥薩克,因助友人逃獄而被捕,三天後自己逃獄成功,在各地顛沛流離,號召哥薩克與農民一起反抗地主。哥薩克不滿凱薩琳取消其財政自主及其自選領袖「阿他曼」的傳統權利,又規定哥薩克成年人一律從軍以加強對抗土耳其之實力。農民的生活原本困苦,1762 年彼得三世頒佈「貴族解放令」解除貴族服軍役之義務,但仍享有封地與農奴為其耕種的權利。凱薩琳給予確認。現在貴族沒有服軍役的義務,農民理應解除為貴族耕種或服勞役的義務,但是政府並未解除農民的義務。農民相信是貴族隱藏沙皇已頒佈的法令,故對貴族產生不滿。

　　1773 年 9 月普加契夫假冒彼得三世,在雅伊克 (Yaik) 哥薩克區舉事,他允諾給予農民土地、自由。普加契夫率軍占領奧倫堡、薩拉托夫、沃羅涅日、彼爾姆

❾俄國歷史上有三位「大帝」(the Great):伊凡三世、彼得一世、凱薩琳二世,均為擴張俄國領土,奠立強盛國力基礎的統治者。

❿普希金曾親自造訪伏爾加河與奧倫堡一帶,先於 1833 年寫《普加契夫史》之歷史著作;1833–1836 年完成歷史小說《上尉的女兒》,描述普加契夫的正義精神,提及凱薩琳二世則冷諷暗喻。

(Perm')、喀山等，參加動亂的尚有韃靼人、馬里人 (Mari)、楚德人、烏德穆爾特人 (Udmult)，動亂震驚凱薩琳。女皇立即中止對土耳其的戰爭，轉而對付內亂，仍由將軍蘇瓦洛夫 (Alexander Suvarov, 1729–1800)⑪指揮。1774 年 8 月政府軍平定了動亂，次年 1 月處決普加契夫。

　　普加契夫之亂結束後，凱薩琳對農民更加嚴屬控制，取消哥薩克所有的特權，將雅伊克河易名為烏拉爾河，解散德聶伯河東岸烏克蘭哥薩克軍團。凱薩琳更加維護貴族的權利，1785 年 4 月頒佈「貴族法案」明文確認貴族對農奴、土地、礦藏、森林的壟斷權；貴族免受體刑；不得任意剝奪貴族頭銜；在各省、縣設貴族議會，選舉警察局長、陪審員、地方官員，貴族議會有權向省長、總督和沙皇陳情。

　　凱薩琳在擴張領土方面貢獻最大，在 1772 年、1793 年、1795 年三次與普魯士、奧地利瓜分波蘭，迫使波蘭

⑪蘇瓦洛夫是俄國著名的軍事統帥。他一生作戰三十五次，從未戰敗過。他的作戰藝術是：「突擊」，出其不意地向敵人發動猛攻；「目測」，準確地研究戰地環境；「迅速」，迅速且祕密地調動軍隊。他率軍對付土耳其、鎮壓普加契夫之亂，在七十高齡時仍率軍翻越阿爾卑斯山，與法軍作戰。

圖 30：凱薩琳大帝擴張帝俄圖 (1762–1796)

亡國。俄國獲得今白俄羅斯、烏克蘭、立陶宛、庫爾蘭等四十六萬平方公里領土，占波蘭全部領土 62%，人口共計六百萬人。新增疆域大部份是基輔羅斯時代的領土，人口多半是信仰東正教的白俄羅斯人與烏克蘭人。瓜分波蘭後使得俄國直接與強國奧地利、普魯士毗鄰，以後也難逃西歐自由思想的傳入以及紛擾的戰亂。此外，俄國也接收數目極大的猶太人與吉普賽人，造成日後社會動亂不安的民族問題。

　　凱薩琳在 1768–1774 年、1787–1792 年發動兩次對土耳其的戰爭，兩次均戰勝。俄國獲得克里米亞半島與黑海北岸一帶土地，國界向西推至德聶斯特河，稱為「新俄羅斯」，凱薩琳為此召募日耳曼人前來開墾；1794 年，女皇下令在此擁有不凍港的地區建造奧德薩 (Odessa) 城，俄國商船自由出入海峽，打開黑海窗口。在第一次對土耳其戰役後，土耳其承認克里米亞汗國的獨立地位，到了 1783 年俄國予以兼併，將該區劃為行省，徹底解除境內游牧民族的威脅。

第四節　啟蒙運動與文化的發展

一、啟蒙運動

　　有謂彼得大帝打造俄國軀殼，凱薩琳大帝則注入靈魂，使得俄國完備物質與精神層面。法國《百科全書》作者狄德羅 (Denis Diderot, 1713–1784) 稱讚凱薩琳兼具布魯塔斯 (Brutus, 85–42 B.C.，殺害凱撒的勇士) 的勇敢和克麗奧佩脫拉 (Cleopatra, 69–30 B.C.，埃及女王「豔后」) 的美麗；伏爾泰 (François M. A. de Voltaire, 1694–1778) 稱凱薩琳是「北方的米涅爾瓦」(羅馬司智慧、技術、工藝、發明的女神 "Minerva")。這個時期正是歐洲「啟蒙運動時代」，女皇與上述哲士交往，也贏得「開明專制君主」之美名。

　　凱薩琳早年標榜自己是開明君主，允許《百科全書》將論述君主制度的弊病與揭發農民困苦的部份譯成俄文。諾維科夫 (Nikolai

Novikov, 1744–1816) 出版《雄蜂》和《畫家》諷刺性雜誌，他在雜誌上揭露地主的貪婪、殘暴與官吏的專橫、貪污。凱薩琳閱讀啟蒙哲士的著作，如孟德斯鳩的《法意》；與伏爾泰通信十五年，直到 1778 年伏爾泰逝世才中止。邀請狄德羅到聖彼得堡，並出資捐助《百科全書》以挽救虧損之危機。

最能表現凱薩琳開明專制的作風，莫過於她在 1767 年 7 月召集編纂新法典的立法會議，欲取代陳舊的 1649 年法典。她親自起草聖諭 (*Ukaz*, instruction)，作為委員會立法遵守的原則。聖諭共十萬餘言，包含二十二章，六百五十五條，主要抄自孟德斯鳩 (Charles de Secondat, Baron de la Brède et de Montesquieu, 1689–1755) 的《法意》一書，表達公正、理性，在法律之前人人平等之觀念。立法會議的代表來自各階層：貴族、農民、高級官員、市民、哥薩克與少數民族共計五百六十四人，其中僅二十八人由政府指派，其餘皆由選舉產生。不過一旦正式討論並由十九個次委員會著手擬訂時，政府代表就很少出席。委員會只能提出意見，不能立法，各階層代表又只顧自己的利益，無法達成共識，最終未能起草任何一個條款。1768 年俄土戰爭爆發，凱薩琳隨即宣佈休會，為期一年半的立法會議劃下休止符。

俄國的啟蒙運動主要表現在反對專制政體與農奴制度上。諾維科夫除了出版雜誌以外，在圖書出版方面也有很大的貢獻。他也是「共濟會」(Freemasonry) 的重要成員，「共濟會」是不屬於教會的組織，參與者多半是受過高等教育的貴族，欲透過教育與慈善活動以服務人民。共濟會在祕密的會所聚會，凝聚弟兄的情感，感受上帝慈悲的召喚。諾維科夫藉由幫助窮人、推廣教育、從事慈善活動、成立圖書館、出版社、翻譯啟蒙思想之著作、在莫斯科大學成立第一個學生組織「大學同學會」等推廣啟蒙思想，宣揚自由與人道主義。由於樹大招風，引起凱薩琳猜忌而開始限制他的活動，在法國大革命後，以顛覆罪被捕入獄，至凱薩琳去世後才獲釋。

拉吉舍夫 (Alexander Radishchev, 1749–1802) 是俄國啟蒙運動最

具代表的一位，也是俄國第一位激進思想者。他曾在萊比錫 (Leipzig) 大學就讀五年，熟悉笛卡兒 (René Descartes, 1596–1650)、盧梭 (Jean Jacques Rousseau, 1712–1778)、洛克 (John Locke, 1632–1704)、孟德斯鳩等科學家與哲學家的著作，返國後任文官。1789 年拉吉舍夫出版《從聖彼得堡到莫斯科之旅》一書，該書敘述地主對農奴的殘暴，謂地主只為農奴留下他們無法奪走的空氣；稱讚農奴具有真正人的特色：道德純潔、勇敢、正直。該書除了反對農奴制度，也大肆抨擊專制政體。

詩篇〈自由頌〉係拉吉舍夫闡述人生來自由平等，理應享有平等的權利；如果國家不能保護公民，公民可以運用自己的天賦權利推翻專制君主；強調統治階層不會自動放棄權力，預言農民起義是不可避免的。如此偏激的言論引起凱薩琳憤怒，又遇法國大革命的爆發，於是 1790 年查禁該書並將作者囚禁，由判死刑改為流放西伯利亞。凱薩琳去世後，新沙皇赦免他。拉吉舍夫的激進思想影響以後俄國的革命者，1825 年發生的十二月黨人革命即受到此書的啟發。

二、西化之下的俄國文化

彼得大帝的西化改革使俄國文化擺脫落後的狀態，對俄國文化的發展產生重大的影響。普及教育是文化發展的基礎，首先建立機械技術方面的學校，聘請外國人教導；成立外語學校，訓練外語人才，大量翻譯外文著作，也因此吸收德語、荷語、法語、波蘭語、義大利語的詞彙，如交戰 (*batanliia*)、堡壘 (*fortetsiia*)、訪問 (*vizit*)、航行 (*navigatsiia*) 等新詞。西方科學與技術的傳入產生了新的術語，如物理、化學、船艙、航道等等。西化改革使先進人士有了新的世界觀，原本宗教語言的影響逐漸減少。

1725 年於聖彼得堡成立科學院（1934 年遷至莫斯科），主要是以日耳曼人為主的外國研究人員組成。二十年後才有第一位俄羅斯院士，到十八世紀末才由俄羅斯人管理科學院，這一切歸功於羅曼諾索夫 (Mikhail Lomonosov, 1711–1765)。他是俄國科學院第一位本土出身的

院士,是個多才多藝的偉大人物,可與義大利的達‧芬奇 (Leonardo da Vinci, 1452–1519) 媲美。羅曼諾索夫於 1748 年發現物質不滅定律,四十一年後法國的拉瓦錫 (Lavoisier, 1743–1794) 才發現這條定律;他又首先推測金星上有大氣環繞。他在 1748 年創立俄國第一個化學實驗室,位於今日聖彼得堡大學內,保留至今以紀念之。羅曼諾索夫建立了化學元素的理論,在化學中引進原子假說。他還建立俄國第一座製造彩色玻璃工廠,也創作多幅鑲嵌畫。

　　1749 年 9 月科學院的日耳曼人穆勒院士 (Gerhard Friedrich Müller, 1705–1783) 發表「俄羅斯名稱的起源」演說,提出俄羅斯第一個政府由諾曼人建立,此稱為諾曼派。羅曼諾索夫為了反駁諾曼派,仔細研究俄國歷史文獻,參考外文著作寫了《俄國古代史》和《俄國簡明編年史》。他又是個語言學家,著作《俄語修辭學》(1745) 與《俄語語法》(1739) 制定了俄國詩體的規則,奠下日後以俄文(而非以法文)創造文學作品的基礎。

❷今日在莫斯科大學舊校地(紅場入口處)有塊貼在牆壁上的銅版,浮雕羅曼諾索夫半身像並書寫紀念文字;在聖彼得堡大學亦有個半身雕像供人景仰。為了紀念創辦人,1940 年將莫斯科大學更名為「羅曼諾索夫莫斯科大學」。

　　1755 年莫斯科大學成立,就是羅曼諾索夫❷的建議,以荷蘭的萊登 (Leiden) 大學為建校範本,設有醫學、法律和哲學三科系,享有自治權,直接隸屬參議院管轄。

　　科學院在地理考察方面有重大成就。由白令 (Vitus Bering, 1681–1741, 丹麥人,受聘於俄國科學院) 率領前往西伯利亞、堪察加 (Kamchatka) 作兩次 (1725–1730, 1732–1743) 考察,搜集了有關動物學、植物學、地理學、礦物學、民族學、歷史學和語言學方面的資料與實物;發現亞洲與美洲之間的海峽,就以其名稱為白令海峽。科學院於 1745 年出版有十九幅的《俄羅斯地圖冊》,1769–1776 年又繪製新的俄羅斯帝國大地圖。

圖 31：莫斯科大學主樓 (1950s)　　位於
莫斯科近郊沃羅比約夫山丘，主樓共 45
層樓，青銅雕像為創辦人羅曼諾索夫。

　　在歷史學方面，因彼得大帝創立帝國展開歷史新頁，1708 年下令
編纂一部新視野的俄羅斯全史，要求收集散失各處的地方誌與年鑑。
彼得要求不再襲用《舊約》的〈創世紀〉神話，不再說斯拉夫人是雅
弗 (Japheth) 的後裔。塔季舍夫 (Vladimir Tatishchev, 1686–1750) 死後
出版的《俄國史》廣徵民族誌、語言學和其他資料作為歷史研究的史
料。院士穆勒堅持搜集和發表歷史文獻，他於 1733–1743 年親自旅行
西伯利亞，收集相關資料，主張歷史著作依據的是經過整理和考證的
史料，不能根據口頭傳說或未經證實的文獻資料。1759 年在阿爾漢格
爾 (Arkhangel) 成立第一個省級的「歷史研究學會」，負責搜集古代文
書和手稿。這些說明俄國以科學方法研究歷史，脫離宗教思想的束縛。

文學發展的特色也逐漸擺脫教會的影響，受到法國的古典主義影響，其特色是克制個人感情，服從國家的利益；肯定人的理性，反對宗教的束縛；模仿古希臘羅馬文學的題材和體裁，但俄羅斯的古典主義具有民族的特色。新文學以虛構的情節與新的詩體系統和文學語言，如音節與聲調並重的寫詩方法，以詩行中重讀音節和非重讀音節的排列為基礎。蘇馬羅科夫 (Alexander Sumarokov, 1717–1777) 是代表性作家，創造大量的悲劇、喜劇、詩、寓言等。

十八世紀末文學受啟蒙思想的影響，在作品中提出尖銳的社會與政治問題。如馮維辛 (Dmitri Fonvizin, 1744–1792) 在喜劇《少年》中揭露女地主的貪婪和殘酷的行為，說到：有了金錢並不意味著有了道德。馮維辛要求對人關心，這可說是俄國第一部寫實主義作品。傑爾查文 (Gabriel Derzhavin, 1743–1816) 的貢獻在於詩歌語言的口語化，1780 年寫的頌詩〈致統治者的法官〉，提及：（沙皇）您的義務就是維護法律，別只顧強人們的顏面，別留下孤兒和寡婦。此詩引起凱薩琳大帝的不滿，刊載此詩的雜誌被迫停刊。

到了十八世紀末俄羅斯文學流行感傷主義，代表著作有卡拉姆津寫的小說《苦命的麗莎》(1792)，描寫普通人內心的感受，他說：就連鄉下的姑娘也會愛。

1756 年在聖彼得堡建立了首座旨在演出悲劇和喜劇的劇院，1780 年代在聖彼得堡增設小劇院、大劇院，在莫斯科增設彼得羅夫劇院（可容納一千五百人），這些劇院專供宮廷人士觀賞。

歌劇成為音樂體裁的主導，占優

圖 32：利達聖母（約 1490）達·芬奇（義大利）繪，42 × 33 cm，赫爾米塔什博物館藏。

圖 33：康內斯坦伯聖母圖 (1502)
拉斐爾（義大利）繪，17.5×18 cm，
赫爾米塔什博物館藏。

圖 34：浪子回頭（約 1668–1669）
林布蘭（荷蘭）繪，262×205 cm，
赫爾米塔什博物館藏。

勢的是喜歌劇，描述平民百姓的生活。抒情歌曲的歌詞則借用俄羅斯
詩歌，創作俄羅斯自己的歌曲。業餘的音樂表演很盛行，會在報紙刊
登廣告。十八世紀末出現了民族歌劇（以俄語演唱，劇本內容為俄國
歷史人物），也產生新型的樂器和聲樂作品。芭蕾舞成為獨立的藝術表
演，1738 年在聖彼得堡成立第一所芭蕾舞學校，1783 年在莫斯科成立
第二所，奠定了俄國民族芭蕾舞的基礎。

第五章
俄羅斯帝國的保守性
(1796–1855)

普希金是俄羅斯精神生活發展的代表。　　　別林斯基
普希金是俄羅斯的民族詩人。　　　　　　　果戈里
我的名字將傳遍整個偉大的俄羅斯。　　　　普希金

第一節　拿破崙入侵與十二月黨人革命

一、保羅一世

　　保羅一世 (Paul I, 1796–1801) 統治俄國五年，在位期間的內政、外交都失敗，因其精神失常，被稱為「瘋君」。

　　保羅的母親是凱薩琳二世，至於父親則不能確定是彼得三世。保羅八歲時，父親被殺，此對保羅的心理造成重大創傷，致使精神失常。保羅成年（十七歲）後，宮廷謠傳凱薩琳會與他共治，引起女皇不安，視其子為潛在的威脅。

　　保羅育有亞歷山大、君士坦丁、尼古拉三子，凱薩琳計劃將皇位直接傳給孫子，將皇孫帶到宮中，親自撫養與教育。凱薩琳為了彌補對保羅的愧疚，1777 年開始在首都郊區建造占地六百公頃的「保羅

❶保羅宮，以俄語發音為「巴甫洛夫斯克宮」，為世上最大人造公園之一，有六萬株樹，其「大宮」(Grand Palace) 有個大圓屋頂覆蓋六十四根圓柱。保羅宮位於聖彼得堡南 26 公里，有火車可到達。

❷加特契納占地 700 公頃，在十八世紀初原是彼得一世之姊的地產，凱薩琳二世即位之初賜給助其登基的愛將奧爾洛夫 (Grigori Orlov, 1737–1808)。1782 年起為保羅住處，1801 年保羅去世後成為廢墟，至 1881 年才再度成為亞歷山大三世住處，1917 年後成為博物館。

圖 35: 保羅宮 (1782–1804)　位於聖彼得堡近郊，沃羅尼欣為設計人之一。

宮」❶。1782 年起，保羅退居距聖彼得堡四十五公里處的加特契納 (Gatchina)❷，以其仰慕的普魯士軍隊方式訓練一支軍隊，由於訓練嚴格，引起軍隊的不滿。

　　保羅四十二歲登基後，一切政令與行為意在推翻其母的政策。將在加特契納訓練軍隊的方式推廣至全國，致使軍隊不支持保羅。保羅是十八世紀唯一不靠近衛軍政變助其登基的沙皇，為了消弭近衛軍的權力，加冕日（1797 年 4 月）即頒佈皇位長子繼承法；取消凱薩琳在各地區成立的「貴族議會」；禁止貴族要求農奴在星期天為其耕種，並改成一星期最多為貴族耕種三天；恢復

凱薩琳時禁止農民向國王的請願權。

保羅上述種種措施，自然無法獲得貴族的支持。在征服印度失敗後，由副首相帕寧 (Nikita Panin, 1718–1783)、首都總督巴倫 (Peter von der Pahlen) 組成的叛亂軍於 1801 年 3 月進入寢宮，殺害保羅，太子亞歷山大事先知悉叛亂行動卻未阻止。

二、拿破崙率軍入侵

亞歷山大一世 (Alexander I, 1801–1825) 最值得稱述之事莫過於抵抗拿破崙入侵，使拿破崙稱霸歐洲的美夢破滅。

亞歷山大一反其父聯法反英的政策，1805 年與英、奧、瑞共同對法作戰。但是 1807 年俄國先後在伊勞 (Eylau) 與弗萊德蘭 (Friedland) 敗在法軍之下，於是在 7 月向法國求和，簽訂「提爾西特條約」(Treaty of Tilsit)。亞歷山大利用 1807–1812 年俄法休戰期間，於 1808 年攻占芬蘭，迫使瑞典於次年承認芬蘭大公由沙皇兼任，並迫使波斯承認 1801 年俄國兼併喬治亞的事實。1812 年 5 月又迫土耳其割讓比薩拉比亞 (Bessarabia)，1813 年集中兵力入侵波斯，兼併亞塞拜然 (Azerbaijan) 北部和達吉斯坦 (Dagestan)。

「提爾西特條約」使俄國與法國瓜分歐洲勢力範圍，兩國暫時聯合，到了 1811 年拿破崙建立起的帝國達到高峰，於是計劃先攻下俄國增加實力後，再摧毀英國，便可確立世界霸權。雙方關係又因拿破崙曾在 1808 年向亞歷山大請求皇妹許配遭拒；次年法奧戰爭爆發，俄國未依條約全力支援法軍；俄國自從加入針對英國實行的「大陸封鎖」後，財政收入大量減少，於是暗地裡又恢復與英國的貿易，到 1810 年底則公開允許走私船隻進入俄國港口；次年，俄國提高法國商品的進口稅，這些事件使得法國對俄國心生嫌隙。

至於俄國同樣對法國不滿。此因法國已將勢力擴張至俄國邊界，華沙大公國實行《拿破崙法典》與廢除農奴制度，引起俄國的恐慌；法國又將奧屬加利西亞併入華沙大公國，違反「提爾西特條約」中「波

❸拿破崙曾說：「如果我抓住基輔，就抓住了俄國的腳；掌握聖彼得堡，就抓住了俄國的頭；一旦占領莫斯科，就擊中了它的心臟。」

❹ 1.為紀念1812年抵禦拿破崙的勝利，1834年建於冬宮廣場的「亞歷山大圓柱」，包含基座、圓柱、頂端的天使共高47.5公尺。2.位於涅夫斯基大道旁的喀山教堂，建於1801–1811年，庫圖佐夫與巴爾克萊長眠於此。1837年建二人的青銅雕像，分置於教堂東西柱廊盡頭的凱旋門前；3.在聖彼得堡建「納爾瓦勝利之門」，1814年初建時為木造，1817–1834年改以大理石與金屬建造。

蘭王國永不恢復」的規定；法國阻止俄國兼併摩爾達維亞 (Moldavia) 和瓦拉琪亞 (Wallachia) 二公國，又協助土耳其保護海峽，抵禦俄國進一步的發展。俄法之間的衝突已不可避免。

1812 年 6 月拿破崙率六十萬大軍渡過涅門河，向莫斯科進攻。俄軍由巴爾克萊 (Barclay de Tolly, 1761–1818) 率二十萬軍抵禦，採取撤退而不作正面衝突的戰略。但在斯摩稜斯克仍被法軍追趕，俄軍大敗，引起反對撤退的將軍不滿。亞歷山大只好於 8 月改派擊敗土耳其的常勝將軍，由年已六十七歲的庫圖佐夫 (Mikhail Kutuzov, 1745–1813) 指揮。

9 月 7 日法俄軍大戰於博羅季諾 (Borodino)，法軍雖勝但實力大減。為誘敵深入消耗其力量，庫圖佐夫乃決定放棄莫斯科，下令全部人民攜帶所有糧食撤離，對莫斯科採行焦土政策。一星期後十萬法軍進入不到一萬人的莫斯科城❸，停留一個多月仍找不到俄國主力軍，拿破崙三次提出議和，亞歷山大一直未予答覆。

10 月 19 日法軍開始撤退，遭到庫圖佐夫的追擊。拿破崙的入侵，激起俄國人民的愛國意識，紛紛加入民兵以游擊戰略攻打法軍；又碰到當年提前降雪，法軍的裝備不足以抵禦俄國的寒冬，更增加作戰的困難。當拿破崙退至華沙時，只剩下三萬軍隊。著名的「1812 年戰爭」❹是拿破崙由勝轉衰的關鍵點。

俄軍擊敗法軍後，乘勝一路追趕至巴黎，歐洲諸國紛紛與之結盟共同對抗法軍。俄、普、奧聯軍終於擊潰法軍，1814 年 3 月 31 日占領巴黎，拿破崙被迫退位。亞歷山大在歐洲權傾一時，與戰勝國在維也納舉行會議（1814 年 9 月～1815 年 6 月）。俄國獲得統治「波蘭王

國」（由拿破崙建立的華沙大公國組成）的權利，由沙皇兼任國王，頒賜憲法並實行自治，另外也獲得芬蘭與比薩拉比亞。俄國勢力深入中歐，成為歐陸第一強國。

三、十二月黨人革命

由於俄國軍官親征西歐與駐軍於巴黎年餘，目睹西歐自由的社會，也吸收當時法國的自由主義思想。返國後，深感俄國的落後，於是對沙皇的專制獨裁與農奴制度提出改革之道。

1816 年 12 月由二十四歲的近衛軍官穆拉維約夫 (Alexander Muraviev, 1792–1863) 為主，在首都組祕密團體「救國協會」，主張實行君主立憲和解放農奴。二年後易名為「幸福協會」，成員已接近二百名。他們閱讀法國啟蒙哲士的著作與拉吉舍夫的《從聖彼得堡到莫斯科之旅》。1821 年 1 月在莫斯科召開代表大會，因意見分歧，加上政府早已派人監視而宣佈解散。

1821 年 3 月由原幸福協會南方分會（位於基希涅夫 "Kishinev"）的成員佩斯捷利 (Paul Pestel', 1793–1826) 軍官另組「南社」，主張廢除農奴制度、取消貴族特權、推翻沙皇政府和建立共和政府，實行言論、宗教信仰、出版和遷徙自由。1822 年秋穆拉維約夫 (Nikita Muraviev, 1796–1843) 在聖彼得堡另組「北社」，主張君主立憲、廢除農奴制度、選民受財產限制。

1825 年 11 月 19 日亞歷山大突然去世，他沒有子女，軍隊向其弟君士坦丁宣誓效忠。實則擔任波蘭總督的君士坦丁娶波蘭女子為妻，早在 1820 年宣佈放棄繼承皇位。亞歷山大已於 1823 年指定幼弟尼古拉為繼承人，但未公開，規定這項旨令在他死後才能開啟。在弄清楚事情真相後，尼古拉決定於 12 月 14 日要求軍隊行宣誓效忠禮。「北社」在 12 月 11 日匆促決議 14 日把自己的部隊帶到參議院廣場❺，先拒絕向新沙皇宣誓然後發動政變，向人民宣告行共和政體。叛亂很快就被平息，「南社」尚未得知尼古拉已平定叛軍，響應北社，在烏克蘭起義，

❺1925 年蘇聯政府將參議院廣場改名為十二月黨人廣場。廣場上有座彼得大帝青銅雕像，參見圖23。

同樣地很快就被平定。

平定叛亂後逮捕了近六百人，由沙皇親自主持審訊。包含佩斯捷利等五名主要成員被處死刑，一百二十名流放到西伯利亞或到高加索充軍，餘則赦免。

十二月黨人革命可視為十八世紀宮廷政變最後一齣戲碼，但是參與者要求根本改變政體而非僅更換另一位沙皇，故十二月黨人革命可看作是1917年革命的開端，經過近百年才成功地推翻沙皇專制政府。詩人奧多耶夫斯基 (Alexander Odoevskii, 1802–1839) 是「北社」的成員，起義失敗後被流放到西伯利亞，再調往高加索，他寫到：「我們悲慘的工作不會就如此消亡，從星星之火會發出熊熊的火花。」俄國著名的革命家赫爾岑 (Alexander Herzen, 1812–1870) 謂十二月黨人革命的意義在於：「在此之前，人們不相信可能爆發政治起義，不相信有人能執武器在聖彼得堡的中心襲擊龐然大物——沙皇的君主專制。」

第二節　尼古拉一世的專制統治

一、鐵沙皇尼古拉

尼古拉一世 (Nikolai I, 1825–1855) 登基之日即遇到俄國歷史上頭一遭的軍官革命，登基時說：「革命已經到了俄國門前，但是我發誓，只要我還有一口氣，革命就進不了俄國。」尼古拉在位三十年，採行高壓統治，為了阻擋自由思想的傳播以及叛亂的發生，1826年7月在沙皇直屬的「樞密院」之下成立「第三局」❻，局長下設憲兵團，有權力獨立行動。「第三局」對於叛亂

❻原直屬沙皇的樞密院成為「第一局」，主管奏文與監視敕令的執行；1826 年成立「第二局」，負責搜集和編纂法典；1828年成立「第四局」，主管教育和慈善機關；1836 年成立「第五局」，管理國家農民；1842年成立「第六局」，管理高加索地區。

可疑的人動輒施以笞刑，常抽打致死，或拘捕入監或流放至西伯利亞，所以尼古拉一世被稱為「鐵沙皇」。

為了防止革命思想的傳播，尼古拉加強書報的檢查與對學校的控制。1826 年 6 月頒佈「出版檢查條例」，嚴禁議論政府的施政與發表動搖東正教信仰的言論。著名文學家杜斯妥也夫斯基 (Fedor Dostoyevsky, 1821–1881) 與屠格涅夫 (Ivan Turgenev, 1818–1883) 曾因違反此條例而被捕。1828 年 12 月又規定學校的宗旨是培養教會忠誠之子、上帝和沙皇的忠誠之民，禁止非貴族子弟進入七年制中學。1835 年廢除亞歷山大於 1804 年給予大學❼自治的「大學法」。

教育部長烏瓦羅夫 (Count Sergei Uvarov, 1786–1855) 於 1833 年揭櫫官方施政的指導原則：東正教義、專制君權、民族性。其中民族性指的是俄羅斯民族特有的篤信東正教、順從與忠於沙皇的品德；也指明俄國的風俗、語言勝過墮落的西方。在尼古拉統治下的俄羅斯帝國出現俄羅斯化 (Russification) 以及泛斯拉夫主義 (Pan-Slavism)。

1826 年成立法典編纂委員會，由史佩蘭斯基 (Mikhail Speransky, 1772–1839) 主持。自 1649 年法典頒佈以來，二百年來只作一些更改，故需要一部完整的法典。由於新沙皇的保守性，1832 年編纂的新法典只是整理舊法，並未加入啟蒙思想中的自由、民主觀念。1842 年和 1857 年又經修正，此後一直沿用至 1917 年。

尼古拉一世在位三十年，全國各地發生的農民暴動多達五百五十次，士兵起義亦有多起。1834 年第三局局長在奏文中提及農民渴求自由與年俱增，五年後他認為情況更加嚴重，因為軍隊的士兵是由農奴組成的。農民

❼亞歷山大一世時共有四所大學：莫斯科、聖彼得堡（1819 年成立）、喀山（1804 年成立）、哈爾科夫 (Kharkov)（1804 年成立）。到尼古拉一世增加位於基輔的聖弗拉基米爾大學（1835 年成立）。若包含帝俄管轄領土的大學另有多爾帕特（1802 年成立）、維爾納（1803 年重建，1831 年關閉）、華沙（1816 年重建）、土爾庫 (Turku，1809 年起改由俄國控制，1827 年因大火而遷移至赫爾新基）等四所大學。以後直至 1914 年也只增加奧德薩、托木斯克（1888 年成立）、薩拉托夫（1909 年成立）三所大學。

暴動規模並不大，但次數頻繁，除了地主所屬農民參與外，國家農民與皇室農民亦掀起騷動，政府常須調動軍隊方能鎮壓。1840年代也爆發農民大批逃亡至高加索、烏克蘭、比薩拉比亞等人口稀疏的南部地區定居。面對層出不窮的農民暴動，尼古拉雖知有其嚴重性但不願意作改革，認為若去觸動它，將會造成更大的災難。

二、對外擴張

彼得大帝時期俄國成為多民族的帝國，這是自伊凡四世以來不斷擴張的結果，面積從280萬平方公里增至1,536萬平方公里；到1796年凱薩琳大帝去世時，又擴大到1,705萬平方公里；1855年尼古拉一世去世時，增至1,995萬平方公里，總人口超過七千萬。

俄國政府是如何統治這些不同宗教信仰、語言文字與風俗習慣的民族呢？首先談沿波羅的海地區、烏克蘭、白俄羅斯、立陶宛、波蘭和芬蘭。這些地區的社會經濟和文化的發展高過於俄羅斯，並將工業產品輸入俄羅斯，如紡織品、紙、玻璃、火柴、染料等。

1809年俄國開始統治芬蘭時，頒佈一部憲法，給予芬蘭極大的自治權。到1816年改派總督直接統治，擁有軍事、警察、行政大權，此後芬蘭議會名存實亡。尼古拉一世時推行大俄羅斯化政策，由俄國官吏負責行政職務，檢查芬蘭書報的出版。

波羅的海沿岸各省由日耳曼貴族統治愛沙尼亞和拉脫維亞農民，貴族以傳統的地方自治議會掌握大權。農民反對地主貴族殘暴的統治，尼古拉為了維護邊境安全以及討好農民，於1816-1819年間實行土地改革，一些農民因此獲得自由，1849年又允許農民購買土地。

對於烏克蘭、白俄羅斯和立陶宛地區，尼古拉強制實行大俄羅斯化政策，當地官員由俄羅斯貴族擔任，公文一律以俄文書寫，烏克蘭學校大多被迫關閉。烏克蘭人的民族意識強烈，其知識份子在十九世紀初期形成，研究哥薩克具有愛好自由、平等的傳統，將烏克蘭語發展為有系統的獨立語言，強調烏克蘭是個獨特的民族，應享有自治地

位。烏克蘭偉大的詩人舍甫琴科 (Taras Shevchenko, 1814–1861) 在 1840 年出版的《吟遊詩人》詩集可說是最具代表性。

俄國境內的猶太人多分佈在立陶宛、白俄羅斯和烏克蘭，1851 年時人數約二百四十萬人。為了避免與基督徒雜處以及增加基督徒在商業上的競爭力，沙皇於 1791 年 1 月頒佈「猶太人定居區法」(*the Pale of Jewish Settlement*) ❽，實則在猶太人居住區內亦有基督徒居住，但是猶太人只能在「定居區」居住，唯大學生、醫生、律師除外。1827 年尼古拉下令年滿十八歲猶太壯丁亦須服役二十五年，俄羅斯人服役占其人口 0.7%，猶太人則高達 1%。又強迫猶太人改信東正教，1839 年就有四萬猶太人被迫改宗。

亞歷山大一世賜予波蘭一部憲法，但未認真執行。尼古拉一世則採嚴屬控制，將「第三局」延伸至波蘭境內，取締了「愛國協會」，又將著名史家列列韋爾 (Joachim Lelewel, 1786–1861) 趕出維爾納大學。1830 年 11 月由波蘭軍官和學生發起暴動，二個月後聲明廢黜尼古拉，成立波蘭民族政府；至 9 月俄國派軍進攻華沙才鎮壓暴動。之後，尼古拉廢除憲法，解散議會；十萬俄軍長期駐紮波蘭；關閉華沙大學和維爾納大學；各級學校以俄文取代波蘭文教學。

新俄羅斯、伏爾加河中下游、西西伯利亞和北高加索地區人口稀少，以畜牧業為生，但俄羅斯人大量移入，農業迅速發展。這裡是俄羅斯工業產品的銷售市場，也是供應工業原料的地區，如棉花、大麻、煙草等。

1801 年俄國兼併喬治亞，1804 年當地農民爆發起義，山區土著亦起義不斷，相鄰的亞塞拜然、亞美尼亞

❽「猶太人定居區法」於 1791 年頒佈時，境內亦有基督徒居住。猶太人在區內大約占 11%，直到 1917 年 3 月才廢除猶太人只能居住在定居區的限制。

圖 36：十九世紀帝俄擴張圖

亦復如此。十八世紀末俄國沿捷列克河和庫班河北岸築一道碉堡防衛線，線之南仍未被征服。1816 年俄國又深入山區建立新的碉堡線，將車臣人 (Chechen) 和達吉斯坦山民的牧區隔離，主要藉由哥薩克軍征服。由於山民頑強抵抗，直至克里米亞戰爭結束後，調動軍隊加強攻勢，至 1859 年才徹底征服高加索地區。

　　最後談對中亞、西伯利亞的擴張。中亞地區東起中國新疆西界，西至裏海與烏拉河，北至西伯利亞，南抵阿富汗與波斯北界（今天分屬哈薩克、吉爾吉斯、塔吉克、烏茲別克、土庫曼五個共和國）。尼古拉即位之初，俄國東南止於烏拉河一帶，直到 1848 年才擴及鹹海東部，在錫爾河 (Syr R.) 注入鹹海處建立阿拉爾斯克 (Aralsk) 城。1853 年攻占錫爾河上游的要塞，後改名為佩羅夫斯克 (Perovsk) 與維爾諾耶 (Vernoe) 要塞（後易名為阿拉木圖 "Alma-Ata"）。

　　1840 年代在尼布楚、葉尼塞河與勒拿河一帶發現大量金礦，引起俄國政府的注意。1842 年後的清朝政府因鴉片戰爭失敗而實力大減，

正好給予俄國積極向東擴張的機會。1850 年東西伯利亞總督穆拉維約夫 (Nikolai Muraviev, 1809–1881) 要求海軍將領涅偉爾斯科伊 (Gennadii Nevelskoi, 1813–1876) 率艦隊探測黑龍江下游。涅偉爾斯科伊發現庫頁島 (Sakhalin) 並非半島而是獨立的島，1850 年 8 月在黑龍江口建立「尼古拉城」，1853 年 9 月再往庫頁島南端的安尼瓦灣 (Aniva Bay) 插上國旗，宣佈為俄國領土；同時又在韃靼海峽西岸建「沙皇港」(今名為蘇維埃港)。

能自由出入黑海二海峽，一直是俄國的目標。俄國不斷向南擴張，終於爆發了歐洲列強干涉的「克里米亞戰爭」。在泛斯拉夫主義之下，俄國以保護巴爾幹信仰東正教的斯拉夫民族為由出兵保衛，迫使鄂圖曼帝國就範。

1850 年俄國迫使土耳其將耶路撒冷聖地由天主教士轉由東正教士接管，此項決定引起法國的抗議。拿破崙三世於 1853 年稱帝後，為爭取人民的好感，要求聖地管理權恢復原狀；至於英國在土耳其有巨大商業利益須維護，也害怕俄國勢力進入地中海。1853 年 7 月俄國占領摩爾達維亞和瓦拉琪亞二公國，土耳其要求俄軍撤離遭拒，於是土在英、法的支持下於 10 月向俄宣戰。

戰爭是在多瑙河地區、黑海沿岸和高加索同時進行。土耳其首先在多瑙河南岸、黑海沿岸大敗。奧地利則分別與普魯士、土耳其簽訂條約，要求俄國撤出二公國，俄國不得不接受。1854 年 9 月，英法聯軍進攻塞瓦斯托波爾 (Sevastopol)。這是俄國在黑海重要的要塞和軍港，1855 年 1 月薩丁尼亞 (Sandinia) 王國加入聯軍，9 月，攻陷塞瓦斯托波爾，標誌著俄國在克里米亞戰爭中失敗。尼古拉早在 2 月服毒自殺，亞歷山大即位後急於提早結束戰爭，1856 年 2 月在巴黎召開和平會議，此次俄國戰敗乃是俄國自彼得大帝以來最嚴重的一次挫敗。

第三節　斯拉夫派與西化派的爭論

一、知識階層的興起

　　俄國的知識份子 (intelligentsia) 一詞來自法文的 intellectuel（知識份子），以及德文的 intelligenzler（智力，知識份子）。1860 年代小說家博博雷金 (Peter Boborykin) 將此術語傳入俄國，不過意義上與西方的不同。西方的知識份子指從事文、藝工作的學者、作家、藝術家、教育家等；俄國則指關懷公眾利益的人們，將國家、公益之事視為己任，並且深信社會上不合理之事物亟須改正，會不顧一切代價去追求目標。即使是小官吏、小市民、農民出身者，為謀求大眾福利和積極從事社會改革，即被視為知識份子，至於個人的教育程度、身份並不太重要。

　　俄國的知識階層遲至十九世紀初才形成，早期俄國的社會僅有貴族與農民二大階層，商人、工匠、工人僅占少數，尚不足以構成一個階層。農民幾乎是文盲，終日為耕種而忙碌，無暇亦無力從事其他活動；貴族階層是沙皇專制政體的支柱，在 1762 年前貴族的義務是服軍役，故無暇從事社會公眾事務；再者，貴族以服從沙皇為天職，其經濟來源與社會地位均是沙皇賜與的，他們不可能批判社會現狀。

　　1762 年的「貴族解放令」頒佈後，貴族可以自由選擇服軍職，未服軍職的貴族多半以文學寫作為其志向。由於凱薩琳二世愛好文藝，有多家雜誌社發行，書籍的出版亦多；劇院的成立，吸引作家從歷史故事或當代社會尋找題材，故創造出一群具有公共意識的公民，他們以敏銳的眼光批判社會現狀。

　　十九世紀初期俄國的知識份子多半是貴族出身的大學生、中下級的軍官以及一些較進步的地主。直至尼古拉一世去世前俄國只有五所大學，但大學生人數從 1808 年的 975 人，到 1855 年增至 3,659 人，

女性貴族被排除在大學之外。無論男女貴族欲受高等教育，多半會到法、德地區留學。可以說國內外的大學孕育了知識份子的誕生，也傳播了自由的思想。

　　巴黎的文人聚集在私人的「沙龍」(Salon)❾談論，俄國亦有類似的「小組」(Circles)，這些「小組」利用私人住宅或其他場所，聚集志同道合的朋友定期舉行討論會。他們以閱讀法國的社會主義著作與以黑格爾為主的日耳曼思想家著作，在小組中交換心得，偶爾涉及當時的政治批評。

　　最早成立的小組有 1820 年代的「克里茨基兄弟」(Kritskii Brothers) 小組，成員多為莫斯科大學學生及少數的青年官員，不久被政府發現並遭取締。繼之在 1831 年由赫爾岑和奧加廖夫 (Nikolas Ogarev, 1813–1877) 領導的小組最為重要，以法國的社會主義理論為思想基礎，具有濃厚的政治色彩。其在 1834 年為警察取締，赫爾岑 1834 年被捕，次年被放逐，1847 年逃亡至國外未再返鄉。1830 年成立的「史坦克維奇小組」(Stankevich Circle)，研究文學和哲學問題，自日耳曼詩人和哲學家的思想中尋求真理，不過問政治。該小組出版《望眼鏡》、《莫斯科觀察家》等雜誌，宣揚康德 (Immanuel Kant, 1724–1804)、謝林 (F. W. J. Schelling, 1775–1854) 與黑格爾 (G. W. F. Hegel, 1770–1831) 的哲學思想，提倡啟蒙思想。小組的成員雖不直接議論政治，但是俄國的現實社會使小組成員自然期待農奴擺脫束縛，以獲得土地與自由。1840 年代中成立的「彼得拉舍夫斯基小組」(Petrashevskii Circle) 極受政府注意，他們以議論社會與政治問題為主。在祕密警察監視一年後，1849 年有二十一名成員被判處死刑，其中包含文學家杜斯妥也夫斯基，

❾「沙龍」原指上流社會人家中的大客廳，至十七～十八世紀漸演變成指在上流人家中所舉行的集會。通常聚集文人雅士，共同討論文學、藝術、政治等。

但不久均獲得減刑，改判流放西伯利亞。

二、斯拉夫派與西化派的爭論

1836 年恰達耶夫 (Peter Chaadaev, 1794–1856) 在《望眼鏡》雜誌上發表〈哲學書簡〉(Philosophical Letters)，抨擊俄國文化的落後性、指出農奴制度是俄國可恥的污點，是國家進步的主要障礙。他對俄國的歷史傳統持否定的態度：「(我們) 沒有過去、沒有未來、只是生活在死亡的寧靜之間。」更令沙皇政府不滿的是恰達耶夫對俄國文化的失望，他說：「我們在世界上相當孤獨，我們不曾給予世界什麼，也不曾教導世界什麼。我們對人類文化的進步沒有任何貢獻。」在八篇哲學書簡中，恰達耶夫主要表達的觀念是：落後的俄國唯有學習西歐文化，才有光明的前途。他隱約暗示未來的俄國將會挽救歐洲文化，此因俄國吸收歐洲的經驗，能夠避免它的錯誤 (例如資本主義)，走向更好的未來。

〈哲學書簡〉發表後，政府立即查封《望眼鏡》雜誌，宣佈恰達耶夫為精神病患，強制其至精神病院接受治療。官方希望恰達耶夫公開修正錯誤的看法，不過他堅持「吾愛國家，但更愛真理」而不改初衷。

〈哲學書簡〉開啟知識份子對俄國過去的歷史與未來方向的討論，產生隨後十年的斯拉夫派 (Slavophiles) 與西化派 (Westernizers) 的興起與爭論。流亡英國的俄裔思想家以薩·柏林 (Isaiah Berlin, 1909–1999) 稱 1838–1848 年為俄國「輝煌的十年」；赫爾岑以「午夜槍聲」來形容〈哲學書簡〉的意義，謂恰達耶夫表達的憤慨情感，使人們的心靈動盪，激發人們認真去思考俄國的過去與未來。

知識份子最初僅在沙龍裡討論，至 1839 年因宗教信仰問題出現歧異的觀點而打筆戰。首先發難的是基列耶夫斯基 (Ivan Kireevskii, 1806–1856)，他在《莫斯科人》雜誌 (1841 年創刊，1856 年停刊) 上發表文章，公開宣傳東正教信仰，奠定了斯拉夫派的理論基礎。

　　斯拉夫派的代表有霍米亞科夫 (Alexander Khomiakov, 1804–1860)、阿克薩科夫 (Konstantin Aksakov, 1823–1886)、薩馬林 (Iuri Samarin, 1819–1876) 等人。此派並沒有統一的理論與綱領，共同的基本觀點有：俄國歷史的發展道路與西歐完全不同，俄國文化遠比西方文化優越；俄國東正教的信仰一直保持原始基督教的純潔性；「村社」是俄國精神的核心，其根植於互信互賴的道德之上，統治者與被統治者是和諧的關係，又能阻止農民的無產階級化（因為每位成員都能自村社分配到一塊耕地）；西方常有黨派鬥爭與暴力革命，而俄國人民並不關心政治，他們喜好和平，也不想限制政府的權力。所以俄國要走自己獨特的道路，不需學習西方。

　　彼得的西化改革造成貴族和農民分裂，導致俄國內部衝突不斷。然而斯拉夫派並非無原則的回到彼得之前的時代，他們對現存制度的弊端大加撻伐：反對農奴制度，抨擊官員的貪污腐敗，不滿政府壓抑輿論自由。斯拉夫派的思想對專制政體深具威脅，故受到沙皇政府的禁止。在薩馬林、阿克薩科夫等被逮捕之後，斯拉夫派主張君主立憲的溫和改革之道。

　　堅持俄國未來應走西方道路的西化派成員別林斯基 (Vissarion Belinsky, 1811–1848) 於 1842 年在《祖國紀事》(1839 年創刊，1884 年停刊) 發表文章反駁基列耶夫斯基捍衛東正教。其後在 1847 年 7 月〈致果戈里的一封信〉中詳細說明東正教的缺失，他說：「俄國能夠獲得拯救絕非靠神祕主義、也非禁慾主義、更非虔敬主義，而是靠文明、啟蒙教化與人道主義的成就⋯⋯它需要服從法律和正義，而非服從教會的信條⋯⋯（東正教教會）一直支持專制政體⋯⋯俄國人民天性是無神論者，他們有許多迷信，但是毫無宗教情感的蹤跡。」

　　西化派的支柱格拉諾夫斯基 (Timofei Granovskii, 1813–1855) 曾留學柏林，於 1839–1855 年在莫斯科大學任教歷史課程，講授上古的梅洛溫王朝 (Merovingian Dynasty, 428–752) 後期與加洛林王朝 (Carolingian Dynasty, 752–888) 早期的歷史；講羅馬教會、羅馬法律對文明

的影響，其演說流露出鮮明的自由和理性主義的色彩，表達出俄國最終像西歐一樣將結束農奴制度，走上資本主義道路。他是黑格爾主義者，相信人類正走向自由這個終極目標，雖然通往自由之路崎嶇不平、過程緩慢且痛苦，但是他有信心能達到目標。

赫爾岑是西化派的健將，後期則與西化派分裂，創立俄國社會主義─民粹主義理論，鼓勵大學生走出教室，付諸行動。赫爾岑將黑格爾的辯證法❿看作是「革命的代數學」，俄國現有的專制政體與農奴制度是保守的、反動的，須以革命方式消滅。他說：「我們的使命就是推翻舊制度，打破一切成見，毫不留情地去對待一切以前神聖的東西。」赫爾岑於 1847 年流亡到巴黎，目睹資本主義社會實際狀況，1848 年二月革命⓫失敗後，對資本主義徹底失望。赫爾岑將希望寄託於俄羅斯農民身上，將法國的社會主義與俄國的村社結合，認為農民革命可以直接進入社會主義社會，不必經過資本主義社會階段，藉由村社過渡到社會主義社會。

斯拉夫派與西化派的論爭主要是以學術討論的方式進行，這是因為在嚴密的書報檢查制度之下，不允許公開出現反政府的言論，只好以討論歷史、哲學和文學問題影射現有制度的不合理，這一切都以溫和的形式表現出來。但是這兩派的論爭推動了俄國思想的發展，赫爾岑說：以後所獲得的一切成就都起源於這個時期，孕育未來的革命行動。

第四節　民族文化的形成

一、民族文學的形成

　　十九世紀上半葉是俄國文學輝煌的時代，正因為普希金 (Alexander Pushkin, 1799–1837) 而誕生了俄國民族文學；也由於普希金的成就，十九世紀的俄國文學在短短的二、三十年間與西歐文學並駕齊驅，結束了落後於西歐文學數世紀的局面；從普希金開始，俄國文學進入世界文學之林；俄國文學的黃金時代於 1820 年代開始（1880 年代結束），也因為普希金的關係。

　　俄國民族文學的誕生與語言的改革有關，卡拉姆津是開先鋒者。他主張「寫得像說的那樣，說得像寫的那樣」，於是在詞彙上廢除一些不適宜的古教會斯拉夫語，引入口語和吸收外來語，創造新詞以表達新思想。但是俄國文學語言的真正形成有待十二月黨人克雷洛夫 (Ivan Krylov, 1769–1844)、格里博耶多夫 (Alexander Griboedov, 1795–1829) 的努力，最後由普希金完成。所謂「現代俄語」指的是從普希金到現在的俄國語言。

　　普希金可說是俄羅斯精神文化的象徵，今日以普希金為名的劇院、街道、學校、公園以及紀念碑❶❷可說是無人能出其右。俄國同時代與後代文學家對其讚美更是不計其數❶❸。普希金生於莫斯科貴族家庭，外曾祖父來自非洲的阿比西尼亞（Abyssinia，今名衣索匹亞），為彼得一世寵臣。普金希自小從農奴出身的奶媽聽到許多俄國民間故事，十二至十八歲在沙皇村貴族學校 (Lyceum)❶❹就讀，這期間寫了一百多首詩，展露出其文

❶❷在聖彼得堡有亞歷山大（亦名普希金）劇院、亞歷山大公園（原名沙皇村）、普希金廣場、普希金之屋（展覽普希金文稿）、普希金紀念碑（位於俄羅斯博物館前）、普希金地鐵站（站內有普希金紀念碑）；在莫斯科有普希金博物館、普希金紀念碑、普希金廣場、普希金美術館、普希金街、普希金語言學院、普希金山、普希金音樂廳；普希金的誕生日（6 月 6 日）成為俄羅斯的詩歌節。

❶❸1880 年 6 月在莫斯科舉行普希金紀念銅像的典禮儀式上，杜斯妥也夫斯基發表演講，宣稱：「如果沒有普希金，那麼就不會有跟隨他而來的那些天才

們。……如果沒有普希金……我們也不會相信俄羅斯在歐洲大家庭中走向獨立。」

⓮建於 1789–1791 年的沙皇村貴族學校,位於普希金公園內。原係為凱薩琳大帝的皇孫所設立的學校,普希金是第一屆三十名學生之一。今成為博物館,可以參觀普希金住過的第十四室:有一張小床、五斗櫃、盥洗臺、一張小書桌。

學才華。

普希金反對專制政體、歌頌自由,在〈自由頌〉(1817) 寫到:「你專制獨裁的暴君,我憎恨你,憎恨你的寶座!我以嚴峻和歡樂的眼光,看待你的覆滅,你兒孫的死亡。」普希金的詩在貴族青年中普遍流傳,引起沙皇亞歷山大一世的驚慌與憤怒,下令將其放逐至南俄。在南俄期間,普希金有機會與十二月黨人密切來往,寫了許多反對農奴制度與暴君的詩篇。

普希金在南俄過了四年放逐的生活,期間被沙皇查獲一封冒犯上帝言詞的私人信件,判幽禁於其母地產普斯科夫省米哈伊洛夫斯克村二年。幽禁期間反使得他有閒暇鑽研俄國歷史,搜集民歌、故事和童話,而有歷史劇作《戈都諾夫》(1825)、長詩《茨岡》(1827,俄人對吉普賽人的稱呼) 和《尤金·奧涅金》(1833,國內譯為《永恆的戀人》) 前六章等作品。

1831 年 3 月普希金與岡察羅娃 (Gancharova) 結婚,從此定居聖彼得堡。因法國大革命逃亡俄國的法國人丹特士 (為荷蘭駐俄公使之義子) 不斷追求岡察羅娃,聖彼得堡流傳一封侮辱普希金及其妻的匿名信,普希金憤而要求與丹特士決鬥,1837 年 1 月 27 日雙方決鬥,二天後普希金不幸去世。

雖然普希金在世只有三十八年,但是作品相當多,一生寫了八百多首詩,有抒情詩如《紀念碑》(1836);敘事長詩如《高加索的俘虜》於 1822 年發表,以拜倫體長詩反映俄國當代人的思想,由普希金首創,在當時蔚為潮流;歷史劇如《戈都諾夫》,打破了古典主義戲劇的三一律 (情節、時間、地點的一致),俄國戲劇史上第一次出現眾多人物,畫面多彩的悲劇;散文體小說

圖 37: 普希金畫像 (1827)　農奴畫家基
普連斯基繪，油畫畫布，63×54 cm，特
列季亞科夫畫廊藏。

如《別爾金小說集》，不加粉飾地描寫五位小人物的日常生活；歷史小
說如《上尉的女兒》反映普加契夫暴動，在形式上模仿英國歷史小說
家司考特 (Sir Walter Scott, 1771–1832)，把虛構的人物和歷史人物、個
人的悲歡離合和歷史事件巧妙地結合在一起。至於《尤金・奧涅金》
為詩體小說，將詩和小說不同的文學體裁巧妙地結合，創造了「多餘
的人」，說明十九世紀初不事生產的貴族是社會上多餘的人，它是俄國
文學史上由浪漫主義轉變到寫實主義文學的里程碑。

　　萊蒙托夫 (Mikhail Lermontov, 1814–1841) 是繼普希金之後的偉
大詩人，他的創作反映了 1830 年代俄國知識份子的孤獨和憂鬱的精
神。他在〈預言〉(1830) 詩中支持法國的七月革命❶，預測新的普加
契夫起義。1837 年 1 月底普希金決鬥身亡消息傳來，萊蒙托夫立即寫

出〈詩人之死〉這首成名作。詩中大膽地說出：「你們這群蜂擁在沙皇寶座前的人，就是扼殺自由、天才、榮耀的劊子手……你們即使流盡全身的污血，也洗不清詩人正義的血。」

萊蒙托夫二十七年的生命卻留下豐富的詩篇、散文與小說作品。從語言方面看來，他已完全拋棄了古教會斯拉夫語，全部使用現代俄語，他與普希金的詩歌是俄國詩歌創作的典範。

果戈里 (Nikolai Gogol, 1809–1852) 繼承並發揚普希金的傳統，也是俄國寫實主義文學的創始人之一，他真實地複製了現實的生活。沒有哪位俄國作家能夠將專制政體與農奴制度最醜惡和最腐敗的一面描述得這樣淋漓盡致、挖掘得這樣深邃。果戈里建立了新的自然主義文學❻，這是對普希金傳統的發揚。別林斯基說：「由於果戈里的出現，我們的文學就特別地接近俄國生活和俄國現實。」

在短篇小說《狂人日記》和《外套》中，果戈里描寫聖彼得堡小公務員的痛苦與不幸。狂人幻想自己是西班牙皇帝，對大臣們頤指氣使。其實，他已被關進瘋人院受冷水澆頭和棍棒拷打的折磨。作者對「狂人」既同情他的不幸，又諷刺他向上爬的卑俗心理。在《外套》中藉由主角阿卡基 (Akakii) 添購外套說明他的精神世界，又藉由外套的失竊，描寫小人物與高級官員的衝突。為了添購一件外套，花費阿卡基全年薪資的四分之一多，無怪乎丟失了外套後的阿卡基不久即病逝。但是鬼魂出現專偷外套的謠言困擾著聖彼得堡，警察奉命捉拿鬼魂，赫然發現鬼魂竟是阿卡基，警察脫下外套給阿卡基後飛抵家門，不敢透露這件事。以後對屬下也不再說：

「你怎麼敢？你明不明白是誰站在你前面？」從此以後鬼魂就消失了。

喜劇《欽差大臣》於 1836 年 4 月在亞歷山大劇院首演，有人高聲稱讚，有人因該劇誹謗政府，建議把果戈里放逐至西伯利亞。本劇的題材是由普希金提供給果戈里的，欽差大臣原是一位無賴，被誤認為是微服出巡監察小城鎮的高級官員。他受到地方人民熱情款待，女士們對他諂媚，市長為掩飾自己貪污的罪行，對這位大臣極力奉承與賄賂收買，演出了一幕幕醜態畢露的滑稽戲。最後冒充的大臣竟然娶了市長的女兒，不久離開小城，留下受騙者被通報真正的欽差大臣正要駕到，在受騙的官員頓時驚恐萬分與呆若木雞狀的啞場中全劇告終。

1842 年出版的《死靈魂》也是果戈里深刻諷刺俄國社會的另一部偉大創作，這部小說震撼了整個俄羅斯。小說中的主角奇奇科夫 (Chichikov) 到處購買「死靈魂」（指死去的農奴），原地主因可省去在新的戶口普查之前須繳納人頭稅的負擔，樂得賣掉死靈魂。奇奇科夫以死靈魂向銀行抵押貸到巨款，之後，他到處騙吃騙喝，居然無人察覺他真正的身份。果戈里筆下的五位地主形象個個無恥、可惡、荒誕、庸俗，他對俄國地主貴族生動的描繪和諷刺，展現一幅農奴制度之下俄國社會、經濟、道德崩潰的圖畫。果戈里謂貴族才是真正的死靈魂，是活著的死靈魂！赫爾岑讚賞《死靈魂》是果戈里「以巧妙的筆寫成的病歷史」，是「用強大的完全獨創的才能寫成的解剖學綱要」。

二、音樂、建築

格林卡 (Mikhail Glinka, 1804–1857) 奠下俄國國民樂派的基礎，因而被稱為「俄羅斯音樂之父」。格林卡曾到義大利研究音樂數年，他熱愛義大利歌劇。1834 年返國後以俄國題材與民族音樂編寫歌劇，從此使俄羅斯音樂不再模仿義大利，而具有自己的民族風格。1836 年 11 月作的《為沙皇獻身》（亦名《伊凡‧蘇沙寧》）在聖彼得堡大劇院首演；1842 年，他把普希金的長詩《魯斯蘭與柳德米拉》改寫為歌劇，其主題具有東方色彩，音樂富於獨創性。李斯特 (Franz Liszt, 1811–1886) 當

時旅居俄國，以鋼琴演奏後即大力向國際宣揚此劇獨特的樂風。三年後這兩部歌劇在巴黎上演，由白遼士 (Hector Berlioz, 1803–1869) 擔任指揮。這是俄國音樂走向世界的開始。

格林卡是俄羅斯音樂第一位古典作曲家，也是俄羅斯歌劇的奠基人，他所作的《卡瑪林斯卡雅》(Kamarinskaia) 和《西班牙序曲》奠定了俄羅斯交響樂曲的基礎。柴可夫斯基說：整個俄羅斯交響樂曲都是從《卡瑪林斯卡雅》中產生出來的。這首以俄國民謠旋律為主的樂曲，是之後五十年間所有以俄國民謠主題的管弦樂作之濫觴。

在建築方面，十九世紀初仍為古典主義形式，但是表現的不再是富麗堂皇和巍峨壯麗，取而代之的是具有俄羅斯風格的莊嚴肅穆與寬廣宏大又簡樸的特色。札哈羅夫 (Alexander Zakharov, 1761–1811) 是俄羅斯建築風格的創始人之一。海軍部大廈是其代表作，特色是：質樸、莊嚴和對稱。該建築呈ㄇ字形，東面是冬宮，西面是參議院廣場；中央面對涅夫斯基大道；背面向著涅瓦河，與對岸的「海上交易所」大樓相呼應。海軍部大廈正面中央是一座數公尺高的塔，塔的第二層四周為愛奧尼亞式❶柱廊，上面以穹頂覆蓋，穹頂上是八角形的亭子，

圖 38：海軍部大廈（1707 年初建，1805–1823 年重建）位於聖彼得堡，札哈羅夫設計。大廈大門上有一鍍金下寬上尖的錐形物，最頂端有一鍍金戰艦。

亭頂是一根高達二十三公尺的八角尖錐，頂端托著一小艘鍍金戰艦，象徵俄國海軍的力量。海軍部大廈這一輝煌的建築成果，使札哈羅夫的大名載入世界建築史中。

羅西 (Kanstantin Rocci, 1775-1849) 設計的參謀總部大廈 (1819-1829)，須把舊有的冬宮大樓與廣場融為整體，於是將參謀總部以半環形的形式環抱冬宮廣場，用雙重大拱門作為半環形的中心點，以拱門的通道聯繫廣場和涅夫斯基大道。拱門頂端有象徵勝利的光榮神與飛奔的馬車，使建築群洋溢著凱旋的氣氛。1834 年在廣場中央豎立高達四十七・五公尺的亞歷山大圓柱，更彰顯廣場的莊嚴性。

羅西在 1820 年代同時設計了位於涅夫斯基大道兩旁的亞歷山大劇院 (1828-1832) 和米哈伊洛夫宮 (1819-1825)。劇院的正面朝向涅夫斯基大道，以奧斯特羅夫斯基 (Alexander Ostrovskii, 1823-1886) 廣場（其中有凱薩琳大帝紀念雕像）緊臨大道。羅西把巨大的六根科林斯式圓柱奠立在高大的石基上，圓柱之上為三角牆，牆上裝飾著阿波羅神駕著四匹奔跑的馬，使厚重的建築物顯得氣宇軒昂。劇院後面是羅西大街，兩旁建築物為同一造型。第一層以數十根方形柱上的拱門襯托，第二層為多利斯式圓柱裝飾，嚴格的對稱性給人整齊統一和端莊的感覺；建築物的高度等於街道的寬度又給人勻稱的感受。

米哈伊洛夫宮即今日的俄羅斯博物館，同樣以前面的廣場（其中有普希金雕像）緊臨涅夫斯基大道。建築物坐落於花園中，在主樓和兩旁的廂房形成凹字形，中間開闊寬大的庭院。主樓第一層是巨大的方柱廊，第二層為華麗的科林斯式圓柱，中央的八根圓柱上有三角

❶古希臘建築中圓柱有三種形式：1. 多利斯式 (Doric Order)；柱身有二十條尖角淺凹槽，柱頂作圓鉢形，無柱腳石，圓柱直接立在基座上；2. 愛奧尼亞式 (Ionic Order) 與多利斯式同時形成，特色為有二十四條尖角淺凹槽，柱頭為前後兩面的渦捲飾，有圓形柱腳石；3. 科林斯式 (Corinthian Order)，發展得較晚，特色為華麗的爵狀葉飾的柱頭，柱身有二十四條凹槽，有柱腳石，柱身細長。

圖 39: 喀山大教堂 (1800-1811)
位於聖彼得堡涅夫斯基大道旁,為沃
羅尼欣設計。

圖 40: 聖以撒大教堂 (1817-1857)
位於聖彼得堡,為蒙非郎設計,是俄
羅斯最豪華的教堂。

牆,整個建築物給人端莊秀麗的感覺。

　　沃羅尼欣 (Alexander Voronikhin, 1759-1814) 設計的喀山大教堂
最先打開十九世紀俄羅斯建築的新局面,它是一座有側翼弧形柱廊的
圓頂建築物。按照東正教堂正面朝西的規定,它的軸線變成與涅夫斯
基大道平行,以其側面面向大道。沃羅尼欣為了解決難題,把柱廊向
教堂兩側延伸,在面向大道的一邊,以九十六根科林斯式圓柱(每根
高十三公尺)形成半環形迴廊環抱橢圓形的廣場。

　　聖以撒大教堂 (St. Isaac's Cathedral) 可說是 1830 年代最後保留古
典主義的建築物。由蒙非郎 (Monferran, 1786-1858) 設計,保留莊重宏
偉的風格。它是一座中央巨大圓頂、四邊各有一個小圓頂的教堂,教
堂大圓頂直徑達三十公尺。教堂的第一層中央由八根科林斯式圓柱,
其上有三角牆組成,在第二層中央由十七根科林斯式圓柱環繞,每根
柱子高十七公尺、重一百一十四噸。教堂內部寬大,可容納一萬四千

圖 41：莫斯科大劇院 (1821–1824)　圖 42：亞歷山大劇院 (1828–1832)
為米哈伊洛夫設計，博偉修改，特色　與羅西大街　羅西設計。
為優雅柔和。

人，由大理石、孔雀石、天青石、斑岩與其他貴重金屬裝飾。教堂的
高度達一百零二公尺、寬為九十八公尺。這座教堂已失去俄羅斯風格，
而注重宏偉、豪華和華麗的裝飾效果。

　　莫斯科的建築比起首都聖彼得堡的建築稍為遜色。古典主義建築
師博偉 (O. Bove, 1784–1834)，改建紅場、設計了劇院廣場和亞歷山大
花園。博偉首先拆除紅場上零星小商店，建成有拱廊和圓柱長廊的長
條形建築物（蘇聯時期至今稱作國家百貨商店 "GUM"），此與對面的
克里姆林宮牆和諧地聯結起來，即大樓以一段段的拱廊與克里姆林宮
牆的堞口相對應；一個個拱門與克里姆林宮內樞密院大樓的拱門相呼
應。劇院廣場的建築，包括中央的大劇院 (1821–1824)、右邊的小劇院
以及周圍的一些建築。大劇院的外型與羅西設計的亞歷山大劇院相似，
正面有八根科林斯式圓柱組成的迴廊，柱上為三角牆，牆頂中央有駕

馭四匹奔馬的阿波羅神，特色是優雅柔和。

　　亞歷山大花園 (1820-1823) 位於克里姆林宮牆的西側，讓人們有個憩息的地方，也能見到綠蔭的樹，調和了紅場一棟棟建築物的生硬感。

　　日利亞爾季 (D. Zhilyardi, 1788-1845) 修改的莫斯科大學是莫斯科古典主義時代最好的建築物。改造過的建築物，特色是半圓大廳，古典壁畫，八根多利斯式柱廊（取代過去的愛奧尼亞式支柱）支撐陽臺，加設平滑的圓頂。整棟建築物顯得十分莊重、和諧、典雅。

　　十九世紀上半期，俄國從文學、音樂到建築等文化藝術的表現，為人類留下美好的遺產。高爾基 (Maxim Gorki, 1868-1936) 說：「俄國人民表現了驚人的力量，他們在最惡劣的條件下創造了優美的文學，動人的繪畫以及使全世界為之讚嘆的音樂。」可作為最好的詮釋。

第III篇
衰微的俄羅斯帝國
(1855–1917)

　　克里米亞戰爭暴露了俄國的種種弊端，迫使亞歷山大二世進行大改革，其中最重要的是解放農奴。歷經二百餘年的農奴制度雖經解除，實際上農民未獲得充足的耕地，也未獲得真正的自由。不但農民對解放令不滿意，知識份子亦不滿意。最初，知識份子以溫和的方式為農民爭取「土地」和「自由」，他們「到民間去」，希望喚起農民暴動的潛意識，自己爭取土地和自由。這種一廂情願的民粹主義運動失敗後，知識份子改採馬克思主義，工人無產階級成為拯救俄國的動力，並以推翻沙皇政府的激烈（革命）方式進行。第一次世界大戰又暴露沙皇政府的衰弱，在一場自發性的女工示威遊行後，導致沙皇政府的崩潰，由「臨時政府」暫時執政。八個月後由列寧領導的布爾什維克黨推翻臨時政府，建立起全世界第一個共產政權。俄羅斯帝國在軍事、政治、社會呈現不穩定，卻在文學、音樂、繪畫方面大放異彩。俄國文學史上的黃金時代、白銀時代誕生於帝俄末期，具有濃厚的俄羅斯民族風格的音樂與繪畫也都在這個時期開出最燦爛的花朵。

第六章
改革的俄羅斯帝國
(1855-1904)

> （農奴生活）不能照這樣下去，改革是絕對必需的。
>
> 屠格涅夫，《父與子》
>
> 貴族們，你們應該感到恥辱的，因為擁有農奴，你們自己也被束縛住。　　　札瓦雷金 (Zavarykin)（十二月黨人）

第一節　解放農奴與其他改革

一、解放農奴

　　亞歷山大二世 (Alexander II, 1855-1881) 時代又稱「大改革時代」，這是繼彼得一世西化改革以來，規模最龐大的一次改革。其中最重要的改革是頒佈「農奴解放令」，亞歷山大二世因而贏得「解放者沙皇」(Tsar-Liberator) 的美譽。

　　克里米亞戰爭的失敗，暴露了俄國種種弊端，庫爾蘭省長瓦魯耶夫 (Peter Valuev, 1815-1890) 描述戰敗後俄國的狀況是「金玉其外，敗絮其中」；他形容五十年來西歐不斷向前走，而俄國卻在原地踏步，裏足不前。新即位的沙皇謂專制政體創造了農奴制度，因此須將農奴制

度加以廢除。1856 年沙皇提醒貴族：「自上廢除農奴制度要比等待農民自下廢除來得好」，後者會因農民暴動致使貴族一無所有。

　　自從 1649 年法典確立農奴制度以來，俄國農民失去自由遷徙權，世世代代被束縛在地主所屬的土地上、職業世襲、生活日漸困苦、人身權漸受地主剝奪。農奴沒有婚姻自主權，通常地主會安排轄下的男女農奴通婚，以免失去一個勞動力。俄國貴族的財富是以擁有多少農奴來計算，在地廣人稀的國度，徒有耕地是沒有用的。

　　法律規定農奴不得進入中等學校或大學就讀、不能擁有財產(1730年規定，1848 年廢除)、不能訂契約（由地主代理）、地主可任意鞭笞與監禁農奴。地主會違法將耕種的農奴變成家事奴，也會在報上登廣告賣農奴全家人，亞歷山大一世下令禁止但未能阻止，到了尼古拉一世只能禁止農奴全家人分開賣。

　　農奴對國家的義務是繳納人頭稅與軍事服務；對地主的義務有二種，在北部地區以繳納地租 (obrok) 為多，因該區土地貧瘠，地主要求農奴出外工作，所得報酬歸地主所有；另一種為服勞役 (barshchina)，原則上每週為地主義務耕種三天，但亦須為地主做些除草、修繕等雜務。反觀貴族自 1762 年免除服軍役的義務，又不需繳人頭稅，只享權利而不盡義務。

　　農奴得不到法律上的保護，他們除了消極的怠工、欺騙地主（如偷地主的食物、偷摘蘋果）外，只能以逃亡或暴動的方式對抗地主。暴動的高峰是在克里米亞戰爭爆發後，主要是在俄國中央地區，解放農奴已迫在眉睫。

　　克里米亞戰爭結束後，沙皇於 1857 年 1 月先成立祕密委員會，商議解放農奴事宜。為了避免貴族反對，半年後才提出改革草案。年底，維爾納等三省的貴族提出不附帶土地的解放條件，此與祕密委員會的原則一樣，沙皇不准，在報上公開發表以引起廣泛討論，於是祕密委員會失去作用，於 1858 年初改名為農民事務總委員會，下令各省成立貴族委員會，擬訂改善農民生活的草案：諸如農奴應賠償多少金額、

給予農奴多少耕地、過渡時期須多少年等（但不能超過十二年）。1859 年 3 月成立直屬總委員會的編纂委員會，負責審查各省貴族委員會的草案。1861 年 1 月完成草案的審查，2 月 19 日是亞歷山大登基六週年紀念日，沙皇在國務會議 (State Council)❶簽署解放法令，為了避免農奴引起暴動，選擇在四旬齋 (Lent) 之前的星期天（即謝肉節）❷，在各村莊的教堂裡向農奴宣佈解放令。

根據 1858 年人口普查，全國有 2,250 萬農奴，約占全國人口 37.5%。解放令亦包含 2,550 萬的國家農民（耕種國有土地者）和少數的皇家農民，以上均非「自由民」。自由民指地主貴族、教士、獨立農民、哥薩克人，約有1,200 萬人。

「農奴解放令」使農奴脫離地主的束縛，但仍須為地主執行傳統服務二年；農民因獲得土地的配給，須繳納補償金以彌補地主的損失，補償金以四十九年償清，在未償清之前由村社負責監督農民。家事奴因不配給土地，無須繳納補償金，脫離地主後立即獲得自由。至於國家農民獲得之前耕種的所有土地，但繳納更高的地租。

農奴對於解放令的期待立即失望，所分配到土地大多比原有耕地面積來得小，平均少了 1/5，約有半數農民不足以維生，又須負擔大筆的補償金，甚而無權再使用地主的森林地和牧草地。二年的過渡時期結束後，由政府管理村社以監督農民繳納補償金，亦即在四十九年之後，農民才能獲得真正的自由。對農奴而言，解放令不但未能解決他們的問題，反而增加許多困擾，因此暴動仍持續著。

對貴族而言，解放農奴不但失去土地，也失去義務

❶國務會議由史佩蘭斯基規劃，於 1810 年成立，係由專家組成的機構，其成員由沙皇任命，協助立法工作。之後各部提出的重大法案須先經由國務會議通過，最後由沙皇頒佈施行。

❷四旬齋是復活節之前六個星期的齋戒期，期間教徒不舉行婚禮、停止各種娛樂活動、禁肉食。於是教徒在齋戒期之前的一星期舉行「謝肉節」(Maslenitsa)，亦稱「狂歡節」、「嘉年華會」(Carnival)，舉行各種歡宴娛樂、跳面具舞、遊行等活動。

的勞動力。貴族原本靠地產生活，不善於投資生產，補償金很快就被揮霍掉，不到十年的光景負債金額已超過剩餘的補償金，解放農奴造成貴族的經濟崩潰。

同樣地，知識份子對「農奴解放令」也不滿，原先冀望「自上而下」的溫和「改革」落空，轉而進行激進的「革命」。

二、其他改革

亞歷山大二世除了解放農奴外，在財政、地方行政、教育、軍事、司法、新聞檢查等方面亦作大幅度的改革。

繼解放農奴後，沙皇首先對財政進行改革。早在 1860 年 3 月已建立國家銀行，二年後實行國庫制度，一切預算和收支由財政部統轄，取消各部門獨立的財政權。1864 年起在各省建立國家監督局，檢查地方的收支狀況。

在稅務方面取消私人承包，於 1863 年先取消酒類承包制，成立「消費稅部」負責課徵酒稅事宜。經此改革後，政府稅收大增，又免除了地方官員中飽私囊的機會。

地方行政的改革主要是從 1864 年 1 月起在三十三省成立省、縣自治局 (zemstvo)，由地方自治議會選舉地方自治局的官員，每三年選舉一次，每年召開一次代表會議。選舉權雖有財產資格的限制，無論如何，改變了以往完全由貴族充任地方行政官員的狀況。1870 年 6 月頒佈「城市法」，允許各城市建立「城市杜馬」（即市議會），由參議院直接管轄，並受省長的監督。

地方自治局在國民教育、公共衛生、社會救濟、修築道路、推廣農業技術、出版事業、成立圖書館等方面有極大的貢獻，也培育了大量的技術人員。

司法改革是以西歐的司法制度為典範：落實法律之前人人平等；司法脫離行政獨立；確立公開的審判程序；陪審團從有資格的公民中選出；律師由受過司法教育並有五年實務經驗的人擔任，他們不是政

府官員，較能公正審判；法官為終身職。

叛亂罪、官吏犯瀆職罪以及神職人員犯罪不受地方法院審理，仍然由特別法院審判，不設置陪審團也不公開審判。尤其是對革命份子，經常不經審訊就流放到西伯利亞或直接處決。

軍事方面的改革亦是以西歐為典範，由國防部長米留廷（D. A. Miliutin, 1816–1912，部長 1861–1881）親赴西歐考察。改革前俄軍總數高達一百萬人，軍事機構疊床架屋、裝備落後，將領指揮無能，戰術陳舊。米留廷首先將服役期縮短為十五年；改募兵制為徵兵制，全國男丁一律有義務服役；取消體罰；重組中央軍隊指揮部，以增加行政效率；全國設十五個軍區，直接受國防部管轄；設立軍事中等學校和士官學校專門培養軍事工程人員。

教育改革是朝向開放，先是取消尼古拉一世頒佈的種種禁令，授予大學廣泛的自治權，非貴族子女亦准入學。在小學方面，一部份由地方自治局與教育部共同主辦，到 1880 年在歐俄地區有二萬三千所小學。1870 年開辦女子中學；至於大學，女子只能選擇 1869 年成立的基輔、喀山女子大學。

大改革的意義在於使非貴族出身的人民參與公共事務、自由思想的傳入、教育的普及、激勵輿論的發展以及平民知識份子的崛起。

第二節　虛無主義與民粹主義

一、虛無主義

十二月黨人為貴族出身的年輕軍官，斯拉夫派與西化派的成員同樣是出身於貴族家庭，他們可說是貴族知識份子（父輩，自由主義者）。到了 1850 年代，新生代知識份子在文學、藝術、政治和社會思想領域取得了領導地位，他們多半出身於教士、貧窮的貴族家庭，被稱之為平民知識份子（子輩，革命者）。由於出身背景與所處時代的差異，子

輩與父輩的觀念迥異。同樣都要求改革，父輩是理想主義者，採溫和漸進的改革方式；子輩是激進主義者，他們缺乏耐心等待，主張革命行動並要求立竿見影。

屠格涅夫在 1862 年出版的小說《父與子》中第一次使用源自拉丁文的「虛無主義」(nihilism) 這個名詞，它是用來稱呼新生代知識青年的思想，小說中的故事發生在 1859 年 4 月。虛無主義者反對一切傳統與權威，唯有經過實證的科學才可信；純文學、繪畫並不實用，所以普希金的詩歌、拉斐爾 (Raphael, 1483–1520) 的畫甚而比不上鞋匠，因為鞋匠做了有用的東西。虛無主義者反對虛偽、迷信、風俗習慣、宗教，喜歡坦率、簡樸。他們認為享受舒適的生活同時談論貧窮可憐的農民，那就是虛偽。他們不滿父輩毫無用處的議論，厭倦於父輩高談闊論的改革理念，確信自己不會成為「多餘的人」，但必須採取行動以達到目的。

皮薩列夫 (Dimitry Pisarev, 1840–1868) 是 1860 年代初虛無主義思想的領導人，他非常欣賞屠格涅夫筆下的巴札羅夫 (Bazarov)。二人均是英年早逝，巴札羅夫死於為病人動手術，因未帶手套，感染細菌致死；皮薩列夫則於里加海濱游泳溺死。他說：「我們每個人的全部思想的最終目的，是徹底解決飢寒交迫的人們，除此之外，絕無其他問題值得思考。」

車爾尼雪夫斯基 (Nikolai Chernyshevsky, 1828–1889) 也是位虛無主義者，但提出虛無主義的積極面。他是教士之子，1850 年於聖彼得大學歷史系畢業後返回家鄉薩拉托夫中學教了三年書，之後重返聖彼得堡，為《祖國紀事》雜誌撰稿，不久負責編輯《現代人》雜誌。1850–1860 年代是父輩自由派與子輩革命派較勁的時代，車爾尼雪夫斯基不僅著文提倡革命，並且從事祕密革命活動。1862 年 6 月《現代人》遭政府勒令停刊，7 月初車爾尼雪夫斯基被捕。他先被囚禁在聖彼得與保羅要塞二年，再放逐至西伯利亞服苦役，二十一年後才獲釋。

車爾尼雪夫斯基在獄中 (1862) 以四個月時間創作小說《怎麼

辦?》,《現代人》雜誌於 1863 年起連載這部小說,該書的副標題是「新人的故事」,新人指平民知識份子與平民化的貴族。小說中的虛無主義者多半出身於小市民階層,為人正直、坦率、意志堅定、勇敢,他們反對傳統與權威;獲得心靈的解脫之後,準備犧牲自己甚而睡在鐵釘上,吃簡單的食物,放棄享受以鍛鍊自己的意志力,辛勤地工作以造福人群。他們與《父與子》中的虛無主義者不同,他們熱愛藝術,前提是為社會服務的藝術,對工作和前途充滿信心。新人的崇高形象鼓舞了年輕人的熱情,推動他們走向革命的道路,他們準備以行動追求最大多數人的最大幸福。

二、民粹主義

　　民粹主義 (*narodnichestvo*, Populism) 是俄國 1870 年代知識份子發動的社會運動。民粹主義的俄文字首 *narod* 即「人民」之意,在十九世紀下半葉俄國知識份子極力推崇平民,尤其讚揚村社,相信俄國能夠藉由村社組織直接進入社會主義社會,跳越西歐必須經歷的資本主義社會階段以免受其災害。民粹主義的目標是幫助農民獲得土地和自由,由知識份子下鄉喚醒農民原本存在的社會主義本質,然後由農民自己發動起義。

　　民粹主義的思想直接來自虛無主義,但是也受到非虛無主義者別林斯基與赫爾岑的影響。他們認為俄國將來的幸福是要經過刻苦努力與重大犧牲才能達到,反對以虔誠的信仰與神祕的宗教意識為手段,應由實際的革命行動達成。別林斯基要求的是全體人類的幸福,即使犧牲少數人也是值得的,而且支持暴力與流血,理由是「人民是這樣的愚蠢,你必須用暴力把他們推入幸福中」。

　　1861 年「農奴解放令」頒佈後引起農民暴動的浪潮,亞歷山大二世宣佈關閉所有的大學,流亡倫敦的赫爾岑呼籲學生們走出教室,下鄉去接觸農民,他說:「到民間去 (go to the people)! 到民間去! 你們的地方就是那裡。」這是一種新信仰,對俄羅斯人民的信仰,回歸未受

近代世界污染的純樸世界。

赫爾岑認為以俄國的村社組織，加上西方的自由思想，可以直接進入社會主義社會，但必須經由革命方能達成。此革命須由貴族和農民聯合起來：由貴族向農民宣傳自由的思想，喚醒農民的革命意識，然後由農民自己發動革命。他要求社會經濟的改革，反對政治革命，以免走上資本主義社會的道路。

民粹主義者巴枯寧 (Mikhail Bakunin, 1814–1876) 倡導無政府主義 (anarchism)，徹底摧毀國家，反對一切國家制度，諸如宗教、政治、軍事、司法、財政等機構。他主張以暴動的方式摧毀舊世界，建立人人平等的新世界。巴枯寧相信真理隱藏在勞苦的農民當中，這群未經啟蒙的農民，天生就是社會主義家，催促大學生離開大學立即到民間去，喚醒農民暴動，使零星的起義行動匯合成全國性的暴動，遵行者被稱為「暴動派」。

赫爾岑與車爾尼雪夫斯基認為俄國雖是最落後的國家，反而因吸取西歐國家的經驗，必定第一個達到社會主義社會。巴枯寧解釋為因為俄國是最貧窮、最落後的國家，故能最先起來反抗政府，因此最先進入社會主義社會。關於村社，巴枯寧認為繼續保留村社的三大優點：所有土地屬於人民所有、土地不屬於個人而是村社所有、村社獨立自治的地位；但是村社有三個缺點：家長式的統治、個人屬於村社、信仰沙皇。只有藉由公開的暴動才能消滅這些缺點，至於資本主義在俄國根本沒有發展的空間，因為俄國農民天生就是社會主義家。

拉夫羅夫 (Peter Lavrov, 1823–1900) 曾任上校與聖彼得堡砲兵學院的數學教授。他在 1870 年從流放地逃往瑞士，出版《歷史書簡》(Historical Letters)，成為俄國青年「到民間去」的直接推動力。文中提出「懺悔者貴族」，謂受過教育、享受優渥生活的貴族，是廣大民眾付出勞力的結果，所以貴族對人民負債，須建立新社會秩序以回饋人民。拉夫羅夫認為俄國人民起義的條件尚未成熟，革命家的任務是向農民宣傳，使農民做好革命的準備。他不贊成暴力革命，被稱為「宣傳派」，

這是因為他目睹了法國「巴黎公社」❸的失敗，了解到若無充份的準備，不會有成功的革命。

特卡喬夫 (Peter Tkachev, 1844–1886) 是屬於激進派的民粹主義者，1869 年被捕，1873 年流亡國外，1875–1881 年主編《警鐘》雜誌。他認為革命的工作應由少數職業革命家來做，以陰謀手段奪取政權後建立獨裁政府，直到所有的敵人被消滅為止，屆時俄國已跳過資本主義社會階段而進入社會主義社會。亞歷山大二世的大改革，使俄國即將走上資本主義社會階段，必須趁它尚未發展成熟之前儘快發動革命，若再等個一、二十年就失去革命的良機。「立即革命」是特卡喬夫強調的一句話。

民粹主義者在 1860–1870 年代採取革命行動，到了 1880–1890 年代則反對革命，主張溫和的改革方式。革命行動可分為小組、到民間去、恐怖主義三階段。1869年在首都成立的「柴可夫斯基小組」(Chaikovski Circle)，遵循「宣傳派」方式，初期主要對青年學生宣傳、印刷宣傳單。1872 年起也向工人宣傳，但是成果令人失望。政府於 1874 年 3 月破獲小組，成員多半被逮捕因而結束了小組活動。柴可夫斯基小組最大的貢獻是這個團體以道德為重，強調個人的奉獻精神。

「多爾古申小組」(Dolgushin Circle) 亦成立於 1869年，小組接受巴枯寧的觀點，革命家須到農村喚醒農民暴動。1873 年印發小冊子給農民，目的是助長農民暴動，卻引起農民的懷疑，不久也被政府破獲。

以上兩個小組奠下了 1874 年夏季大規模「到民間去」運動的基礎。1873 年 6 月沙皇下令所有在國外留學生必須於次年 1 月 1 日前回國。這群早已接受巴枯寧、拉夫羅夫思想的青年，回國後大多參與「到民間去」的活動。

❸1871 年 3 月 18 日，巴黎民眾不滿共和政府接受對德國和約的條款，於是奪取政權，迫政府軍退至凡爾賽。3 月 28 日宣告成立公社。政府軍於 5 月 21 日反攻巴黎，逮捕三萬八千人，有二萬人被處死，七千人流放至遠處。

1874 年夏季被史家喻為「瘋狂的夏季」，二、三千名青年男女到伏爾加河中、下游地區、烏克蘭和頓河流域，也就是昔日拉辛、普加契夫暴動的地區。他們穿上農民的衣服，模仿農民的語言，充當助產士、工匠、鞋匠與農民共同生活。然而農民懷疑貴族不存善意，主動報警逮捕貴族。到了年底七百七十名貴族被捕，其中一百五十八名是女性，接著是審訊、入獄。

1874 年「到民間去」的運動也被史家喻為兒童十字軍運動，除了擁有熱情外，還有更多的無知與天真。之後，青年男女又發起數次「到民間去」的運動，同樣是無功而返。這使得知識份子了解到徒有熱情還不夠，必須有嚴密的組織，於是在 1876 年 10 月成立第一個有「黨」形式的組織——「土地和自由社」。綱領是以暴動革命為農民爭取土地和自由，分成五部以配合革命活動，第一部負責行政事務，如偽造通行證與其他證件，使會員在國內能自由行動且容易逃出國外。

「到民間去」的活動在 1877 年底於薩拉托夫失敗後整個結束了，參加者菲格納 (Vera Figner, 1852–1942) 女士認為缺乏政治自由導致失敗。由於政府對革命份子以軍法審判，施以酷刑，引起一些革命份子以暗殺政府官員作為報復，大多數成員仍堅持向農民宣傳，由農民自己產生暴動。1879 年 6 月在沃羅涅日召開大會，決定分裂成「民意黨」(The People's Will) 與「土地再分社」。民意黨走向恐怖行動，"will" 一字在俄文中與自由係同一字語，亦即各自使用「土地與自由」中的一個字詞，表示仍舊為農民爭取土地和自由，只是手段不同而已。

民意黨於 1879 年 11 月第一次刺殺沙皇未成，以後共實行八次，終於在 1881 年 3 月暗殺沙皇成功，但是期待農民普遍性的暴動並未發生，反倒是新沙皇亞歷山大三世 (Alexander III, 1881–1894) 採取更高壓手段抑制革命活動。不到一年，民意黨幾乎瓦解，殘存的活動以 1887 年 3 月包含烏里亞諾夫 (Alexander Ulianov, 1866–1887) 在內的七位青年行刺沙皇未成，被判死刑。烏里亞諾夫就是列寧的長兄，他誓死為長兄報仇。

至於「土地再分社」再度發起到民間去的運動，遭警察制止。1880 年 1 月有位會員背叛，警察沒收甫發行的第一期刊物，主要會員逃亡國外，因而結束了到民間去的活動。

第三節　馬克思主義傳入俄國

一、初步認識馬克思主義

1869 年巴枯寧翻譯馬克思 (Karl Marx, 1818–1883) 的《共產黨宣言》❹在日內瓦出版，這是馬克思著作最早的俄文譯本。馬克思的《資本論》俄文譯本於 1872 年在聖彼得堡出版，檢查官咸信這本書的讀者不多，並且確信馬克思的學說不能直接應用於俄國，因而允許出版。民粹主義者喜讀《資本論》，在一些宣傳的小冊子中還引用該書的觀點。

民粹主義重視人性，強調道德的重要性，因此民粹主義者接受馬克思對資本主義的批判：違反人性的剝削、貧窮、道德低落等，此外，雙方並無交集點。民粹主義強調農民的重要性，農民村社能使俄國避開資本主義社會而直接跳躍到社會主義社會，反對馬克思對於人類歷史發展五階段論的「歷史決定論」❺；強調俄國人民重視精神與思想的獨立，不接受馬克思的唯物論觀點和無產階級革命的說法。正是因為民粹主義者常批駁馬克思主義，馬克思也批評民粹主義，而意外的使馬克思主義在俄國發展。

民粹主義者拉夫羅夫認為知識份子「到民間去」係「懺悔者貴族」受道德趨使之故，並非受「歷史決定論」

❹《共產黨宣言》是馬克思與恩格斯應多國共產主義者在 1848 年 2 月集會於倫敦所作的宣言。《宣言》表達作者的唯物史觀，謂自古至今一切社會的歷史都是階級鬥爭的歷史。資本主義社會是資產階級壓迫無產階級的社會，以無產階級組成的共產黨人將消滅私有財產，以暴力推翻資產階級所建立的政權。全文以「全世界無產者，聯合起來」結束。

❺馬克思將人類社會歷史分成原始社會、奴隸社會、封建社會、資本主義社會、共產主義社會（包括初級階段的社會主義社會）等五個階段。是一個接著一個發展，不可能發生跳躍式發展。每

個社會都是一個階級壓迫與剝削另一個階級，因而引起被壓迫階級覺悟，並聯合起來反抗壓迫階級，唯有共產主義社會是人類最美好的社會，因為只有一個階級，且是共產社會，消弭貧富懸殊，是個平等的社會。

❻「第一國際」即「國際工人協會」，在 1889 年第二國際（社會主義者國際）成立後始稱第一國際。1864 年 9 月 28 日英國工人在倫敦舉行代表大會，法德義波等國的工人亦派代表參加，馬克思應邀出席，大會宣告成立「國際工人協會」，1876 年 7 月在美國費城召開末次大會，根據馬克思建議，在會議上宣佈解散。

的影響。特卡喬夫呼籲知識份子立即爆發革命，否則俄國一旦走上資本主義道路就無法阻止其繼續發展。特卡喬夫主張由職業革命家組黨，由其決定俄國的未來，這種觀點與馬克思強調歷史的發展有其規律是不同的。

進入 1880 年代的民粹主義者已對傳統的民粹主義加以修正，其中一派稱「合法的民粹主義」，反對恐怖行動與祕密活動，主張溫和的改革。俄國政府允其公開活動，其存在是合法的。此派的代表人物仍相信俄國可以避開資本主義社會階段，無法苟同馬克思的「歷史決定論」。米哈伊洛夫斯基 (Nikolai Mikhailovskii, 1842–1904) 所持的理由是俄國大部份的工人（廣義的工人）已擁有生產工具（土地），故不會有歐洲資本主義社會所帶來的災難。他說《資本論》的意義在於揭發資本主義的弊病，並且證明西歐資本主義制度對俄國有害。

馬克思與恩格斯批判俄國民粹主義的缺點，但是推崇民粹主義者堅定的革命意志、忘我的犧牲精神與喚醒農民暴動的積極行為，故給予支持並提供忠告。像巴枯寧堅持無政府主義式的共產主義，反對任何形式的國家組織；馬克思堅定無產階級專政為必要的過渡時期，巴枯寧視此為以暴易暴，主張以自由的村社取代，結果馬克思將巴枯寧逐出「第一國際」❻。針對村社方面，1875 年恩格斯反駁特卡喬夫，指出俄國經濟的發展與西歐國家一樣，資本主義已進入農村，強調俄國的村社已瓦解，以此糾正俄國革命運動中無政府主義的傾向。

馬克思與恩格斯提醒俄國面臨的是政治革命而不是社會革命。綜觀民粹主義者強調社會革命的重要性，政治革命是次要的，認為西方的民主只是資產階級享有的民主，他們支持村社自治聯合組織。

二、俄國馬克思主義之父——普列漢諾夫

民意黨人暗殺沙皇，遭新沙皇壓抑恐怖行動，「土地再分社」主要成員亦被迫逃亡國外，意味著主張以農民發動社會革命的平民知識份子時期的結束。而主張政治革命，並以工人為革命動力的馬克思主義獲得知識份子的重視，這種改變與被稱為俄國馬克思主義之父的普列漢諾夫 (George Plekhanov, 1856–1918) 有關。

普列漢諾夫就讀聖彼得堡的礦業學院時，因室友的介紹於 1875 年加入民粹主義組織，自此踏上其革命生涯的旅程。普列漢諾夫於 1876 年加入「土地和自由社」，積極參與到民間去的活動。1879 年 6 月因不同意多數社員採取恐怖行動，另組「土地再分社」，繼續到民間宣傳。1879 年 12 月警察查獲「土地再分社」創刊號雜誌，普列漢諾夫被迫逃往日內瓦，開始其長達三十七年的流亡生活，直到 1917 年 2 月革命推翻沙皇政府後才返國。

普列漢諾夫不滿意巴枯寧翻譯的《共產黨宣言》，在 1882 年親手再度譯成俄文，並請馬克思和恩格斯為其作序。馬克思指出俄國村社的原始土地公有制已遭破壞，否定村社作為俄國社會主義的基礎，普列漢諾夫也在序文中提及：「目前，俄國社會主義運動已經走向對專制制度進行公開鬥爭的道路。」

1883 年 9 月 25 日以普列漢諾夫為主的「土地再分社」五位成員在日內瓦成立「勞工解放社」(Emancipation of Labor Group)，該社的主要活動是：把馬克思、恩格斯的主要著作譯成俄文；批判民粹主義理論；出版工人讀物以宣傳馬克思主義；以馬克思主義的觀點作為俄國未來發展的依據。「勞工解放社」是俄國第一個以馬克思主義思想為依據而成立的組織。

1883 年 11 月普列漢諾夫第一本馬克思主義著作《社會主義和政治鬥爭》在日內瓦出版，該書以馬克思的「一切階級鬥爭都是政治鬥爭」為題辭，以馬克思主義批判民粹主義。普列漢諾夫肯定俄國的未

來是寄託在工人階級，因人數眾多的工人階級日益貧困化，他們將成為革命的主要動力。因此呼籲民粹主義者放棄以農民為革命推動力的錯誤觀念。

普列漢諾夫認為社會主義革命與政治鬥爭不可分離，工人階級必須在馬克思主義領導下參加政治革命，奪取政權後實行社會主義。然而在俄國，工人階級首先應當與資產階級一起反對沙皇政體，以完成資產階級民主革命的任務，其後才有足夠的時間強化自身實力，為未來的社會主義革命奠下基礎。他以此批判民粹主義者先實行社會主義革命的錯誤。

1885 年普列漢諾夫出版《我們的意見分歧》，說明馬克思主義與民粹主義之間的根本意見分歧。普列漢諾夫指出，俄國自從 1861 年解放農奴以來就已走上資本主義的道路：市場迅速發展、大工廠和工人數目大量增加、手工業和村社面臨瓦解的命運。普列漢諾夫提醒民粹主義者，資本主義在俄國的發展是無法阻擋的潮流，不過可以縮短時間和減輕其帶來的痛苦。

《社會主義和政治鬥爭》與《我們的意見分歧》二書在俄國境內產生極大的影響力，一些民粹主義者開始動搖其思想。不過民粹主義仍是俄國當時革命思想的主流，故繼續批判民粹主義是普列漢諾夫的首要工作。1894 年出版《論一元論歷史觀之發展》，反駁米哈伊洛夫斯基等人否認人民群眾是歷史的創造者。民意黨人相信革命是由少數的知識份子從事的，是歷史的創造者和推動者，這些觀點不利於馬克思主張革命由工人群眾造成的論點。普列漢諾夫強調歷史向前發展是靠群眾的參與，個人英雄無法改變歷史發展的總方向。

普列漢諾夫是第一位以馬克思主義批判民粹主義的俄國知識份子，逐漸使得俄國知識份子拋棄民粹主義而接受馬克思主義。列寧推崇普列漢諾夫，謂《論一元論歷史觀之發展》一書「培養了一整代俄國馬克思主義者」；1938 年由蘇聯政府出版的《蘇聯共產黨史（布爾什維克）》一書提及：「當時俄國馬克思主義運動只有向民粹主義抗爭，

才能成長和鞏固。」以此讚賞普列漢諾夫的成就。

三、馬克思主義小組

如同西歐各國工業化早期的發展，俄國在解放農奴以後，工人人數大量增加、工作時間長、工資低廉、工作環境惡劣、居住品質極差，然而政府沒有改善工人生活的立法保障。在俄國規模最大、設備最完善，擁有七千工人的克林哥爾姆 (Klingorm) 於 1872 年 8 月爆發有六千工人參加的罷工。

1875 年 5 月在奧德薩成立的「南方工人協會」是俄國第一個工人組織。協會的目標是改善工人的生活與工作環境，此與民粹主義者仍以改善農民生活的訴求有所不同。協會於 1875 年 12 月舉行罷工活動，被警察破獲，從而停止了該協會的活動。1878 年 12 月在聖彼得堡成立「俄國北方工人協會」，綱領表明推翻現存不合理的政治、經濟制度，首先為工人提出包括言論、出版和集會自由在內的政治權利。1880 年 3 月警察搗毀第一期《工人曙光報》，結束了「俄國北方工人協會」的活動。

進入 1880 年代上半期，各城市工人罷工漸多，規模亦大。1881 年在斯摩稜斯克省赫魯多夫 (Khrudov) 工廠，有二千六百名工人參與罷工，政府派軍隊占領工廠，把八百多名工人遣送回鄉並逮捕罷工領袖，才將罷工鎮壓下去。總計在 1881–1885 年期間，莫斯科、聖彼得堡等大城市的罷工達一百四十五次。

從 1885 年到 1894 年，俄國工人運動進入新階段：組織較嚴謹、規模較大，但仍未受馬克思主義的影響。這十年期間，總計罷工二百二十一次。

1883 年 12 月在聖彼得堡成立了第一個與馬克思主義有關的小組，由聖彼得堡大學的保加利亞留學生布拉戈耶夫 (Dimit Blagoev, 1856–1924) 創立。1885 年警察破獲布拉戈耶夫小組，將布拉戈耶夫遣返保加利亞。次年 1 月小組重要成員被捕，不久即停止了活動。

1885 年秋天成立的「聖彼得堡工人協會」，也是以馬克思主義指

導的小組，由貴族出身的托奇斯基 (Paul Tochiskii, 1864–1918) 成立，指出在俄國只有無產階級才能進行革命。協會與工人建立廣泛的聯繫，宣傳馬克思主義和普列漢諾夫的著作，於 1888 年遭政府破獲。

1889 年在聖彼得堡成立的「社會民主主義協會」，是馬克思主義小組中影響最大、活動範圍最廣、組織最嚴密的一個小組，名為「布魯斯涅夫小組」(Brusnev)。該小組領導兩次罷工，印刷傳單，請求報紙刊登工人生活狀況與罷工的活動。1891 年布魯斯涅夫小組與「勞工解放社」建立聯繫，採用該社的綱領，但是次年即被警察破獲而解散之。

1880 年代末至 1890 年代初，在莫斯科、喀山、哈爾科夫、基輔、喬治亞亦成立了馬克思主義小組，為日後俄國馬克思主義政黨的成立奠下了基礎。

第四節　黃金時代的文化

一、黃金時代的文學

十九世紀中葉以後，寫實主義在俄國文學中居主導地位，直到二十世紀初才趨於沒落。屠格涅夫是最先反映時代變化的作家，寫實主義文學在 1870–1890 年代發展到高峰，產生托爾斯泰 (Lev Tolstoi, 1828–1910)、杜斯妥也夫斯基、屠格涅夫等大作家。

寫實主義文學的特色與 1840 年代自然主義文學相比，首先是對農民的描寫多過於對城市平民的描寫，詩人涅克拉索夫 (Nikolai Nekrasov, 1821–1878) 的長詩〈誰在俄羅斯能過好日子?〉打破俄國詩歌傳統，是以農民為中心人物的史詩。其次是作家力求塑造人物的正面形象，有感果戈里式的諷刺不夠，需要表現新時代的意義。屠格涅夫的《父與子》、車爾尼雪夫斯基的《怎麼辦?》二部小說，塑造了平民知識份子「新人」形象，取代了貴族知識份子「多餘的人」形象。

寫實主義文學第三個特色是揭發社會弊端。奧斯特羅夫斯基的《大

雷雨》(1860) 描寫小鎮商人的媳婦受盡虐待而投河自盡，她的死是對俄國這個「黑暗王國」的反抗，強烈抗議農奴制度，她代表著「黑暗王國」裡的一線光明。最後一個特色是作家熱衷於道德問題的探討，注意人物的精神世界。托爾斯泰的《一個地主的早晨》(1853)、《哥薩克》(1863)，探索貴族青年在精神道德方面複雜又痛苦的過程。又如杜斯妥也夫斯基的《被欺凌與被侮辱者》(1861) 以市井小民正直純潔的道德對比貴族的腐化與墮落。

岡察洛夫 (Ivan Gancharov, 1812–1891) 寫的三部長篇小說《平凡的故事》(1847)、《奧勃洛莫夫》(*Oblomov*, 1859)、《懸崖》(1868)，其實是首尾一貫的一部小說，反映農奴解放前後地主的生活。其中以《奧勃洛莫夫》的影響最大，文學評論家杜勃羅留波夫 (Nikolai Dobroliubov, 1836–1861) 認為「典型」是人們的意識能夠把握住並總結出現實現象的本質，根據零散的特徵創造一個渾然的整體。他於 1859 年發表〈什麼是奧勃洛莫夫性格?〉一文，稱讚岡察洛夫善於把生活現象的完整性表現出來。說「奧勃洛莫夫性格」是 1850 年代俄國文學中「多餘的人」蛻化的極限，是消極懶散、不求進取的代名詞，是貴族典型性格的代表。

屠格涅夫是十九世紀俄國寫實主義文學大師，他的作品真實反映俄國 1840–1870 年代社會生活的歷史，如同提供了一部完整的編年史。屠格涅夫於莫斯科大學畢業後，前往柏林大學進修，晚年則長期居住在國外（主要是在巴黎）。他把普希金、萊蒙托夫和自己的作品譯成法文，使之在國外傳播。屠格涅夫的作品直接影響歐洲文學，也是享譽國際的俄國作家。

《獵人筆記》(1847–1852) 是屠格涅夫第一部寫實主義巨著，由二十五篇「獵人」故事組成，全書貫穿著反對農奴制度的思想。《羅亭》(1856) 是屠格涅夫第一部長篇小說，與 1859 年出版的《貴族之家》一樣，描寫貴族精神的貧乏、生活的庸俗與精神的空虛。屠格涅夫不是運用果戈里式的抨擊、誇張與嘲笑，而是在細緻的描寫中，展現貴族

表層虛偽的文明大衣，從而否定他們。屠格涅夫筆下的貴族知識份子是「多餘的人」的典型。

在農奴解放前夕，屠格涅夫敏銳察覺到時代的轉變，《前夜》(1860) 和《父與子》(1862) 描寫平民知識份子的典型。《前夜》反映改革前夕的社會狀況，《父與子》反映改革之際父輩與子輩新舊思潮的尖銳衝突。解放農奴後寫《煙》(1861) 與《處女地》(1876) 二部寫實小說。《煙》敘述斯拉夫派、西化派與自由主義者相聚，討論當代的問題，結局是俄國的一切都呈現不穩、缺乏價值，宛若天空中的一縷輕煙。《處女地》是屠格涅夫最後一部小說，反映了 1874 年「瘋狂的夏季」民粹主義者到民間去的失敗活動。小說中的男主角相偕熱戀中的女友一起下鄉，由於男主角無法接近民眾，幾經挫敗後舉槍自盡。

杜斯妥也夫斯基與屠格涅夫、托爾斯泰並列為十九世紀後半葉俄國文學三巨匠之一，也是對西歐文學影響最大的三巨匠之一。他的作品中對陰暗、絕望和變態心理的描繪，被西方現代主義文學奉為鼻祖之一。

《窮人》(1845) 是杜斯妥也夫斯基的處女作，當時的文學盛行自然主義風氣，在此影響下，描寫城市小人物，以其貧窮的不幸命運說明社會的不公正。1866 年發表的《罪與罰》是杜斯妥也夫斯基的代表作，此書使他成為世界文壇的巨匠。小說描寫貧窮大學生拉斯科尼科夫 (Raskonikov) 殺死放高利貸的女房東，搶了她的錢財，適值女僕回來，也一併加以殺害。事後他飽受良心上的折磨，最後去自首而使其精神復活的過程。《罪與罰》的特色是對人物最隱祕的精神世界和最微妙的心理變化加以深刻的描繪。

托爾斯泰 ❼ 的三部巨著：《戰爭與和平》(1863–

❼托爾斯泰故居於 1921 年成為博物館，名為「亞斯納亞‧博利爾納」(Yasnia Poliana) 博物館，位於莫斯科南方 200 公里的圖拉市。博物館包含作家的住宅、為農民兒童興建的學校、墓園、藏書 22,000 冊。

1869)、《安娜‧卡列尼娜》(1873–1877)、《復活》(1889–1899) 是世界
文學中的不朽著作。高爾基 (Maxim Gorki, 1868–1936) 曾說:「一個人
如果不認識托爾斯泰, 就不能認為自己是個文化人。」現代作家卜倫
(《西方正典》之作者) 謂自從文藝復興以來, 唯一能挑戰荷馬、但丁
與莎士比亞的作家也只有托爾斯泰。

　　《戰爭與和平》主要以 1812 年拿破崙入侵俄國的歷史事件為背景,
透過歷史尋求當時社會問題的答案。小說中敘述三個貴族家庭在戰爭
與和平的年代裡, 備嚐生活中的辛酸苦辣後, 體驗出人生真諦的故事。
托爾斯泰的重點放在人性思維上, 探討道德問題: 什麼是善? 什麼是
惡? 生活的意義是什麼? 他在小說中塑造卡拉捷耶夫 (Karateev) 為俄
國人民善良和完美品格的化身; 在海倫、阿納托利 (Anatolii)、多羅霍
夫 (Dorokhov) 這些人身上看到的是虛偽與卑鄙。

　　《戰爭與和平》是一部歷史小說, 卻是歷史上真實人物 (亞歷山
大一世、拿破崙、庫圖佐夫) 與虛構人物並存的小說。《戰爭與和平》
也是一部偉大的史詩, 托爾斯泰自喻為荷馬, 而這本小說也不愧為俄
國與世界寫實主義文學的巔峰之作, 曾以《置產的人》獲 1932 年諾貝
爾文學獎的英國作家高爾斯華綏 (John Galsworthy, 1867–1933) 說它
是自古以來所有作品中最偉大的一部。托爾斯泰在《戰爭與和平》突
破文學傳統, 把歷史小說、史詩和編年史巧妙地融為一體, 又綜合了
古典主義、浪漫主義、自然主義與寫實主義的優點。小說的另一特色
是人物眾多, 共寫了五百五十九個人物, 重視人物的多面性和複雜性
的刻劃。

　　《安娜‧卡列尼娜》反映 1870 年代俄國社會現實的小說, 描寫解
放農奴後社會道德觀的變化: 舊的家庭基礎正在崩潰, 新的家庭關係
正在建立中。小說描寫已婚婦女安娜追求有愛情的婚姻, 但她的軍官
丈夫拒絕離婚, 故不惜離家與情人遠走。不久, 情人為了前途和名譽
而拋棄了安娜。她在沮喪失望之下選擇臥軌自盡。作家同情安娜也不
認為她有罪, 因為罪惡與虛偽的上流社會是安娜悲劇的真正原因, 表

圖 43: 托爾斯泰畫像 (1887) 列
賓繪，油畫畫布，124×88 cm，特
列季亞科夫畫廊藏。

圖 44: 契訶夫　名列世界三大短
篇小說家之一，也是現代戲劇三
大名家之一。

現在安娜告別人世前，呼喊著：「一切都是虛偽！ 一切都是謊言！ 一切
都是欺騙！ 一切都是罪惡！」

　　《復活》是根據真實故事改寫的一部小說。最初，托爾斯泰想以
道德教誨來貫穿小說的主題，但十年的創作過程，最終把主題擴大為
俄國經濟、政治、宗教的欺騙性，也寫出專制制度的可怕。《復活》描
寫貴族青年涅赫柳多夫 (Nekholiudov) 誘姦平民少女卡秋莎 (Katiusha)
後離棄她，卡秋莎淪落為妓，最後被誣告殺人而入獄，流放西伯利亞。
涅赫柳多夫作為陪審員在法庭上與卡秋莎再度見面，為了贖罪替她奔
走伸冤，發現法庭、監獄、教會和政府機關的黑暗面。托爾斯泰在小
說中呼籲禁止任何暴力、對抗邪惡與撕下一切假面具。如同《安娜‧
卡列尼娜》中的安娜是現實中的典型，《復活》中的男女主角也是現實
中的典型。

契訶夫 (Anton Chekhov, 1860–1904)，是俄國十九世紀寫實主義最後一位傑出的作家，他以卓越的短篇小說與莫泊桑、歐·亨利 (O. Henry, 1862–1910) 並列「世界三大短篇小說家」；他的戲劇創作也使他與易卜生 (Henrik Ibsen, 1828–1906)、史特林堡 (August Strindberg, 1849–1912) 並列現代戲劇三大名家。

契訶夫一生寫了四百多篇短篇小說，特色是文筆簡潔、情節的發展十分緊湊。他寫作的原則是以最短的時間給讀者最鮮明和強烈的印象，認為在短篇小說中不宜作詳盡的描繪，因為細節會使人的注意力分散。他的小說要反映真實生活，所以沒有杜撰的離奇故事，小說中只有樸實的對話。

俄國戲劇在十九世紀有了輝煌的成果：初期以果戈里為劇作家代表，中期的代表為奧斯特羅夫斯基，末期即是契訶夫。莫斯科藝術劇院在 1898 年 10 月成立之初即以上演契訶夫的《海鷗》(1896) 而聲名遠播，之後又陸續演出《瓦尼亞舅舅》(*Uncle of Vania*, 1897)、《三姊妹》(1901)、《櫻桃園》(1903)，對舞臺藝術作了重大的革新，把生活與舞臺藝術緊密地結合，不僅開創俄國戲劇一個新時代，歐洲戲劇也受其影響，無怪乎英國劇作家蕭伯納 (George Bernard Shaw, 1856–1950) 稱讚契訶夫是歐洲戲劇家星河中的第一等星。

《櫻桃園》是契訶夫最後一部傑作，描寫沒落貴族拍賣櫻桃園以還清債務，諷刺的是買主是位商人，其父曾是這個莊園的農奴。契訶夫說明貴族未察覺到時代的改變，最後被新興資產階級取代。商人購買櫻桃園後，砍掉櫻桃樹改建別墅，表示新時代的來臨，但對未來充滿著希望，劇中第二幕接近尾聲時大學生說：「整個俄羅斯就是我們的櫻桃園，這是一塊又大又美麗的土地，到處都有美好的地方。」

契訶夫的戲劇著作同樣是要反映現實生活的重要問題，他的戲劇沒有光怪陸離的舞臺效果，描寫的是平凡百姓的日常生活，從平凡的生活中發掘深邃的生活內容；從人物性格的精神奧祕之處挖掘出激勵人們的心靈，以引起觀眾的共鳴。

二、國民樂派

鮑羅定、巴拉基列夫 (Mili Balakirev, 1837–1910)、林姆斯基・高沙可夫 (Nikolai Limski-Korsakov, 1844–1908)、穆索斯基 (Modest Mussorskii, 1839–1881)、庫伊 (Tsezar' Kiui, 1835–1918) 共同組成「強力集團」(*Moguchaya Kuchka*, The Mighty Handful)❽，亦稱「新俄羅斯樂派」，俗稱「五人團」(The Five)，此派興盛於 1860–1870 年代。

五人團繼承格林卡的傳統，發展和創新俄國國民樂派，以民間音樂為基礎，所以在搜集研究、整理民謠方面有了豐碩的成果，例如巴拉基列夫編的《俄羅斯民謠集》於 1866 年問世，林姆斯基・高沙可夫編 1870–1880 年代的歌曲集。

五人團作品創作的歌劇多半以歷史故事為題材，例如鮑羅定的《伊戈爾王子》、穆索斯基的《戈都諾夫》，以古喻今，易引起觀眾的共鳴。除歌劇外，五人團在芭蕾舞劇、交響曲和室內樂都有不錯的成果。

五人團因重視民謠，故對其他民族的音樂也感到興趣，他們整理烏克蘭、塞爾維亞、捷克、波蘭、西班牙的民謠，擷取這些民族音樂的精華，使其音樂充滿東方色彩。音樂評論家史塔索夫指出：東方色彩在歐洲的任何地方都沒有產生如此出色的作用。鮑羅定（其父有土耳其血統）在 1880 年寫的交響詩《中亞細亞草原》，其中第二主題代表駱駝商隊由近而遠的行進聲音，具有濃厚的東方色彩；林姆斯基・高沙可夫完成於 1880 年的《天方夜譚》係根據阿拉伯民間故事集《一千零一夜》譜曲，整首交響曲充滿東方神祕色彩。

❽「強力集團」語出同時代的音樂評論家史塔索夫 (Vladimir Stasov, 1824–1906)於1867年發表的文章，提及俄國音樂家「小但強而有力」，以後又指出 1860–1870 年代俄國音樂的高度發展，由「五人團」促使俄國音樂產生新的樂派。

圖 45：穆索斯基肖像 (1881) 列賓　圖 46：柴可夫斯基　是俄國也是世
繪，油畫畫布，69 × 57 cm，特列季　界上偉大的作曲家。
亞科夫畫廊藏。

　　五人團除巴拉基列夫外均非音樂科班出身，其他都是業餘作曲家。
他們藐視學院派人士，學院派人士也歧視五人團，雙方嫌隙很深。在
五人團之外，最負盛名的有魯賓斯坦兄弟與柴可夫斯基 (Peter
Chaikovskii, 1840–1893)，他們是學院派出身，與五人團不和。俄國第
一位鋼琴演奏家安東・魯賓斯坦 (Anton Rubinstein, 1830–1894) 是浪
漫樂派作曲家，也是位指揮家。在魯賓斯坦倡議下，1859 年於聖彼得
堡成立「俄羅斯音樂協會」，該協會於 1862 年成立俄國第一所音樂學
院，就由魯賓斯坦領導。1860 年在莫斯科成立音樂協會的分會，1866
年由其弟尼古拉領導成立莫斯科音樂學院，尼古拉同樣是優秀的鋼琴
家與指揮家。以後陸續在基輔、哈爾科夫、奧德薩、喀山、薩拉托夫
成立分會與音樂學院，對培養俄國音樂人才與音樂教育有極大的貢獻。
　　柴可夫斯基就讀聖彼得音樂學院，是安東・魯賓斯坦的學生，以後

在莫斯科音樂學院任教。柴可夫斯基不但是俄國偉大的作曲家，也是世界上傑出的作曲家。他把俄國民族音樂的素材融入歐洲音樂技巧之中，創造出國際性的國民樂派，其作品深獲世人喜愛。

1871 年柴可夫斯基創作具有濃厚民族色彩的《第一號弦樂四重奏曲》，先後在國內各城市和柏林、巴黎、羅馬、波士頓等歐美大城市演出。1874 年創作《第一號鋼琴協奏曲》，在鋼琴協奏曲中與貝多芬的《第五號鋼琴協奏曲》「皇帝」（1809 年完成）並駕其驅。

之後，柴可夫斯基開始涉足芭蕾舞劇，1876 年完成《天鵝湖》（1877 年首演），使得舞劇音樂不再僅僅是伴舞的陪襯地位，而接近交響樂和歌劇（不同的是歌劇中的聲樂部份，現以舞者取代歌者）。直到目前，《天鵝湖》不僅在俄國，而且在全世界芭蕾舞中占有獨特地位，是所有芭蕾舞劇中演出最多的一齣。此外，《睡美人》（1889 年完成，1892 年首演）、《胡桃鉗》（1892 年完成，1892 年首演），均成為不朽的芭蕾舞劇。

柴可夫斯基共創作七首交響曲（包括尚未編號的《曼弗雷德》(*Manfred*)，其中《第四號交響曲》(1878) 是獻給贊助人梅克夫人 (Nadezhdavon Mekk)，也是所有作品中最富變化與最熱情的曲子；《第六號交響曲》又名《悲愴交響曲》（1893 年首演），是他自己感到最滿意的作品，也是他最後一部作品。

柴可夫斯基在歌劇的創作以《尤金・奧涅金》(*Evgenii Onegin*, 1878)、《黑桃皇后》(*Pikovaya Dama*, 1890) 為著名，均是取材自普希金的同名小說。柴可夫斯基認為歌曲是為了表達角色與情緒而存在，並不是要極盡聲帶之表現。

三、巡迴畫派

十九世紀下半葉寫實主義對繪畫亦造成影響，以俄國現實生活尤其是貧苦的農民、小市民為主體的繪畫內容占上風。佩羅夫 (V. Perov, 1833–1882) 是 1860 年代畫家的代表，他在〈復活節的宗教行列〉(1861) 畫中描繪 60 年代農村過復活節的情景。這是一幅簡陋、貧困的俄國農

村的縮影：畫中看到積雪剛融時馬路上的爛泥、尚未發芽的禿樹以及爛醉如泥的人們，這一切加強了作品沉悶的氣氛。〈三頭馬車〉(1866) 則呈現貧窮小孩生活的困苦。

圖 47：三頭馬車 (1866)　佩羅夫繪，油畫畫布，123.5 × 167.5 cm，特列季亞科夫畫廊藏。

　　成立於 1757 年 11 月的皇家美術學院，到了十九世紀上半葉開始有非貴族出身的青年入學就讀。他們有濃厚的鄉土氣息和活潑的思想，對於學院沉悶的古典主義教育感到枯燥乏味，他們渴望表現自己所熟悉的家鄉和人民的生活。1863 年有十三名油畫系和一名雕塑系的應屆畢業生因作品呈現衣衫襤褸的農民、傾斜的籬笆、草屋，被教授們斥責，於是成立「聖彼得堡自由美術家協會」作為對學院的抗議，每星期四聚會，吸引許多藝術愛好者與美術學院的學生。

　　1870 年 11 月畫家米亞索耶多夫 (G. Miasoedov) 等在莫斯科成立「巡迴藝術展覽協會」，得到瀕於解散的「聖彼得堡自由美術家協會」成員的熱烈響應。巡迴展覽會每年舉行定期畫展，在各大城市展出，定期討論藝術創作問題，負責出售展覽會的作品。協會要求成員創作的原則是：「美就是生活」，亦即藝術家的任務不在於追求那些不存在的美，也不在於美化現實生活，而在於真實地再現生活。1871 年 10 月展覽會首先在聖彼得堡正式開幕，獲得好評。

　　巡迴藝術展覽協會的成員稱作「巡迴展覽畫派」，簡稱「巡迴畫派」，在 1870 和 1880 年代是巡迴畫派最輝煌的時期。到了 1890 年代中葉，皇家美術學院受到巡迴畫派的影響而進行大規模的教學改革。巡迴畫派在十九世紀末已呈現衰微，但一直維持到 1923 年，在這五十三年間辦過四十八次展覽，每次展覽的規模不大，卻都有出色的創新作品。

圖 48：禁衛軍臨刑的早晨 (1878)　蘇里科夫繪，油畫畫布，218×
379 cm，特列季亞科夫畫廊藏。

　　克拉姆斯科伊 (I. Kramskoi, 1837–
1887) 是「聖彼得堡自由美術家協會」
的創立人，也是「巡迴藝術展覽協會」
的核心人物。〈沙漠中的基督〉(1872) 是
他的名作，藉由基督平凡的形象，暗喻
為謀求人民幸福而獻身的社會改革者，
因此畫中沒有宗教氛圍，顯現的是現實
中的「人」。

　　以歷史畫作著稱的蘇里科夫 (V.
Surikov, 1848–1916) 在 1878 年完成
「禁衛軍臨刑的早晨」，描述彼得一世
鎮壓禁衛軍的場面，一反之前歷史畫
僅以聖經、神話為題材的概念。

　　巡迴畫派也孕育了俄國風景畫派
的奠基者薩夫拉索夫 (A. Savrasov,

圖 49：白嘴鳥飛來了 (1871)
薩夫拉索夫繪，油畫畫布，62×
48.5 cm，特列季亞科夫畫廊藏。

圖 50：伏爾加河上的縴夫 (1870–1873)　　列賓繪，油畫畫布，131.5×281 cm，俄羅斯博物館藏。

1830–1897)，他在第一次巡迴展覽會 (1871) 展出〈白嘴鳥飛來了〉(1871)，簡樸的描寫令人感到鄉土氣息，影響到畫家們不再描寫苦難，而是呈現大自然的宏偉和美麗，意寓俄羅斯鄉土的富饒和美好。

　　出身於烏克蘭士兵家庭的列賓 (Ilia Repin, 1844–1930)，是巡迴畫派的重要成員。列賓從皇家美術學院畢業後，以〈伏爾加河上的縴夫〉奠定他在俄國美術界的地位。畫面呈現的是：在寬闊的伏爾加河上，由十一名縴夫以沉重的腳步拖著貨船緩慢地沿著沙灘前進。這幅畫完成後，列賓前往法國留學，三年後返回俄國，開始創作的盛期。

　　列賓除了風景畫之外，還創作許多以歷史為題材的畫。「索菲亞公主」(1879) 是描繪彼得一世時期，發動禁衛軍叛亂的索菲亞公主被囚禁在新少女修道院的情景。「伊凡雷帝殺子」(1885)，畫面上的伊凡雷帝既承擔著父親殺死兒子後的懺悔和痛苦，又流露出意識到親手消滅皇位繼承人時的恐怖與悲哀。〈札波羅什人寫信給蘇丹王〉(1880–1891)，描繪十七世紀札波羅什哥薩克以領袖謝爾蓋 (Sergei) 為中心的一群哥薩克，正圍坐在桌邊給土耳其蘇丹王回信。人群中有人想到絕妙措辭以回絕土耳其人對他們的誘降，並恥笑蘇丹王的妄想，結果引起大家的讚賞和哄笑。

圖 51：札波羅什人寫信給蘇丹王 (1880–1891)　列賓
繪，油畫畫布，203×358 cm，俄羅斯博物館藏。

　　列賓也是卓越的肖像畫家。〈穆索斯基肖像〉(1881) 畫的是列賓的
好友五人團音樂家穆索斯基。畫面上他半低著頭，雙眼凝視著右上方，
好像在傾聽一首優美的樂曲，又好像在構思新的樂章，也似乎在總結
自己即將結束的一生（當時他已住院，病情嚴重）。

　　1901–1903 年列賓繪製了巨大的群像畫「國務會議」，在金碧輝煌
的國務會議大廈中，這些國家重要人物有的漫不經心，有的妄自尊大，
畫中數十位人物各有不同的表情，大小則比真實人物還要大。

　　列賓是位多產的畫家，其作品多半由富商特列季亞科夫 (Paul
Tret'iakov, 1832–1898) 收購，他收購很多巡迴畫派的畫，1892 年將其
收藏品捐贈給莫斯科市政府，名為「特列季亞科夫畫廊」。此外，在聖
彼得堡的俄羅斯博物館也收藏多幅列賓的畫。

　　1930 年 9 月 29 日，列賓以八十六歲高齡逝世於聖彼得郊區丘古
耶夫 (Chuguev) 的家中，遺體就埋在林木茂密、風景秀美的花園中。
為了紀念這位俄國繪畫史上最負盛名的畫家，已將丘古耶夫易名為列

賓鎮，其建築風格獨特的故居（三層樓，頂樓為角錐形畫室，全以玻璃組成）成為「列賓博物館」。

圖 52：國務會議 (1903)　列賓繪，油畫畫布，400×877 cm，俄羅斯博物館藏。

圖 53：列賓博物館（1940 年成立）　位於聖彼得堡近郊的列賓鎮，角錐形屋頂為玻璃帷幕。

第七章
革命的俄羅斯帝國
(1905–1917)

1905 年革命是 1917 年革命的化妝預演。　　　　　　　　列寧

1917 年十月革命是個（養不活的）早產兒。　　　普列漢諾夫

第一節　革命政黨與 1905 年革命

一、革命政黨的成立

　　十九世紀末二十世紀初俄國的政黨紛紛成立。首先談「俄羅斯社會民主工黨」的成立與早期的發展。在 1880 年代已有幾個馬克思主義小組，到了 1895 年秋天，列寧把聖彼得堡二十多個馬克思主義小組聯合為「工人階級解放鬥爭協會」，該協會直接與工廠的工人小組聯繫，印發傳單與策動罷工。著名成員有史達林 (Joseph Stalin, 1879–1953)、托洛茨基 (Mikhail Trotsky, 1880–1936)、馬爾托夫 (Yuri Martov, 1873–1923)。到了年底，列寧被捕遭流放到西伯利亞三年，其他主要工作人員不是被捕就是逃到國外。

　　1898 年 3 月，聖彼得堡、莫斯科、基輔等地的「工人階級解放鬥爭協會」和「崩得」(Bund，原意為聯盟，全稱為「立陶宛、波蘭和俄

羅斯猶太工人總聯盟」，1897年9月在維爾納成立，1921年瓦解）代表在明斯克召開會議。大會決定把各地的協會合併為一個政黨，名為「俄羅斯社會民主工黨」（以下簡稱社會民主黨，SD）。大會並未制訂黨綱與黨章，列寧因流放於西伯利亞而未參與大會。

1900年12月列寧到德國的斯圖加特 (Stuttgart) 創辦黨報《火星報》，以此向工人宣傳馬克思主義思想，並抨擊黨內異己份子；史達林在南高加索領導工人罷工。各地的工人在社會民主黨的策動下，有多起大規模的罷工，工人不只訴求每日工作八小時與增加工資，亦要求政治自由。

1903年7月社會民主黨原訂在布魯塞爾 (Brussels) 召開第二屆代表大會，在沙皇政府的壓力下，比利時派警察加以阻擾，於是轉往倫敦召開。大會在通過黨綱和黨章之前，黨員因歧見而分裂成二派。一派以馬爾托夫為主，認為黨內應採民主方式；對於黨員的加入限制不多，以增加黨員人數；反對獨裁領導和過渡階段的無產階級專政。另一派以列寧為首，反對上述觀點，主張黨內必須採取高度中央集權制；黨由少數職業革命家實行獨裁統治；黨員的政治思想必須一致，不容分歧；黨員絕對服從中央的領導；無產階級專政是黨的最高綱領，最低綱領是推翻沙皇政府。

由於支持列寧的人數較多，稱為「布爾什維克」（Bol'sheviks，意為多數），支持馬爾托夫的人數較少，稱為「孟什維克」（Men'sheviks，意為少數）。1912年1月在布拉格召開第六次代表大會，孟什維克被驅逐黨外，社會民主黨成為布爾什維克單一的政黨。

「社會革命黨」(SR) 於1897年11月正式組成，1905年12月召開第一次全國代表大會，隨即通過黨綱和黨章，黨報為《革命俄羅斯報》和《俄國革命通報》。知名領袖為克倫斯基 (Alexander Kerenskii, 1881–1970)、切爾諾夫 (Viktor Chernov, 1876–1952)。社會革命黨遵循民粹主義的傳統，認為農民才是革命的主要力量，主張沒收土地再分配給農民。他們也繼承民意黨的恐怖行動，先後暗殺了內政部長、教

育部長。社會革命黨是二十世紀初俄國的大黨，不過組織不嚴謹，對黨員的要求與訓練不嚴格，終究不敵社會民主黨。

「立憲民主黨」（簡稱 Kadets），正式名稱為「人民自由黨」，1905年 10 月由中產階級成立。主要領袖有歷史學家米留科夫 (Paul Miliukov, 1859–1943)、司徒盧威 (Peter Struve, 1870–1944)，黨報為《言論報》。立憲民主黨的前身一是「解放同盟」，由自由進步份子組成；另一個是「地方自治憲政同盟」，由各種職業團體組成的工會聯盟，包括學者、律師、醫生……等等。從黨員出身背景看來，可知是個溫和性的政黨，是一個沒有社會主義色彩的政黨。黨綱為：行君主立憲；保障人民的基本權利；土地轉讓給農民，但由政府補償地主的損失。因支持沙皇政體，在 1917 年十月革命後蘇維埃政府下令逮捕主要黨員。

「十月黨」亦稱「十月十七日同盟」，於 1905 年 10 月成立。黨的前身與立憲民主黨的前身相同，其中比較保守的份子不願加入立憲民主黨，而另組十月黨。該黨以沙皇的 1905 年 10 月 17 日宣言為理念，故有此黨名。十月黨反對革命，主張憲法配合專制制度、選舉權受財產限制、對少數民族實行大俄羅斯化。十月革命後，多數黨員逃往國外。

二、1905 年革命

十九世紀末二十世紀初俄國的勢力延伸至朝鮮與整個滿洲，並租借旅順、大連港；同時日本亦企圖以朝鮮半島為跳板侵占滿洲，進而指向整個中國乃至向亞洲的擴張。俄國在遠東勢力的加強，妨礙日本的擴張計劃；俄國於 1875 年將千島群島給日本，換取庫頁島的全部主權，但是日本仍想獲得庫頁島的主權。

俄國聯合德、法共同干涉日本，迫其退還中國應允割讓的遼東半島，這是 1895 年的事情。到了二十世紀初，國際局勢對日本有利：英、美支持日本；德國慫恿俄國向日本開戰，以便向日本銷售軍火。根據蘇聯檔案館資料顯示，沙皇因國內革命運動熾烈，為了轉移人民對政府的不滿，希望進行一場小小的勝利戰爭。日本方面因 1903 年由俄國

圖 54：西伯利亞大鐵路

❶西伯利亞大鐵
路自 1891 年 5 月
31 日開始修築，
到 1916 年全部完
工，以後修改部份
路線，至今從莫斯
科至海參崴，全長
9,242 公里。1984
年完成與大鐵路
平行的「貝阿鐵
路」(BAM)，此繞
過貝加爾湖北面
達阿穆爾河的鐵
路，自烏斯特庫
特(Ust' Kut)至共
青城，全長 3,145
公里。

修築與經營的中東鐵路（從滿洲里經齊齊哈爾、哈爾濱達海參崴）正式營運；1904 年西伯利亞大鐵路**❶**（1891年開始興建，從車里雅賓斯克 (Cheliabinsk) 至海參崴 "Vladivostok" 長 6,560 公里）即將完工，屆時會有大量軍隊駐紮在遠東而引起日本的恐懼。日本未經宣戰，突然在 1904 年 2 月由海軍攻擊旅順港和仁川港，開啟了日俄戰爭。

俄國過於輕視日本的實力，又未作好應戰的準備。1905 年 1 月俄國失去旅順港後，沙皇派波羅的海艦隊駛往太平洋應戰，為躲避日艦主力，取道對馬海峽進入海參崴。不料俄艦中計，日艦主力即在對馬海峽，俄軍大敗後，雙方停戰議和。

在美國總統羅斯福 (Theodore Roosevelt, 1858–1919) 調停下，1905 年 9 月俄國和日本在美國東北岸的樸茨茅斯 (Portsmouth) 簽訂條約。俄國把在遼東半島的一切權益讓給日本，庫頁島南部割讓給日本。

圖 55：凱薩琳宮　位於普希金鎮，完成於 1710
年，後經拉斯特列里擴建成寬度達 275 公尺。

對日戰爭失敗引起俄國人民對腐敗的沙皇政府更
加不滿。在旅順港的俄國司令向日本投降後，日俄戰爭
仍在進行中的 1 月 9 日（星期天），由教士加彭（Georgy
Gapon, 1870–1906）領導十五萬工人與眷屬前往冬宮向
沙皇呈遞請願書，工人們相信沙皇會出來接見。其實沙
皇事先已部署好大量軍隊，皇室一家人則到沙皇村❷
（*Tsarskoye Selo*, Tsar's Village，今名普希金鎮）避風險。

「請願書」中有政治和經濟上的要求，但尚屬溫和，
要求每天工作八小時、土地轉交給人民、制定最低工資、
有組工會的權利、赦免政治犯、召開制憲會議、實行平
等與普遍以及祕密投票的選舉。工人隊伍到了冬宮入口
處即被封鎖，軍警向工人開槍，造成數百人死亡，故稱
為「血腥星期日」，這就是俄國歷史上的 1905 年革命。

經過「血腥星期日」之後，工人不再冀望沙皇的改
革與保護，轉而反對沙皇專制政體。之後的罷工次數不
但多且參與人數激增，僅 1 月份的罷工人數即高達四十

❷沙皇村係彼得
大帝自瑞典獲得
的一片土地，位於
聖彼得堡之南 24
公里，面積約 600
公頃。彼得於
1710–1724 年在
此建凱薩琳宮給
皇后，仿凡爾賽宮
巴洛克式建築。其
中有一間約 240
坪大的「謁見之
室」，窗與窗之間
用鏡子和金箔處
理，顯得寬大與金
光閃閃；另有一間
以六萬噸琥珀鑲
成的貴重之室。其
他有亞歷山大宮、
沙皇村貴族學校、
大湖、花園。1837
年興建俄國第一
條鐵路，就是從聖
彼得堡至沙皇村。

圖 56：尼古拉二世與皇后亞麗珊德拉
（1894 年 11 月 26 日） 在亞歷山大三
世去世一星期後，尼古拉迎娶日耳曼公
主。

萬人，超過過去十年罷工人數的總和。

工人罷工也影響到軍隊，發生多起水兵、士兵的起義，規模最大
的是黑海艦隊「波坦金」(Potemkin) 號的叛亂。1905 年 5 月 27 日艦上
水兵發現湯裡的豬肉長蛆，集體拒吃遭艦長下令槍決，引起水兵奪取
武器，射殺艦長與數名軍官。水兵準備把軍艦駛往奧德薩支援當地工
人罷工，但部份水兵投降，於是決定駛往羅馬尼亞，被羅馬尼亞解除
武裝。10 月爆發全國鐵路工人和工廠工人大規模性的罷工，許多城市
出現由工廠工人選舉產生的工人代表蘇維埃（Soviet，意為會議）。11
月又發生波羅的海的喀琅施塔得 (Kronshtadt) 基地水兵與塞瓦斯托波
爾水兵的叛亂。雖未成功，但表示軍隊對於沙皇的效忠開始動搖。

為了緩和國人不滿的情緒，尼古拉二世 (Nikolai II, 1894–1917) 於
1906 年 8 月恢復大學自治權；10 月恢復芬蘭部份自治權利；10 月 17
日頒佈「十月宣言」(*October Manifesto*)，給予人民言論、集會、結社、
出版的自由，「國家杜馬」(State Duma) 為立法機構，實行君主立憲；
11 月宣佈農民的補償金全部停繳。

此外，沙皇改聘史托里賓 (Count Peter Stolypin, 1862–1911) 為首相，他於 1906 年 7 月開始任職，直至 1911 年 9 月遇刺為止。他一上臺就嚴懲革命份子，絞刑架遍佈全國，因此絞刑的繩索被稱為「史托里賓領帶」。史托里賓對國家杜馬不具好感，第一屆國家杜馬僅存在二個多月 (1906 年 5 月～7 月)，即沙皇接受史托里賓的勸請而下令解散。第二屆國家杜馬亦僅存在三個月 (1907 年 2 月～6 月)，第三屆國家杜馬完成法定的五年期限 (1907–1912)，第四屆國家杜馬也持續了五年，此與保守的「十月黨」占多數席位有關，未提出激烈的改革方案使政府能夠接受。

革命活動主要源自農民缺乏土地，故史托里賓另一重大措施是徹底實行土地改革。1906 年 11 月 9 日公佈改革土地法令，允許農民在村社擁有的農地變為私產，可以自由買賣、出租或抵押。接下來是「土地重整」，鼓勵農民將分散的農地集中，村社必須滿足農民而重劃土地邊界。為了培植獨立農戶，由政府設立農民銀行，將貴族、國家、皇室的土地及收購破產農民的土地轉賣給農民，於是產生一批「富農」(Kulak)。

史托里賓的土地改革中的移民政策有了不錯的成果，他鼓勵貧窮農民移往西伯利亞、哈薩克、中亞等地區，雖然移民的死亡率高且回流返鄉的亦不少，但是十年後，耕地面積仍增加一半以上。

史托里賓改革的八年 (1907–1914) 被稱為俄國經濟史上的「黃金時代」：農戶耕地集中與自耕農大量增加，俄國的糧食成為世界最大輸出國與第二大生產國，俄國有「歐洲穀倉」之譽即奠定於這一時期。不過史托里賓的土地改革因強迫貴族賣出土地，不受貴族的歡迎；傳統上村社重劃土地的功能遭破壞，獲利者是少數富農 (Kulak)，多數農民因缺乏生產工具、種籽而被迫賣土地，成為無產者。事實上，改革後的農民暴動有增無減，且不再冀望沙皇能夠幫助他們，轉而支持革命家。

第二節　1917年：二月革命與十月革命

一、二月革命

❸拉斯普丁於 1907年為三歲的皇太子治血友病，深獲皇后的信任。但1911年3月首相史托賁向沙皇報告他是位誘惑女性、縱情聲色的鞭笞派（舊信徒的一支派）信徒，於是離開首都。史托賁去世後，新任首相也不喜歡他，只好返回西伯利亞家鄉。1912年10月拉斯普丁望著聖像隔空治好太子的疼痛，於是重啟他在首都的地位。在他去世前已預知會被殺，寫信給皇后，他說若是皇族殺他，皇族們活不過二年，且是被俄羅斯人所殺，不幸而言中。

塞爾維亞在俄國的支持下拒絕接受奧匈帝國提出的最後通牒，德國支持奧匈帝國並於1914年8月1日向俄國宣戰，爆發了第一次世界大戰。如同克里米亞戰爭，俄國捲入第一次世界大戰，又將政府的種種弊端暴露無遺。

俄軍在開戰後的十個月內即損失士兵近四百萬人，失敗的原因在於軍隊方面武器較差與不足（每四位士兵配一枝槍）、彈藥缺乏，士兵素質低且大多為農民出身希望及早返鄉耕種，將領指揮不一造成混亂，社會動亂和經濟崩潰；沙皇身兼總司令前往前線，宮廷則由皇后所信任的拉斯普丁 (Gregory Rasputin, 1870–1916) 掌權。由於拉斯普丁能治好太子的血友病，最後甚而軍隊調動或作戰方案亦須讓其過目，以致軍機洩露造成無謂的損失。

1915–1916年是拉斯普丁權力高峰時期，卻也是全國上下攻擊的對象。1916年12月尤蘇波夫 (Prince Felix Yusupov, 1887–1967) 親王設宴於私邸中，在食物和酒中下毒，拉斯普丁食後無反應，尤蘇波夫開槍射擊始結束其性命，不過未能扭轉羅曼諾夫王朝的頹勢❸。

戰爭使得沙皇政府面臨鉅額的軍費支出，政府借助於內債、外債、增稅與濫發紙幣，結果造成通貨膨脹、盧布貶值，廣大民眾深受其害。政府徵調大批壯丁至前線，到了1917年比起參戰前農村喪失半數勞動力，馬

匹與其他牲畜也被徵收為軍用，農業生產受到嚴重的破壞。糧食減少而物價飛漲，又遭富農和商人囤積，造成普遍缺糧的困境。

戰爭初始工人響應政府團結對抗外敵的口號，自動停止罷工。進入1915年後罷工持續增加，此又影響前線作戰的士兵，有的叛變、有的拒絕作戰甚而脫逃，散漫的軍心比比皆是。

2月23日（新曆為3月8日）是國際婦女節，維堡區的紡織廠女工在廠內排隊購買麵包，她們自發性地走出工廠，支援普季洛夫(Putilov)工廠（製造軍需品）的罷工。雙方會合後於街頭遊行，沿途高喊：「麵包！打倒戰爭！打倒專制政府！」第一天便聚集二十萬工人加入示威遊行。第三天，罷工活動達到高潮，各工廠和商店關閉、電車停駛、報紙停刊。

2月26日是星期天，工人無懼於彼得格勒（參戰後將首都改名，格勒 "grad" 為俄文，意為城市；「堡」字 "burg" 則源於德文，亦為城市之意）軍區司令發出的佈告(不准在街上聚眾，否則軍隊格殺勿論)。群眾突破軍警的封鎖，進入涅夫斯基大道，隨即被軍警開槍，死傷六十多人。唯大部份士兵是對空鳴槍，轉而投入群眾陣營，隨後前往鎮壓工人的其他部隊也紛紛倒戈。

國家杜馬於2月26日接獲沙皇下令解散的通知，大會不從，次日推選十二名委員組成「臨時執行委員會」，3月3日臨時政府正式成立。2月27日首都組成「工人代表蘇維埃」，3月2日蘇維埃經由《消息報》(Izvestie) 直接發佈「第一號命令」，事先未經過臨時執行委員會的認可。「第一號命令」要求各部推舉代表組成「軍中蘇維埃」，直接聽命於「工人代表蘇維埃」。3月3日「工人代表蘇維埃」更名為「工人和士兵代表蘇維埃」，一星期後各地士兵代表蘇維埃紛紛成立，軍心更加渙散。

尼古拉二世深感大勢已去，3月2日接受退位之要求，3月3日清晨簽署退位詔書，結束了羅曼諾夫王朝三百零四年的統治，也結束俄國長期沙皇專制政體。

二、十月革命

　　尼古拉二世在退位詔書中囑明由其弟米哈伊爾大公繼位，但米哈伊爾不敢接受此項重任，將統治權轉移給臨時政府，因此臨時政府是個合法的政府。美國率先承認，英、法、義、中國亦相繼予以承認。

　　臨時政府成立後，立即向全國宣佈施政方針，諸如人民有言論、出版、信仰及組工會、罷工之自由；赦免所有的政治犯、宗教犯、軍事犯；召開制憲會議，以決定未來的政府組織等等。但與農民、工人、士兵有迫切需求

❹為了紀念列寧自芬蘭車站回到俄國，在芬蘭車站內有一片牆以彩色小石塊鑲嵌成列寧的肖像，車站外的列寧廣場有列寧向群眾演說的全身青銅像。

圖 57：列寧青銅雕像（1926 年 11 月 7 日）　位於聖彼得堡芬蘭火車站廣場❹（1924 年 4 月 16 日更名為列寧廣場）。

的諸如分配土地、提高工資、退出戰爭等則未立即兌現。

在瑞士居住的列寧得知二月革命的消息後，連續在黨報《真理報》刊登五封信，提醒無產階級和全體人民不要信任臨時政府，要為第二階段的革命作準備。史達林於3月自西伯利亞返回彼得格勒，列寧於4月3日從德國返國，在彼得格勒的芬蘭車站受到數千名工人和士兵凱旋式的歡迎。一個月後托洛茨基自美國經加拿大返抵俄國。他們集聚在彼得格勒，增強了布爾什維克的實力。

列寧返國後提出「四月提綱」，重點如下：1.退出戰爭，因為那是帝國主義的戰爭，呼籲人民把帝國主義的戰爭轉變為對抗資產階級的內戰。2.臨時政府係代表資產階級利益的政府，由全國自下而上組成的蘇維埃政府才是真正的民主政府，故提出「全部政權歸蘇維埃」，實行無產階級專政。3.無產階級必須與貧苦農民（占全國85%人口）結成聯盟。4.新政府應立即沒收全國土地，分配給農民；實行八小時工作制；工廠改由工人管理；一切生產事業改由國家經營。

臨時政府雖是國際承認的政府但缺乏實權，須等待制憲會議召開後才能獲得實權。真正擁有權力的是蘇維埃，掌控了軍隊、鐵路、郵政和電信。6月初召開第一屆全俄蘇維埃代表大會，代表們來自不同的政黨，其中以社會革命黨最多，其次為孟什維克黨，布爾什維克黨的代表不及孟什維克黨之一半，列為第三大黨，餘則不甚重要。大會支持與臨時政府合作。

布爾什維克黨支持工人於7月4日自發性的示威遊行，抗議之前臨時政府於奧地利前線發動攻勢，後因德軍助奧導致俄軍大敗並棄械逃亡之事。當天五十萬人民走上街頭，前進臨時政府所在地的陶里達宮❺，要求

❺陶里達宮建於1783–1789年，是凱薩琳二世贈送給寵臣波坦金伯爵的禮物，因其兼併克里米亞汗國（所在地古名為陶里達），並賜封為陶里達親王。宮中接待廳長達七十五公尺，放置三十六根人工雕刻之圓柱，以及巨大的青銅吊燈。宮內有十四萬枝彩色燈泡與二萬枝蠟燭。1906年成為國家杜馬的會議場所，二月革命後陶里達宮成為革命中心。宮中左翼一房間成為彼得格勒工人和士兵代表蘇維埃的辦公室，右翼的房間為臨時執行委員會的場所，形成雙元政府。列寧的「四月提綱」就在此提出，以後列寧經常在此演說。

圖 58: 陶里達宮 (1783-1789)　位於聖彼得堡。

將政權轉交給蘇維埃。此次示威遊行聲勢浩大，但很快就被政府平定下來。托洛茨基、卡米涅夫 (Lev Kamenev, 1883-1936) 被捕，列寧潛逃到芬蘭邊境隱藏。「七月暴動」使得布爾什維克黨受挫，但臨時政府也被迫改組。

改組過後的臨時政府由克倫斯基接任總理一職，他是社會革命黨員，故內閣十八位閣員中社會革命黨占十一人。新內閣遷至冬宮辦公。

科爾尼洛夫 (Lavr Kornilov, 1870-1918) 總司令的叛變，給予臨時政府重大一擊。科爾尼洛夫企圖解散蘇維埃，實施軍事獨裁以加強政府的權威。8 月 25 日科爾尼洛夫要求臨時政府內閣總辭，把全部政權交給他。克倫斯基先是撤銷其總司令一職，再釋放托洛茨基等布爾什維克黨重要成員，請求他們協助黨員深入叛軍內部以抵制叛變。8 月底叛軍即告平定，獲利的是布爾什維克黨：托洛茨基被釋放出來，當選為彼得格勒蘇維埃主席，其後莫斯科、喀山、基輔等其他大城市的蘇維埃均改由布爾什維克黨領導。

實際上，軍隊自二月革命以來就逐漸崩潰，逃兵已成為普遍的現象，留下來的多半傾向布爾什維克黨。農民以暴力奪取土地與暗殺地主的事件有增無減，部份工廠已由工人管理，驅逐不配合的工程師、

監工。外憂（參戰的失利）與內患（革命活動）使臨時政府搖搖欲墜。克倫斯基在平定科爾尼洛夫叛亂後，宣佈俄國為共和國，解散國家杜馬，另組第三屆聯合內閣，仍繼續擔任總理。然而，這屆內閣比以前更加混亂與軟弱。

「十月革命」是布爾什維克黨於 10 月 10 日召開的中央委員會議中決定的。列寧在三天前自芬蘭邊境潛返彼得格勒，這次會議中列寧說明政權轉移的時機已成熟，武裝革命是不可避免的。10 月 12 日由托洛茨基成立軍事革命委員會，其任務表面上是保衛首都，實際上是武裝革命的指揮機構，設在斯莫爾尼宮 (Smol'nyi Palace)❻。由於臨時政府宣佈 11 月 30 日召開立憲會議，於 11 月 12 日先舉行選舉代表，布爾什維克黨決定先發制人，搶先於 10 月 25 日召開第二屆全俄蘇維埃代表大會。

10 月 23 日托洛茨基以軍事革命委員會委員的身份前往視察已被臨時政府改為軍火庫的聖彼得與保羅要塞，一場演說後，要塞守衛軍轉向布爾什維克黨，要塞之槍枝祕密被運出，交給托洛茨基領導的赤衛隊 (Red Guards)。

臨時政府未察覺布爾什維克的積極佈署，至 10 月 23 日才開始反制行動，但為時已晚。24 日下午 5 時起，赤衛隊陸續占領郵局、火車站、國家銀行、電信局、發電站。次日清晨，整個彼得格勒城市已掌握在革命份子手中；上午，克倫斯基逃出彼得格勒；中午，臨時政府成員被圍困在冬宮內。

10 月 25 日（新曆 11 月 7 日）晚，全俄蘇維埃第二屆代表大會在斯莫爾尼宮召開。同時「曙光女神」(Au-

❻斯莫爾尼宮建於1806–1808 年，位於涅瓦河岸。1917 年 8 月彼得格勒工人和士兵代表蘇維埃總部自陶里達宮遷移至此。1917–1937年全俄蘇維埃大會、布爾什維克黨中央和彼得格勒委員會均在此辦公。列寧曾在斯莫爾尼宮居住 124 天，他住過與工作的房間今闢為紀念室。在蘇聯政府遷都至莫斯科後，此宮成為蘇聯共產黨列寧格勒區和城市委員會所在地。

❼「曙光女神」號巡洋艦建於 1903 年，曾在日俄戰爭中服役。二月革命時正值修護期。十月革命時艦上水兵加入革命，以後在內戰、抵禦納粹軍均建過功，1948 年除役，1957 年成為中央海軍博物館的分館，現長期拋錨在大涅瓦河上。

❽俄國的白銀時代是由思想家別爾嘉耶夫提出的，他認為自 1890 年代開始至二十世紀初期，俄國出現文藝復興，誕生了許多天才。這是個覺醒的時代，催生了獨立的哲學思想、詩歌的繁榮、敏銳的審美感、宗教的不安和探索、對神祕主義和巫術的興趣，開創新生活的源泉。

rora) 號巡洋艦❼向冬宮發射空砲，士兵立即衝入冬宮，加上聖彼得與保羅要塞之重砲向冬宮發射，士兵進入內室逮捕臨時政府的內閣成員。消息傳到斯莫爾尼宮，大會立即宣讀列寧起草的「告工人、士兵和農民書」，宣佈全部政權歸蘇維埃。26 日晚，大會通過列寧提出的「和平法令」和「土地法令」，並宣告蘇維埃為全國最高權力機關，由其組「臨時工農政府」執行政府職權。大會也選出蘇維埃中央執行委員會，成立「人民委員會」作為政府機關，由列寧任主席、托洛茨基為外交人民委員、史達林為民族人民委員，世界上第一個共產政權國家於焉誕生。然而並未如馬克思預言的是在資本主義高度發達的如德、英國發生，出乎預料的是爆發在工業落後、資本主義剛起步的俄國。

第三節　白銀時代的文化

一、現代主義文學

　　1890 年代到 1920 年代是俄國文化史上的「白銀時代」(Silver Age)❽，同時期西方文化為「現代主義時期」。俄國的白銀時代在語言學、社會學、心理學、哲學和藝術領域（音樂、芭蕾舞、戲劇、繪畫）都具有現代形態，其中以文學的成就最為引人矚目，而詩歌的現代主義幾乎成為這個時代的象徵。

　　白銀時代的文學是以現代主義為主流，與西歐的現代主義文學潮流相互呼應。主要派別有象徵派、阿克梅派 (Akmeizm)、未來派、意象派，他們反對寫實主義完全呈現生活真面目的手法，在寫作方法上刻意求新，甚

至怪誕令人不解。

象徵派是白銀時代最先出現的文學新思潮，也是最有成就和影響最大的一派，作家們自稱象徵派，群眾則稱他們為頹廢派 (decadentism)，因寫實主義文學強調說教意味和充滿道德感的作風是象徵派極力反對的。他們遵守的原則是為藝術而藝術，因此相當重視形式和美感。代表人物有布洛克 (Alexander Blok, 1880–1921)、伊凡諾夫 (Boris Ivanov, 1866–1949)、巴爾蒙特 (K. Balmont, 1867–1942)、布柳索夫 (Boris Briusov, 1873–1924) 等。

象徵派特色在於創造「象徵」，象徵派作家接受康德兩個世界 (現實世界和神祕世界) 的學說：現實世界是醜惡的，神祕世界是美好的；作家們創造象徵，以喚起人們對彼岸世界神祕的幻想，為此他們對詩歌的語言和技巧特別下一番工夫，講究節奏和韻律，使語言富有音樂感。他們也善於表現內心的情感世界。寫實主義文學要表達的是社會大眾的感受，個別的故事其實是整個時代的反映；象徵派的作品則是作家力求表現個人自己的感受，又強調宗教蘊涵，賦予作品創造生命、建設新生活的意義，促進人的精神完善。如布柳索夫的〈初雪〉中有一段寫著「想像變成為具體，帶著夢幻的人生遊戲，這一個迷人的世界，這一個銀裝素裹的世界。」

阿克梅派是一批青年詩人於 1911 年組成「詩人車間」小組，企圖超越象徵派的侷限：他們反對迷戀於神祕世界，提倡重返現實世界；反對虛幻、抽象的描寫，主張對事物的形狀、色彩、聲音等作具體的描繪；對人的內心活動則刻劃入微。古米廖夫 (N. Gumilev, 1886–1921)、阿赫瑪托娃 (Anna Akhmatova, 1889–1966)、曼德爾什塔姆 (O. Mandel'shtam, 1891–1938) 是此派的代表人物。以阿赫瑪托娃的〈心和心並沒有鍛鑄在一起〉詩中的「我不會哭泣，也不會哀怨，我注定不是幸福的女人。不要吻我，我疲憊不堪，——來吻我的自有那死神。」可看出阿克梅派的特色。

「阿克梅」一詞出於希臘文，即「高峰」之意，所以又稱「高峰

派」。他們也自稱亞當派（意為勇敢、堅定和明確的生活觀點），認為自己是新藝術世界的開創者，宣佈象徵派已走完了自己的發展道路，它已衰微了。

未來派分為自我未來派和立體未來派，共同的特色是在創作中使用雜亂無章的線索、不和諧的噪音和沒有意義的詞組。謝韋里亞寧 (Igor' Severianin, 1887–1937) 是自我未來派的代表，他在 1911 年發表《自我未來主義序幕》，開啟未來派，表現在對客觀現實的不滿，宣揚利己主義，反映革命之前社會動盪的環境中人們消沉的情緒，在〈絕望之詩〉詩中第一段寫著：「我一無所知，我什麼都不信仰，我不再看到生活光明的一面。」最後一句話是：「我只是體驗著恐怖，我只是感知著驚悸。」

立體未來派以馬雅可夫斯基 (Vladimir Maiakovskii, 1893–1930) 為代表。此派較為極端，憎恨現有的語言，否定以往和當代的文學，著名的口號是：「把普希金、杜斯妥也夫斯基、托爾斯泰等等，全部從當代生活的客輪上拋下去。」他們認為形式才是目的本身，內容只不過是創造形式的藉口。詩的存在是為了詩，而詩的形式是為了形式。

意象派則是向未來派挑戰，以葉賽寧 (Sergei Yesenin, 1895–1925) 為代表。他善於使用色彩妝扮，表達個人複雜多變的情緒感受，以擅長描寫田園風光和自然景象留名於後世。如在〈早安〉詩中第一段寫著：「金燦燦的星辰睡眼惺忪，明鏡似的水面漣漪輕漾。晨曦映照著一道道河灣，給漁網般的天穹染上緋紅。」

二、音 樂

十九世紀末二十世紀初，俄羅斯古典音樂達到高峰，出現了新的天才作曲家，為俄國音樂開啟了嶄新的視野。格拉祖諾夫 (Alexander Glazunov, 1865–1936) 身兼作曲家和指揮家，是林姆斯基・高沙可夫的學生，他在聖彼得堡音樂學院任教，自 1905 至 1928 年任院長一職，培養了大批音樂人才。1895 年完成的《四季》，是他三部芭蕾舞音樂

之一，1900 年首演即大獲成功。

史克里亞賓 (Alexander Scriabin, 1871–1915) 於十六歲就讀莫斯科音樂學院時，就展露出在鋼琴和作曲方面的才華。他受象徵派文學的影響，反對「五人團」和柴可夫斯基的寫實主義音樂，表現出濃厚的神祕主義色彩和理想主義的性質。他的第三號交響曲《神聖之詩》(1902 或 1904) 中樂曲的「詩意」超過交響曲本身；第四號交響曲《狂喜之詩》(1907) 描寫的是靈魂處於愛的狂歡之中和荒誕不經的夢想實現。

史特拉文斯基 (Igor Stravinski, 1882–1971) 也是二十世紀初音樂的革新者，是俄國音樂發展史上的分水嶺。他開創激進的交響樂風格與大膽創新的音樂，作品中旋律簡明以及富有生氣的節奏極具震撼力。他長期居住在瑞士、法國、美國，到晚年 (1962) 才返國，故其作品包含西方音樂的特色，例如法國印象樂派的特色。

1910 年史特拉文斯基的芭蕾舞劇《火鳥》在巴黎歌劇院首演，德布西 (Achille-Claude Debussy, 1862–1918) 稱《火鳥》是令人心醉的作品。次年又在巴黎歌劇院演出芭蕾舞劇《彼得魯什卡》(*Petrushka*)，佳評如潮，其影響了二十世紀音樂藝術的發展。1913 年上演的《春之祭》也是芭蕾舞劇，此劇與《彼得魯什卡》同樣是引起人們的震驚。人們發現傳統芭蕾舞音樂風格的溫文爾雅的特色不見了，取而代之的是粗野、狂暴的音響，強烈的節奏以及原始舞蹈的舞步與服飾，這些都是大膽的創新。

拉赫曼尼諾夫 (Sergei Rachmaninov, 1873–1943) 是俄國浪漫樂派最後一位代表，是傑出的作曲家也是偉大的鋼琴家，其作品特色是展現濃厚的俄國民族樂風。他在 1901 年完成劃時代的《第二號鋼琴協奏曲》足與柴可夫斯基的《第一號鋼琴協奏曲》並列，同時成為俄國最受歡迎的二首鋼琴協奏曲。拉赫曼尼諾夫寫過三首交響曲，以《第二號交響曲》(1907) 最為著名，以其內容的豐富和形式的優美著稱，是俄國交響曲的典範。

三、繪　畫

十九世紀末二十世紀初，巡迴展覽畫派的創作力量減弱，不再左右俄國畫壇，此時期的俄國繪畫在西方各現代主義藝術新潮的影響下，出現了許多派別，有象徵派、抽象派、射線主義、至上主義和構成主義等前衛藝術運動，特色是對傳統抱持質疑和否定的態度，嚮往新藝術，以寓意象徵的手法繪畫。

象徵派不以對現實的觀察為準則，而是以主觀性的推理或情感想像來表現繪畫，與象徵派文學一樣，主張以寓意式的手法，通過形式和色彩來強調自己的感覺，同樣具有神祕的色彩。

《藝術世界》是 1898 年秋到 1904 年底發行的雜誌名稱，也是從 1890 年代末期開始舉行的展覽會名稱。主要發起人是別努阿 (I. Benua, 1870–1960)，他是唯美主義者，反對藝術為社會服務。他常以俄國歷史為題材來作畫，但偏重於十八世紀的俄國宮廷，如〈凱薩琳二世巡視沙皇村〉、〈彼得一世時代的聖彼得堡街道〉、〈保羅一世大閱兵〉。

圖 59：保羅一世大閱兵 (1907)　　別努阿繪，紙板，水粉，白粉，59.6 × 85.2 cm。

　　《藝術世界》不接受寫實主義而醉心於過去，特別醉心於十八世紀和十九世紀初。索莫夫 (K. Somov, 1869–1939) 是《藝術世界》畫派的典型代表，留下很多回顧往事的風俗畫和風景畫。〈藍衣夫人・女畫家馬丁諾娃肖像〉(1897–1900) 是索莫夫的成名之作，畫的是因肺病而夭折的年輕女畫家馬丁諾娃 (Martinova)，畫面具有回憶過去時代的氣氛。背景是法國式的花園，女畫家穿著敞胸的鯨骨裙，這是十八世紀上半葉最流行的服裝。藍色占了極大的空間，襯托著女畫家憔悴美麗的容貌，顯得楚楚可憐。〈丑角與女士〉畫中描繪的是遠離現實生活，對過去時代幻覺般的回憶。

　　抽象派有意迴避或隱藏任何清晰可辨的現實形體，完全依主觀的審美態度創作，認為色彩、線條和幾何形體具有美感。俄國抽象派繪畫的創始人之一，同時也被稱為「抽象畫之父」的康丁斯基 (Vasili Kandinsky, 1866–1944)，在大學時主修法律和經濟，1900 年自慕尼黑學院美術系畢業後，三十三歲的他成為職業畫家，九年後才轉向純抽象畫。1911 年出版的《關於藝術中的精神》一書對抽象派的發展有極大的影響，他認為抽象藝術表現出畫家的潛意識，不但具有精神性也具有感性。

圖 60：藍衣夫人・女畫家馬丁諾娃肖像 (1897–1900)　索莫夫繪，油畫畫布，103 × 103 cm，特列季亞科夫畫廊藏。

圖61：丑角與女士 (1912)　索莫
夫繪，紙裱在畫布上，水彩，61.9
×47.3 cm，俄羅斯博物館藏。

圖62：構成第八號 (1923)　康丁斯基繪，油畫畫布，140×
201 cm，紐約古根漢美術館藏。

　　射線主義名稱來自拉里奧諾夫 (M. Larionov, 1881–1964) 於 1912–1914 年創立「輻射光線主義」(Rayonnism) 小組，宣稱輻射光線主義繪畫在於體現由不同的反射交叉光線所形成的空間形式，這是一種因畫家的意志而凸顯出來的形式。拉里奧諾夫主張把繪畫從物體的束縛中解放出來，變成無物體的繪畫。強調光線的輻射和動感，畫面呈現的幾乎就只是由一些交錯的、不同光線輻射出的線條，此具有抽象藝術的特徵。

　　至上主義或稱絕對主義 (Supermatism) 約於 1913 年左右由畫家馬列維奇 (K. Malevich, 1878–1935) 創立的，採用純幾何形體的一個派別。所謂至上主義就是在繪畫中的純粹情感或感覺至高無上的意思，拋棄描繪具體客觀物像和反映視覺經驗的藝術。1918 年完成的〈白上之白〉一畫最具代表性，整個畫面上沒有色彩，在白色的背景上只有幾條朦朧不清的方形輪廓線。

　　構成主義 (Constructivism) 與至上主義接近，特色是排斥抽象觀念，將至上主義運用在建築和工業設計方面。塔特林 (V. Tatlin, 1885–1953) 是俄國構成主義的建立者，1913 至 1914 年，他創造第一批「繪畫—浮雕」，將繪畫和浮雕加以結合，將真實的空間引入圖畫因素。1915 年他又以各種材料（木材、金屬、玻璃等）創作具有建築風格的浮雕。

Russia

第IV篇
蘇聯共產政權的興衰
(1917–1991)

　　奉行馬克思主義的布爾什維克黨，在革命成功後史無前例地欲建立共產主義社會，這是個不分階級、沒有貧富懸殊，各盡所能、按需分配的社會。實際上是以不可能追求到的「烏托邦」奉為最高目標，為了達到目的，不擇手段甚至犧牲了數千萬人民的生命。蘇聯在史達林極權統治之下：快速從農業國家轉型為工業國家，建立起生產工具、生產資料公有的社會主義社會，在第二次世界大戰之後更是與美國成為世界超級二強。強權國家的背後隱藏著人民忍受不民主的政治體制、忍受著日用品短缺的困苦，無法享受言論、集會、出版、遷徙的自由；此外，沒有貧富懸殊、人人平等的社會無法激勵人們積極開創的精神，正如同烏托邦社會是個靜止不變動，實際上是沒有進步而停滯的社會。史達林逝世後，赫魯雪夫嘗試改革，不但失敗甚而去職。續任的布里茲涅夫、契爾年科、安德洛波夫只能在有限的範圍稍作改革，待戈巴契夫執政後對蘇聯不得不做徹底的改革。以「民主化」、「公開性」為主的「改革與新思維」，在烏托邦社會掀起的漣漪竟然是無法抵擋的驚濤駭浪。經「八一九政變」後，戈巴契夫不再握有實權，蘇聯也因各加盟共和國宣佈為主權國家而名存實亡，使僅有六十九年歷史的蘇聯走入歷史。人類追求烏托邦的理想終以幻滅終結，是喜？是悲？

第八章
史達林的極權統治
(1917–1953)

我們落後先進國家五十到一百年，我們必須在十年內趕上這個
差距。如果趕不上，他們將消滅我們。 史達林，1931 年 2 月
馬列主義和無產階級革命是人類歷史和俄羅斯本身最嚴重的錯
誤和罪行。 巴斯特納克，《齊瓦哥醫生》
人沒有精神成長的自由，這就是世界上悲劇的源泉。

高爾基，《懺悔》

第一節　內戰與戰時共產主義

一、內　戰

退出第一次世界大戰是新成立的蘇維埃政府迫切要做的事，「和平
法令」即呼籲各交戰國停止戰爭，在不割地不賠款的原則下，締結公
正的、民主的和約。為了表示反對祕密外交，新政府將沙皇政府與協
約國簽訂的祕密協定全部公開。此舉引起美、英、法等協約國拒絕停
戰與議和，德國則希望趕快結束東線戰爭以調配大量軍力至西線戰場，
於是同意與俄國和談。

❶十月革命後，蘇維埃政府自 1918 年 1 月 1 日採用格列哥里曆法，通稱新曆。舊曆與新曆相比，在十九世紀至二十世紀初短少十三天。本書自 1918 年起採用新曆紀元。

1918 年 3 月 3 日❶俄、德在布列斯特·利托夫斯克 (位於波蘭東部邊界，今名布列斯特) 正式簽訂和約。和約內容對俄國極為不利，俄國必須承認芬蘭、烏克蘭、喬治亞三國的獨立。依據 8 月續訂補充條款，將愛沙尼亞、拉脫維亞、俄屬波蘭、利瓦尼亞等地割給德國，加上六十億馬克的賠款。這些條件與「不割地不賠款」的原則差異極大，不但引起蘇維埃中的孟什維克代表反對，布爾什維克黨內亦有多人反對。列寧則視此條約為暫時退讓，強調蘇維埃政府若繼續陷入戰爭，其政權無法維持，在中央全會中經過激辯後才通過。

對內方面，在十月革命推翻臨時政府後，布爾什維克黨以一個月的時間大致控制了各大城市，然而烏克蘭西部、頓河流域、北高加索地區仍在反對派手中。他們建立起反共政權（白軍）與蘇維埃政府（紅軍）展開為期三年餘的內戰。

以基輔為中心的烏克蘭西半部，在 1917 年 12 月召開議會 (Rada)，宣佈成立「烏克蘭人民共和國」。列寧得知後，派紅軍鎮壓，迅速占領基輔。卻因俄國與德國簽訂和約，德軍隨即進駐基輔，紅軍只好撤退。頓河區的哥薩克領袖卡列金 (Aleksei Kaledin, 1861–1918) 在十月革命爆發後隨即宣佈獨立，臨時政府一些高級軍官由首都前往該區發展，由鄧尼金 (Anton Denikin, 1872–1947) 將軍、科爾尼洛夫將軍等組織「志願軍」反抗新政府。1918 年 2 月紅軍進攻後，卡列金因內部不和而舉槍自盡，志願軍得不到哥薩克的合作，決定向南移至高加索北部的庫班區。志願軍在 5 月與德軍合作，將紅軍逐出。伏爾加河的反共政權以薩馬拉為中心，1918 年 8 月在捷克兵團 (Czechoslovak Brigade) 的支援下占領加

瑪河至烏拉山西麓一帶，不久又攻下喀山，於 9 月與西伯利亞的反共
政權結合。西伯利亞地區的社會革命黨於 1918 年 6 月宣佈該區為自治
區，由前任黑海艦隊司令高爾察克 (Alexander Kolchak, 1873–1920) 任
領袖，建立獨裁政府。

　　俄國的內戰進入 1918 年春季，外國勢力開始捲入，這個與蘇維埃
政府退出戰爭有關。聯軍希望以俄國為主的東線戰場繼續牽制德軍，
也曾運送大量軍火援助俄國，分別放置在莫曼斯克 (Murmansk)、阿爾
漢格爾、海參崴。俄德議和後，聯軍深恐這批軍火落入德軍手中，因
此進軍俄國。

　　1918 年 3 月英、法、美軍先後登陸莫曼斯克和阿爾漢格爾。美軍
前往東西伯利亞，日本派十萬軍人進入海參崴。捷克兵團原是俄國境
內的捷克僑民組成的，以後加上俄軍俘虜來的捷克戰俘，在俄軍指揮
下參加作戰，但他們希望返回捷克建國。後與紅軍產生摩擦，拒絕繳
械，並先後占領薩馬拉、喀山、鄂木斯克、海參崴等地區，聯軍要求
捷克兵團留在俄境協助反共。

　　進入俄境的聯軍與白軍聯合共同反抗蘇維埃政權，使新政權危機
重重。然而第一次世界大戰於 1918 年 11 月 11 日結束，扭轉了新政權
局勢。在聯軍與德國簽訂的休戰條款中，宣佈「布列斯特・利托夫斯
克條約」全部無效，以後又在「凡爾賽和約」中確認。德軍之前占領
的烏克蘭，很快就轉入紅軍手中。聯軍方面則因長達四年的大戰早已
疲倦，不願繼續作戰，況且當初進軍俄國的理由已不存在，部份法軍、
英軍先行退出。聯軍提出全面撤軍的條件未被蘇維埃接受，乃於 1919
年 5 月與白軍共同發動大規模的反攻。由於聯軍士兵充滿厭戰心態，
白軍各領袖團結力又不夠，農民則害怕一旦白軍勝利，會收回早先奪
取的土地；紅軍則以民族主義說服人民抵抗外敵，又保證給予人民土
地，深得人民的信賴。

　　1920 年初白軍大致被平定，聯軍見大勢已去而紛紛撤離。留駐海
參崴的日軍遲至 1922 年 10 月底才撤退，1925 年 1 月蘇、日締約，日

本將庫頁島北部交還蘇維埃。在日軍留駐海參崴期間，蘇維埃為轉移聯軍對共黨政權的猜忌，成立由其幕後控制的「遠東共和國」（1920年5月14日至1922年11月14日）以抵制日軍，待日軍撤離，該共和國隨即併入蘇維埃政府。

為時三年餘的內戰與國際干涉，最終是蘇維埃政府獲勝，但是帶來嚴重的損失。內戰不僅延緩世界革命的發展，也迫使新政府不能立即實行社會主義的建設工作，這些都會引起政府內部與黨內嚴重的分歧。

二、戰時共產主義

在全俄蘇維埃第二屆代表大會中通過的「土地法令」，規定取消土地私有權，全國土地由政府收回再分配給農民，不需付補償金；其他如地下礦藏、地上資源（鹽田、森林等）均歸政府所有。「臨時工農政府」組成後實行八小時工作制；沒收民營工廠與私人財產，工廠由工人監督；全國銀行一律改為國營，私人存有的黃金也一律歸國家所有；取消沙皇政府與臨時政府所欠之內外債務，不再償付。

1918年3月召開的布爾什維克黨第七屆代表大會通過將黨名改為「俄羅斯共產黨（布爾什維克）」，並決定於1918年3月10日將首都遷至莫斯科。7月10日由第五屆全俄蘇維埃代表大會通過新憲法，簡稱《1918年憲法》。依照新憲法，國名改為「俄羅斯蘇維埃聯邦社會主義共和國」(Russian Soviet Federative Socialist Republic, RSFSR)，吾人稱之為「蘇俄」。新憲法只給予無產階級享有基本權利，至於資本家、神職人員、舊政府之官員不得享有。

新憲法通過後，列寧認為「布列斯特・利托夫斯克條約」簽訂後可換取建設社會主義之經濟計劃時機，未料到內戰爆發，接著是國際干涉，使得列寧暫時放棄原先之計劃，改採一系列緊急措施。

1918年春至1921年春實行的經濟政策，稱之為「戰時共產主義」(War Communism)。連年的戰爭，造成極嚴重的饑荒災難。1918年1

月至 5 月政府計劃徵收的糧食僅完成 1/5，莫斯科和彼得格勒（二城共有一千一百萬居民）糧食的供應量不及計劃中的 1/10，這兩個城市工人有時一整個星期領不到糧食。富農不願按照國家規定的價格出售糧食，將糧食囤積視情況高價賣出。聯軍與白軍占領全國 3/4 國土，除了影響糧產減少外，工業原料和燃料（如煤、石油、金屬、棉花）也大量減少，有 2/5 的工廠因此被迫停工。

為了供應紅軍與城市工人充份的糧食，5 月初政府下令以固定價格收購糧食；農民必須交出餘糧，否則判十年以上徒刑並沒收糧食；嚴禁私人買賣糧食。1919 年 1 月人民委員會又規定糧食、砂糖、茶葉、食鹽等基本食品禁止私人買賣，至於肉類、魚類、植物油、動物油、馬鈴薯等重要食品由政府以固定價格收購，次年又擴及棉花、麻類、皮革等產品。

在工業方面亦作調整，1918 年 6 月底加速大型工業國有化，採礦、冶金、煙草、玻璃、運輸業、公用事業等所有資本與財產一律無償歸國家所有。同年 10 月又規定以勞動手冊代替過去的身份證，有勞動手冊才能遷徙與獲得配糧。年底又規定所有公民都有勞動的義務，以完成政府規定的任務，例如伐木、掃雪、築路等。

為了保證在戰時所有民生必需品的充份供應，1918 年 11 月起取消自由貿易和食物配給制。到了 1920 年底貨幣因大量發行造成急遽貶值，以物易物盛行，食鹽、肥皂、糖均成為交換的等價物品。

在內戰時期實行的戰時共產主義，使政府徵收到足夠的糧食供應紅軍和城市工人，能夠獲得戰爭的勝利與此有密切關係，並使得剛成立的蘇維埃政府鞏固下來。但是農民的利益損失極大，使得農民失去生產的意願，生產面積大為減少，比起 1917 年減少了 1/3。列寧自己也承認共產主義是戰爭和經濟破壞被迫實行的，一旦內戰與國際干涉結束，農民不願再忍受嚴苛的經濟政策。

1921 年 2 月喀琅施塔得水兵叛變對政府是個嚴重警訊。喀琅施塔得海軍在 1917 年革命時擁護布爾什維克黨，四年後反抗的主要因素是

飢餓。1921 年 2 月彼得格勒工人抗議麵包配額減少，發動罷工並舉行
示威遊行。這些事件促使喀琅施塔得水兵譴責戰時共產主義，要求取
消糧食徵收與恢復農民自行處理糧食的權利。此外亦要求政權歸蘇維
埃，不歸黨；以無記名投票方式選舉。接著水兵組織「臨時革命委員
會」，接管基地地區的行政權，逮捕反對者。蘇維埃政府派軍鎮壓從而
結束半個月的叛變，此次海軍的叛變促使列寧向農民的要求讓步，結
束戰時共產主義。

第二節　新經濟政策與史達林的崛起

一、新經濟政策

　　1921 年春內戰結束後，列寧坦陳實行戰時共產主義已造成嚴重的
經濟危機，於是放棄與農民為敵的戰時共產主義，開始實行「新經濟
政策」(New Economic Policy, NEP)。這是暫時與資本主義妥協，採取
策略性的撤退，目的是以退為進。

　　在農業方面，首先是政府不再強制收購農民的餘糧，農民繳完稅
（初為糧食稅，後改徵貨幣）後，可將餘糧拿到市場上自由買賣。政
府允許農民租用農地或雇用勞力耕種；成立合作社為農產品銷售和加
工中心；貸款給農民；向農民供應農業機器、種籽、肥料等。結果農
村經濟恢復得相當快，不但耕地增加，農產量也快速增加，到 1925 年
農業生產已恢復到戰前的水準。

　　在工業方面，小規模（雇工十至二十人）的工廠與貿易開放給私
人貿易，零售商多半為私營，批發商仍由國家經營。在大型工業方面，
首先實行冶金工業，因能帶動其他工業部門的恢復。1922 年 3 月成立
汽車製造公司，同年 10 月即生產第一輛國產汽車，又陸續生產拖拉機、
紡織機器、動力機器等。工業產值亦在 1925 年至 1926 年間達到戰前
水準。

新經濟政策實行後，在 1925–1927 年間農村出現十月革命以來最好的光景，大批貧農上升為中農，一部份中農變成富農。有些黨幹部認為這是資本主義因素滋長的危險信號，會造成貧富懸殊與富農剝削貧農的形勢，自 1927 年底黨開始採取一些辦法限制農村資本主義的發展。在工業方面出現了一批「耐普曼」(新經濟人) (Nepman)，指在新經濟政策之下富裕的人。有些黨員擔心「耐普曼」已形成一種政治力量，顯示新經濟政策是對資本主義做了過多的讓步。富農和耐普曼都被視為資產階級的化身，1927 年以後開始遭受排擠和消滅，到了 1929 年大多數的耐普曼已不存在。

二、蘇聯的成立

十月革命的最終目標是建立共產主義社會，然而初建立的蘇維埃政府面臨嚴酷的內戰與國際 (資本主義國家) 的干涉，同時邊境的少數民族紛紛獨立建國。同樣是蘇維埃社會主義共和國的有烏克蘭、白俄羅斯、外高加索共和國聯邦 (含喬治亞、亞美尼亞、亞塞拜然)，歷經三年餘的內戰於 1921 年春獲得勝利。蘇俄認為這是無產階級團結的明證，也是將各蘇維埃共和國組成聯盟的適當時機。因為戰後留下來的是田地荒蕪、工廠停工、資源枯竭的現象，單一國家難以恢復經濟。另一方面，各蘇維埃共和國唯有聯合起來才能抵抗資本主義國家的入侵與包圍。再從階級本質來說，「無產階級無祖國」以及蘇維埃政權是國際主義性質的政權，自然促使各蘇維埃共和國的無產階級聯合起來。1922 年 12 月 30 日上述四個共和國聯合為「蘇維埃社會主義共和國聯盟」(Union of Soviet Socialist Republics)，簡稱「蘇聯」(USSR or Soviet Union)。

1924 年 1 月蘇聯第一部憲法成立，確認各民族在法律上一律平等，也確定聯盟係各個蘇維埃共和國的自願聯合，保證有自由退出聯盟的權利。依據憲法，聯盟的權限包括外交、外貿、國防和交通運輸等方面。蘇聯最高權力機關是「最高蘇維埃」，其下由平等的聯盟院 (類

圖 63：蘇聯國旗　鐮刀、鐵鎚代表工人和農民。

圖 64：蘇聯國徽　用各加盟共和國文字寫有「全世界無產者，聯合起來!」

似美國的眾議院）和民族院（由各共和國和民族州的代表選舉產生，類似美國的參議院）二院組成。蘇聯最高蘇維埃主席團由聯盟院和民族院共同選出，是一個常設機構，其主席即蘇聯元首（相當於總統）。另一個常設機構是蘇聯人民委員會（1946 年以後改稱部長會議），是蘇聯國家權力最高執行與管理機構（相當於內閣，其主席即為總理）。

　　實際上蘇聯政府的權力由共產黨掌控，至 1921 年春季共產黨已成為國內唯一的政黨，政府官員幾乎都是黨員出身，且在黨內擔任要職。政府執行的各項政策均先由黨大會通過，新經濟政策就是由第十次黨大會（1921 年 3 月召開）通過的。之前，黨內允許黨員發表不同的意見，經由辯論後取得共識，但是第十次黨大會禁止派系，違反黨的紀律或派系主義者一律開除黨籍，這個決議成為以後在權力鬥爭中用來打擊反對派的有利武器，也使原本講求民主原則的布爾什維克黨一步步邁向一人獨裁的道路。

三、史達林的崛起

　　列寧於 1924 年 1 月 21 日病逝，葬於莫斯科的紅場。同年蘇聯政府將彼得格勒改為「列寧格勒」，並將列寧的出生地辛比爾斯克改為烏

里揚諾夫斯克（Ulìanovsk，列寧本姓為 Ulìanov）以示
紀念❷。

　　自從 1923 年列寧病重完全失去知覺和工作能力，
直到 1930 年為止，領導階層展開繼承鬥爭，最後是由
史達林獲勝。史達林自 1919 年起擔任黨部政治局和組
織局的委員，對於黨內重要幹部的任免有發言權。1922
年黨部成立總書記處，史達林立即當選為黨中央總書
記，這是史達林掌握權力的主要職位。他同時也擔任政
府機構的其他職務，尤其是 1919 年起擔任新成立的「工
農檢查部」部長，有權指派人員深入政府各機構，從事
監督檢查的工作。史達林掌握了黨、政兩方面的重要人
事權。

　　在內戰和國際干涉結束後，蘇維埃所面臨的問題是
如何建設社會主義社會的問題。引起爭論的主題有：革
命將往何處去？新經濟政策會導致資本主義嗎？應該如
何工業化？列寧去世後，這些問題因為派系而搬上檯面，
引起激烈的辯論。首先發動攻擊的是具有崇高地位的軍
事委員會主席托洛茨基（左派集團）指責黨的官僚化作
風，認為黨內的領導階層應該採取較為民主的作風，各
級書記不應由上級派任而由下級推選，不久有四十多個
重要幹部支持托洛茨基，紛紛攻擊中央黨部。此外，托
洛茨基提出「不斷革命論」，認為無產階級革命是世界
性的，須世界各國皆由無產階級執政才能確保社會主義
建設成功，這些主要是針對史達林的專權而來。史達林
則指出托洛茨基犯了六個錯誤，其中最重要的是托洛茨
基煽動黨員反對中央黨部，因此黨部開始排斥托洛茨基
及其支持者。托洛茨基也把矛頭指向與史達林組成三人
執政團的季諾維也夫和卡米涅夫，揭發他們曾經反對十

❷列寧逝世後，其
青銅像在各共和
國的各城市中到
處可見，然而在
1991 年 12 月蘇
聯解體後，也慘遭
破壞或遷移。1936
年 5 月在莫斯科
革命廣場建立列
寧中央博物館，共
設三十四個展覽
廳，陳列列寧生平
事蹟和革命活動
的歷史文物，雕刻
物有六千餘件。
1970 年是列寧百
歲誕辰，在其家鄉
烏里揚諾夫斯克
建立紀念中心，包
含旅館、劇院、畫
廊、博物館、師範
大學與市政中心。

月起義計劃，並且將起義計劃洩漏。鬥爭的結果是托洛茨基落敗，1925 年 1 月被迫辭去軍事委員會主席職務，結束了第一階段的鬥爭。

打敗托洛茨基後，季諾維也夫和卡米涅夫反對繼續實行「新經濟政策」，認為那不是通往社會主義的道路，而與史達林的看法對立，轉而與托洛茨基聯合，他們的共同點是害怕史達林的權力越來越大，以及對「不斷革命論」❸有一致的看法。史達林則聯合以布哈林 (Nikolai Bukhalin, 1888–1938) 為主的「右派集團」，他們支持「新經濟政策」，也同意史達林提出的「一國社會主義」，認為蘇聯有能力單獨一國建設社會主義。經過一番鬥爭後，「左派集團」的重要黨員被開除黨籍，托洛茨基在 1929 年被驅逐到國外，第二階段的鬥爭又是史達林獲勝。1928 年初史達林為了快速建設社會主義，急欲結束「新經濟政策」因而提出加強農業集體化 (Collectivization of Agriculture) 以及打擊富農的主張，布哈林等右派人士堅決反對，於是展開第三階段的鬥爭。

以布哈林為主的「右派集團」認為蘇聯屬於小農經濟，技術亦落後，要建立社會主義社會有一段相當長的過渡時期。和平與漸進的方式是他們的原則，農業和工業同樣重要，發展工業不能犧牲農民；輕工業和重工業也同樣重要，不能為發展國防工業而忽略民生工業。主張在自願的原則下以各種形式的合作社逐漸把農民組織起來，以自由競爭等方式排除資本主義成份，換句話說，布哈林主張無限期繼續實行「新經濟政策」，以此達到社會主義社會。

為了籌措工業建設的資金，史達林向農民徵收額外稅；在工業方面強調重工業的發展，又強調工業的快速

❸「不斷革命論」指在單獨一個國家內無法達到建設社會主義社會的任務。因為在落後國家內無產階級掌握政權與占多數的農民產生矛盾衝突，只有在國際上，各國的無產階級發生革命獲得政權後才能解決上述矛盾。

發展，於是要求儘快展開農業全面集體化，快速將農村生產資料從私有制改變成公有制，以保證有足夠的糧食供應城市，亦藉機排除富農。1927 年底到 1928 年春季有嚴重的糧食收購危機，即使課重稅富農也不願賣出糧食。布哈林主張提高糧食收購價格以解決危機，史達林則要求對富農採取強烈行動。到了 1929 年底，史達林成功地排除黨內各派反對份子，成為獨裁者，直到 1953 年去世為止。

第三節　五年計劃與史達林的極權統治

一、五年計劃

　　史達林個人完全掌控黨的領導權後，立即在共黨第十五次大會（1927 年 12 月）通過採取計劃經濟政策以取代之前的新經濟政策。計劃經濟每次以五年為一期，就農業、工業、交通、文化建設方面提出預定生產進度和達成的目標，擬訂一套完整的藍圖，然後傾全國之人力、物力、財力達成。「五年計劃」是由上而下，並非人民自發性的行動，是由政府強制農民、工人必定要完成的任務。

　　第一個五年計劃自 1928 年 10 月 1 日開始實行，1932 年底即提前完成。工業方面以重工業為主，占工業建設投資金額的 3/4，以帝俄時期沒有或脆弱的工業為建設目標，諸如飛機、汽車、拖拉機、化學工業、重型和輕型機器等製造業；德聶伯河巨型水力發電站；興建數千里長的「土西鐵路」（土耳其斯坦到西伯利亞），使西伯利亞大鐵路和外裏海鐵路銜接，此有助於中亞地區的開發；在烏拉山區和西西伯利亞興建二個工業中心，將煉鋼工業和煤礦產區聯合為一體；由於發展工業，促使新型城市紛紛興起，如明斯克、海參崴等。到了 1932 年底，工業產值占工農總產值的 70.7%，重工業和輕工業的比例為 46.6：53.4。在管理方面採用高度集中的管理體制，企業只負責達成生產量的目標，其經營自主權越來越小；企業的資金由國家無償撥給，企業

俄羅斯史

的收入全部上繳，產品由國家負責銷售，產品價格由國家統一規定，這些是計劃經濟的弊端，不過在初期尚不嚴重。

在農業方面，消滅因新經濟政策產生的富農階級成為第一期五年計劃的主要目標。政府採行嚴厲的農業集體化運動，設立集體農場 (*Kolkhoz*, Collective Farm) 和國營農場 (*Sovkhoz*, State Farm)，將貧農和中農納入這兩種農場，拒絕富農加入；沒收富農的財產，以此消滅富農階級。全國的土地均歸政府所有，農民僅有使用權。集體農場如同一個村莊，由若干農戶組織而成，農民的工資按照「工作日」而定。國營農場為政府經營的農場，通常種植經濟作物，在農場工作的農民係政府雇用的「公務員」，每週固定工作時數，每月領固定工資。史達林堅持實行農業集體化還在於傳統農戶的耕地零散分佈，不適合使用大型機器農具，也就是說無法大量生產，不能供應工業迅速發展期必須釋放大量農民到城市工廠當工人所需的糧食。農業集體化與農業機械化是分不開的，所以成立「拖拉機站」，專門提供鄰近數十處的集體農場和國營農場使用。

1929 年 4 月史達林開始大規模推行集體農場，由於手段過於激烈，違反農民自願加入的原則，引起農民怠工、破壞生產工具、屠殺牲畜等以示抗議。1930 年 3 月史達林批評基層幹部被「勝利沖昏了頭」，要求緩慢實行農業集體化，並允許農民保有一小塊「宅旁園地」，至於住宅、農戶飼養的家畜和家禽（有數量限制）、所種植的水果蔬菜全歸農戶自行處理，不實行公有化。另一方面則積極著手消滅富農階級，1930 年 1 月開始嚴厲執行，到 1932 年底仍有少數富農存在，但已不足以構成一個階級了。到 1933 年集體化的農戶已占全部農戶的 65%。

政府強制實行農業集體化，使得一千萬農民死於 1932–1933 年的人為饑荒，這是史達林親自向英國首相邱吉爾承認的。積極消滅富農的行動，迫使幾乎全部的富農被驅逐，若加上家族將近五百萬人，他們很少能返回家鄉。史達林實行農業集體化所造成的傷害，被西方學者形容 1929 年是「折斷人民脊椎骨之年」。

　　農業集體化的成果是提供工業建設所需資金,政府低價收購糧食,農民卻須花高價購買工業產品,在當時沒有外資的情況下,蘇聯是以農業資金培育工業的發展。集體化實行後,使得貧農的生活獲得改善,他們極力支持政府。最後透過集體化的機制,政府能夠直接並完全統治人民,奠下史達林極權統治的基礎。

　　第二個五年計劃始於 1933 年 1 月,提前於 1937 年 4 月完成,其成果更為豐碩。在工業方面徹底消滅國內資本主義的成份,工業總產值已躍居歐洲第一位、世界第二位（僅次於美國）,成為一個強大的社會主義工業國家。在農業方面,到 1937 年底集體化的農戶占全部農戶的 93%,集體化的耕地占總耕地面積的 99%。以後的蘇聯政府一直實行五年計劃,共計十二個, 終止於 1990 年。

二、大整肅與 1936 年憲法

　　自 1934 年底起至 1938 年底為止,史達林展開大規模殺害異己的「大整肅」(Great Purge) 活動,約有一、二千萬人慘遭犧牲,大多數是共產黨員,亦有一般平民遭殃。早在 1932 年消滅富農階級後,人民已無反抗政府的能力,但是黨內仍有人批評史達林的施政,1933 年史達

圖 65: 莫斯科地下鐵阿爾巴特站　有「地下宮殿」
之稱的莫斯科地下鐵,於 1935 年開始通車。

林將 1/3 的黨員逐出黨外。1934 年 12 月任職彼得格勒黨部書記的基洛夫 (Sergei Kirov, 1888–1934) 遇刺，正式揭開大整肅的序幕。史達林藉口刺客與季諾維也夫有關聯，於是與他有關的人物如卡米涅夫、托洛茨基的支持者被逮捕，有的放逐至西伯利亞，有的坐牢、有的被判死刑。以後甚而軍中高級將領、駐外使節以及東歐共黨領袖均是整肅的對象。到了 1938 年底，史達林下令逮捕幫助他執行整肅的「內政人民委員部」(NKVD) 部長葉佐夫 (Nicholas Yezhov, 1895–1939)，罪名是過度濫用權力。恐怖的「大整肅」宣告結束，但是恐怖仍然像幽靈一樣隨時會出現，直到史達林去世才解除。大整肅使得蘇聯共產黨必須重寫歷史，1938 年出版的《蘇聯共產黨 (布爾什維克) 歷史簡明教程》一書中醜化托洛茨基、季諾維也夫、布哈林等人。

1936 年 12 月 5 日通過的蘇聯憲法，說明史達林建設社會主義的模式以法律固定下來，史達林宣稱蘇聯已經建立社會主義社會。憲法確定國家的性質是「工農社會主義國家」，所以一切與資本主義有關的成份都要排除；政體是以勞動者代表所組成的蘇維埃為政治基礎的「無產階級專政」，因為所有的剝削階級像地主、富農和資產階級都已被消滅，剩下來的是擺脫了剝削的工人階級、集體農場的農民和知識份子，而這三個階級的界線正在消除當中；經濟基礎是「社會主義經濟體制及社會主義生產工具生產資料所有制」，無論是工業生產、農業生產以及商業活動完全排除資本主義的成份，也就是說沒有民營企業，所有大小企業都由國家經營；農民不是國家農場就是集體農場的農民，他們耕種的土地是政府的，耕具也是公有的；以直接選舉代替各級選舉，各級蘇維埃代表實行普遍、直接、平等、無記名投票選舉。史達林對於他建設社會主義的成果相當滿意，說這部憲法是世界上唯一真正民主的憲法。實際上，大整肅就在 1936 年展開。

三、史達林的極權統治

史達林的極權統治，主要特色是高度的中央集權。把政治、經濟、

外交、軍事、文化所有的決策權全部集中在黨的最高領
導機構，人民的日常生活全部都在黨的控制之下，這種
體制缺乏彈性，阻礙進步。

　　在經濟方面，經濟的管理權高度集中化，國民經濟
整個生產和分配過程全部由國家來規劃，實際上的決策
權全部集中於黨中央。中央以行政命令來管理經濟，整
個經濟的運作主要靠各種行政命令和指示，排除市場自
由調節的作用。

　　在政治體制方面，是高度集中的黨領導體制。黨政
不分，國家完全隸屬於黨，全國只能有一個政黨，那就
是蘇聯共產黨❹。「民主集中制」是政治實行的原則，
在史達林統治之下，只見「集中」不見「民主」，權力
集中在中央，地方是沒有自治權的，各級機構的主管都
是由上級委派。公民雖有選舉權和被選舉權，實際上一
切選舉完全在共產黨控制之中，選民甚至沒有不投票的
自由，因此會造成高投票率：以 1950 年的大選為例，
投票率高達 99.98%，實際上民主成份有限。在以黨治國
之下，由於黨不受議會的監督，易使權力集中在少數黨
員手裡，最後則集中在一人身上而實行獨裁統治。

　　在意識型態方面，人民將史達林奉為神祇來崇拜，
出自於史達林口中的話全都是真理。1929 年 12 月 21
日是史達林五十歲生日，當天的報紙大幅報導史達林，
內容無非是歌功頌德，稱頌史達林是偉大的、優秀的、
天才的領袖，是列寧的唯一繼承人，是活著的列寧。此
後各級領導人的講話都要有一段對史達林的歌頌，人民
被告知所有的成就都應感謝史達林，公共場所到處可看
到史達林的肖像或雕像。

　　從 1930 年代開始，史達林逐漸拋棄列寧的集體領

❹「俄羅斯共產黨
（布爾什維克）」
於 1925 年因蘇聯
已成立而改名為
「蘇聯共產黨（布
爾什維克）」，至
1952 年將布爾什
維克刪除，只稱
「蘇聯共產黨」。

導原則，取而代之的是中央集權體制，黨代表大會和中央全會召開的次數越來越少。實際上，史達林不受黨的批評和監督，而是凌駕於黨和國家之上。「國家安全管理總局」❺實行垂直領導，不受同級黨和蘇維埃機構的監督與檢查，實際上成為國中之國、黨中之黨。

第四節　蘇聯的對外關係

一、突破外交孤立

在內戰期間蘇俄除了抵抗協約國聯軍的干涉之外，同時也推動世界革命，列寧一再強調如果其他國家不發生革命運動，那麼布爾什維克黨的革命不可能獲得最後的勝利，因為資本主義國家會侵略社會主義國家。為此，列寧在 1919 年 3 月成立「共產國際」(第三國際)，目的即推動世界革命，由季諾維也夫任主席，總部設在莫斯科，成立之初有三十個國家的共產黨代表與會。

第三國際成立後，立即在匈牙利建立共產政權，德國的巴伐利亞 (Bavaria) 共產黨也短暫執政；1920 年在魯爾區 (Rhur) 發生工人暴動與組成紅軍，但是全面性的革命並未出現。1921 年 3 月列寧遂改變外交政策，不再推動世界革命，而在國內改行新經濟政策，以獲得各國的好感和承認。

1920 年 1 月聯軍解除對蘇俄的經濟封鎖，顯示雙方由對立趨向合作，英國首先於 1921 年 3 月與蘇俄簽訂貿易協定，二個月後德國亦與蘇俄簽訂貿易協定和交換戰俘的協定。同年蘇俄又與奧、義等十二個國家簽訂貿易協定，從而結束了外交孤立的狀態。

❺蘇聯的國安會源於革命成功後即設立的「打擊反革命和怠工非常委員會」(簡稱契卡 "Cheka")，以後名稱幾經變更，但屬祕密警察以及只對黨中央負責則不變。1954 年 3 月易名為國家安全委員會 (KGB)，直至 1991 年底蘇聯瓦解為止。

參與 1922 年 4 月熱那亞 (Genoa) 歐洲經濟會議是蘇俄外交的真正突破。歐洲各國要求蘇俄償還帝俄時期的一切外債，蘇俄反而要求聯軍賠償對其封鎖和干涉所造成的損失，雙方自然是不歡而散。在會議進行期間，蘇俄與德國簽訂「拉帕洛條約」(Rapallo，在義大利)，這是雙方經濟與軍事合作的條約，其重要意義是蘇俄首次獲得其他國家的承認，德國也擺脫了外交上的孤立。1924 年 2 月隨著英國工黨的執政亦承認蘇聯政府，其後法、義、奧、中國亦予以承認。

1925 年 10 月德、英、法、比、波、捷、義七國簽訂「羅加諾條約」(Locarno，在瑞士)，保證維持「凡爾賽和約」❻所規定的德法、德比之間的領土現狀，同時也阻止德國進一步和蘇聯接近。德國為使蘇聯安心，於次年 4 月與蘇聯簽訂中立條約，重申「拉帕洛條約」。

到了 1921 年春，列寧雖終止在歐洲發動無產階級革命，但是轉向亞洲、歐洲的殖民地發展，提出「由北京經加爾各答 (Calcutta) 是通往歐洲的捷徑」。在中國獲得短暫勝利後，第三國際要求中國共產黨與國民黨合作，以個人身份加入國民黨。又派鮑羅定 (Mikhail Borodin, 1884–1951) 擔任國民黨顧問，藉機分化國民政府造成了寧漢分裂，到了 1927 年 4 月中國國民黨開始清黨，年底宣佈對蘇斷絕外交關係，鮑羅定被迫離華。至於在土耳其、日本、印度、印尼的活動則無所作為。

二、和平外交與人民陣線

進入 1928 年，史達林開始推行五年計劃，為了順利展開農業集體化和社會主義工業化，強調蘇聯的外交政策以維護和平為要務，設法與鄰國簽訂互不侵犯條

❻「凡爾賽和約」是第一次世界大戰結束後，戰勝國於 1919 年 6 月 28 日針對德國所簽訂的和約。和約中要求德國放棄所有的殖民地、裁減軍備、史無前例的巨額賠款，以及備受屈辱的負起戰爭的全部責任。

約，積極參與裁軍會議及非戰公約；對於遠東，採取防禦性的策略。為了阻止中日合作對抗蘇聯，史達林於 1928 年與蔣介石領導的國民政府恢復關係。1929 年 10 月英國工黨再度執政，恢復與蘇聯自 1927 年 5 月斷交的外交關係；1933 年 11 月獲得美國的承認，美國總統羅斯福認為美蘇的友好關係，可以制止日本進一步的擴張行動。

1933 年 1 月起希特勒領導的納粹黨在德國執政，希特勒堅決反共，上臺後排除德國社會民主黨、共產黨的政治活動，藉機逮捕其黨員。亞洲方面，日本於 1932 年占領中國東北，西伯利亞東部備受侵略的威脅。面臨德、日的擴張，1933 年起遂使蘇聯不再反對凡爾賽體系，轉與西方國家友善，同時採取集體安全策略。

1934 年 9 月蘇聯加入國際聯盟，達到追求集體安全的初步目標。接著在 1935 年 5 月與法國簽訂同盟互助公約，約定若遭受第三國（指德國）侵略則互相援助；兩個星期後與捷克簽訂類似的條約，前提是法國參戰後，蘇聯才出兵援助。實際上法國政府遲至 1936 年才通過與蘇聯的盟約，英國對共產主義仍然敵視不願合作，史達林只好放棄集體安全策略，改採人民陣線。

所謂人民陣線即第三國際要求各國共產黨與自由主義者、社會主義者及其他反對納粹者聯合起來，共同組成一條陣線對抗法西斯納粹。史達林下令各國共產黨停止世界革命的活動，暫時與原先大力抨擊的資產階級政府合作。於是在 1935 年下半年至 1938 年 9 月「慕尼黑 (Munich) 協定」為止，西班牙、法國、中國和東南亞地區紛紛實行人民陣線，出現了人民陣線政府。在中國促成 1936 年 12 月 12 日張學良發動的「西安事變」，喊出「聯合抗日，停止剿共」的口號；次年盧溝橋事件爆發，開啟長達八年的抗日戰爭，中共發表「共赴國難」宣言，取消蘇維埃政府、紅軍名號，改編為國民革命軍。

人民陣線在法國、西班牙最終是失敗收場，不過史達林藉由人民陣線延緩納粹入侵的時間，也藉機訓練歐洲各國共產黨領袖，在二次世界大戰之後東歐迅速成為蘇聯的附庸即依賴這批人士。

三、蘇德戰爭

納粹政府不斷向東侵略，1938 年初兼併奧地利；9 月經由英、法、德、義的「慕尼黑協定」占領捷克的蘇德臺區 (Sudetenland)，1939 年 3 月希特勒占領捷克全國。5 月蘇聯外長改由莫洛托夫（Viacheslav Molotov, 1890–1986，外長 1939–1941, 1946–1949, 1953–1956）擔任，標誌著蘇聯外交政策又要改變。8–9 月間蘇聯與英、法軍事談判陷於困境，於是接受德國的建議於 1939 年 8 月 23 日簽訂「德蘇互不侵犯條約」，另有一份 9 月 28 日的祕密協定，內容是共同瓜分東歐勢力範圍。

1939 年 9 月 1 日，德軍入侵波蘭，二天後英、法對德宣戰，爆發了第二次世界大戰。在德軍於 1941 年 6 月 22 日入侵蘇聯之前，蘇聯在德國的承諾之下入侵芬蘭，迫使芬蘭割讓卡列利阿一帶，1940 年 3 月成為蘇聯的加盟共和國（1956 年降為自治共和國）。同年 8 月又迫

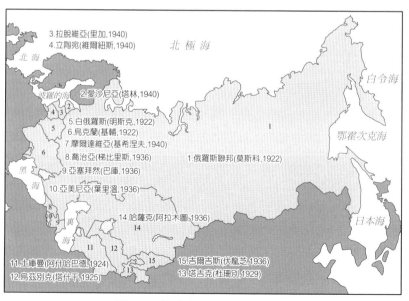

圖 66：蘇聯十五個共和國分佈圖

❼為了紀念列寧格勒市民死傷人員，蘇聯政府在 1960 年 5 月 9 日開放位於郊區的「皮斯卡列奧夫斯科紀念公墓」(the Piskaryovskoye Memorial Cemetery，占地二十六公頃)：有座終年不熄的火焰臺，盡頭處是高達六公尺的婦女雕像(象徵祖國)，雙手捧著一串橡樹和月桂樹的葉子，象徵著死去的無名英雄，雕像後面有片長牆，刻有紀念文字。此外，於 1975 年 9 月在市區建「莫斯科勝利公園」、「勝利廣場」和「莫斯科勝利之門」紀念之。勝利廣場的地下室闢為博物館。

使波羅的海的愛沙尼亞、拉脫維亞、立陶宛自願加入蘇聯，美國則始終不予承認；同時也揮軍進入比薩拉比亞和北布科維那（Bukovina，併入烏克蘭），在羅馬尼亞軍撤退之後，蘇聯在比薩拉比亞地區成立摩爾達維亞蘇維埃社會主義共和國，加入蘇聯。至此，蘇聯共有十五個加盟共和國，此後一直維持到 1991 年 12 月瓦解為止。

史達林和希特勒都知道「德蘇互不侵犯條約」不可能避免彼此之間的戰爭，一方是極右派的法西斯主義，另一方是極左派的共產主義，雙方無法協調而只是暫時獲得妥協。史達林深信至少在 1942 年以前，德蘇之間不會爆發戰爭，因此不顧邱吉爾 (Winston Churchill, 1874–1965) 多次的警告，唯恐過早備戰會刺激德國而提早交戰，結果導致蘇聯付出不必要的慘痛犧牲。

1941 年 6 月 22 日德軍兵分三路進攻蘇聯，先在 8 月中攻下斯摩稜斯克，最終目標是莫斯科。9 月 8 日已包圍列寧格勒，僅留拉多加湖一處可對外聯絡，前後圍城九百天，被圍人口共三百萬，近一半人口死於砲火或飢餓❼。往南進攻的德軍於 9 月 20 日攻下基輔。截至 1941 年 11 月為止，德軍占領蘇聯領土的人口占全國總人口的 2/5，工農產值占全國總產值的 2/3，鐵路長度占全國鐵路總長度的 2/5，蘇軍死亡七百萬人，德軍約有八十萬人死亡。德軍發動的「閃電戰」並未奏效，蘇聯的主力仍存在，此因史達林採取「焦土戰略」和「游擊戰略」，以時間換取空間使敵軍在占領區不易獲得糧食，而德國先進的武器在蘇聯落後的交通建設之下難以發揮作用，加上對蘇聯地形不熟悉，無法預防游擊隊的突擊。

圖 67：皮斯卡列奧夫斯科紀念公墓 (1960)　位於聖彼得堡，紀念第二次世界大戰死於納粹德軍圍城之亡者。

　　1942 年 4 月至 1943 年 2 月的史達林格勒 (Stalingrad) 戰役是希特勒由勝轉敗的關鍵性戰役，也是第二次世界大戰軸心國衰敗的開始。德軍在這場戰役中先勝後敗，損失一百五十萬人。蘇聯最終獲勝，除了戰略運用得當之外，史達林提出抵抗納粹德軍是「保衛祖國的戰爭」，藉此激勵民族情感；表揚歷史上抵禦外侮的君主和名將，如涅夫斯基、頓斯科伊、米寧、蘇瓦洛夫、庫圖佐夫等；恢復東正教教長職位，以宗教情感喚起人民的愛國意識。在國際方面，積極爭取反對納粹政權的國家的合作，1941 年 7 月與英國協定共同對德作戰；向美國爭取「租借法案」，1942 年 6 月美國提供蘇聯的軍援總額高達三十億美元。為了贏得盟國的信賴和軍援，史達林於 1943 年 5 月解散「第三國際」。

　　1944 年 6 月 6 日英美聯軍登陸諾曼第 (Normandy) 半島，開闢歐洲「第二戰場」開始反攻，遂使在蘇聯境內的德軍提早瓦解。7 月起蘇軍一路向西追趕德軍，不到一年的時間，東歐幾被占領，因此得以在第二次世界大戰結束後將波蘭、東德、匈牙利、保加利亞、捷克、

阿爾巴尼亞、羅馬尼亞陸續由共產黨執政，成為蘇聯的附庸國。

1945 年 5 月 8 日德國接受停戰的要求❽；另一軸心國日本也因美國在 8 月 6 日、9 日於廣島和長崎投下原子彈，迫使日本於 14 日全面投降。蘇聯於 8 月 8 日向日本宣戰，占領庫頁島南部、中國東北和朝鮮半島北部。

四、冷戰期間的美蘇對峙

在戰爭期間為了對抗法西斯納粹德軍，英、美、蘇結為同盟；戰爭勝利後，雙方已沒有共同的敵人，社會主義與資本主義不協調的本質完全呈現出來。史達林早在 1945 年 4 月就說到這次戰爭與過去不一樣：「無論誰占領了土地，就在那裡強加他自己的社會制度」；同時，美國總統杜魯門 (Harry Truman, 1884–1972) 說：「全世界應該採取美國的制度」。戰後，歐洲列強再也不能主導世界政治舞臺，美、蘇成為世界超級強國，由於社會制度的不同，世界分成兩大陣營：資本主義陣營以美國為中心，社會主義陣營以蘇聯為領導者，形成對峙的局面。又因雙方均擁有核子武器，反而不敢啟動核子戰爭，因為那已不是傳統戰爭勝負之別，而將是整個地球毀滅和所有人類同歸於盡的悲慘結局。因此雙方在經濟、政治、宣傳等方面較勁或是進行小規模的戰役，這種情況稱為「冷戰」——不戰不和，是一種沒有和平的和平，維持一種恐怖穩定的局勢。

蘇聯是戰勝國，又是聯合國的創始國，在聯合國成立之初即成為五席常任理事國之一（餘為中、美、英、法），享有否決權，成為蘇聯在戰後對抗美國的有利工

❽5 月 8 日為「歐洲勝利日」(V-E Day, Victory in Europe Day)，是日，艾森豪將軍在他的總部漢斯 (Rheims，位於法國) 接受德國簽署投降書。蘇聯於 5 月 2 日攻下柏林，要求德軍於 5 月 9 日在蘇軍將領朱可夫出席下再舉行一次投降典禮。是日為蘇聯的「勝利日」，每年都會舉行盛大的紀念會。2005 年 5 月是歐洲勝利 60 週年，俄羅斯總統普丁邀請 50 多國領袖（包括美國總統布希）參與 5 月 9 日在莫斯科舉行的勝利紀念慶典，盛況可謂空前。

具。

為了使蘇聯不致進一步的擴張，美國對於反對社會主義制度的國家給予大量的軍援和經援，這是由總統杜魯門提出的圍堵政策。為了抗衡，蘇聯聯合波、捷、匈、羅、保、南、義、法等國共產黨於 1947 年 9 月成立「共產黨情報局」(Cominform)，正式宣佈世界已被分為兩個陣營：資本主義陣營是擴張性帝國主義，其目的是確立美國對世界的統治權和摧毀民主制度；社會主義陣營是反帝國主義的民主陣營。到了年底，史達林不再與非共產世界合作而採取敵對態度。

1948 年 4 月美國開始實行「馬歇爾計劃」(Marshall Plan)，是歐洲各國經濟復興不可或缺的金援，蘇聯與東歐諸國拒絕接受。1949 年 1 月蘇聯則與東歐諸國成立「經濟互助委員會」(Council of Mutual Economic Assistance, COMECON)，加強彼此之間的經濟交流，又可成為對抗西歐十六國組成的歐洲經濟合作組織（Organization for European Economic Cooperation, OEEC，1948 年成立）；再將東歐的經濟發展配合蘇聯的五年計劃，以及阻止其與西方世界的貿易來往。

1949 年 4 月 4 日以美國為首的西方十二國成立「北大西洋公約組織」(North Atlantic Treaty Organization, NATO)，同意若某一國遭受攻擊，則視為對締約國全體之攻擊，締約國可以行使單獨或集體自衛的權利，此係針對蘇聯而成立的機構。蘇聯立即聲明「北約」是美、英對外侵略的工具，是反對蘇聯的條約與違反《聯合國憲章》的宗旨。

史達林於 1953 年 3 月 5 日逝世，新的繼承人改採「和平共存」的外交政策。

第五節　無產階級文化

一、無產階級文學

十月革命成功後形成新的蘇維埃文化,是為無產階級服務的文化。

早在革命前一個月成立的「無產階級文化暨教育組織協會」即是工人文藝活動的組織，革命後轄屬教育人民委員部，在各省設有分會，發行《無產階級文化》、《未來》、《熔鐵火爐》等二十多種期刊，並且成立工人大學與文化宮以推廣教育。協會主張不受黨的領導、不受政府的約束；認為無產階級文化與舊的文化完全無關，甚而偏激到要把畫家拉斐爾燒成灰，燒毀所有的博物館；只接納無產階級出身所創造的文化，排除農民和知識份子。

1922 年 9 月開始，列寧與其妻克魯普斯卡亞 (Mariia Krupskaia, 1882–1950) 攻擊無產階級文化協會錯誤的文藝理論。列寧視協會主張「只要是工人創作的，就一定是無產階級藝術」為「胡說八道」；克魯普斯卡亞強調藝術作品須包含無產階級的思想，但與作者是否為無產階級無關，他們都不滿協會領導人仍有資產階級的思想成份以及不肯接受黨的領導。1923 年起協會逐漸停止活動，1932 年被迫宣佈解散。

「拉普」(RAPP) 為 1925 年 1 月成立的「俄羅斯無產階級作家協會」的簡稱，是 1920–1930 年代蘇聯最大的文學團體。拉普與 1923 年 3 月成立的「莫普」(MAPP，莫斯科無產階級作家協會)，和 1928 年 4 月以拉普為核心成立的「伏阿普」(VOAPP，全蘇無產階級作家協會) 成為蘇聯作家主要協會。

「拉普」是在新經濟政策時期產生的，各種文學思潮和理論兼容並蓄。「崗位派」(以其雜誌《在崗位上》為名，1923–1935) 於 1923 年 9 月首先對托洛茨基的文藝觀點進行論爭。托洛茨基認為無產階級不可能有自己的文學藝術；「崗位派」以布柳索夫的詩歌說明無產階級詩歌已於 1917–1922 年期間建立起來。其他的作家協會有「謝拉皮翁兄弟社」(Serapion Brotherhood, 1921–1929)、「山隘派」(The Mountain Pass, 1923–1932)、「左翼藝術陣線」(1922–1928) 等。派別林立的現象說明 1920 年代是蘇聯文學史上百家爭鳴、百花齊放的時期。

1920 年代文學作品以無產階級為描述對象，高爾基是開創無產階級文學的作家代表，蘇聯政府對他推崇有加。1907 年完成的《母親》

是高爾基最著名的作品,以他的家鄉下諾弗哥羅的工人運動為背景,描述沙皇統治之下工人過著痛苦的生活,工人保羅的母親支持並幫助兒子參與革命活動。兒子被捕後,母親親自參與革命活動,最後也被逮捕,母子均為革命而犧牲。《童年》(1913)、《人間》(1916)、《我的大學》(1923) 是高爾基自傳體的三部曲,描述工人的苦難生活但不屈從惡勢力,以及其刻苦自學與追求光明的歷程。

薩米爾欽 (Eugene Zamiatin, 1884–1937) 於 1922 年完成的長篇小說《我們》(國內譯為《反烏托邦與自由》) ❾是二十世紀三部反烏托邦小說之一,餘為赫胥黎 (Aldous Leonard Huxley, 1894–1963) 的《美麗新世界》與歐威爾 (George Orwell, 1903–1950) 的《一九八四》。《我們》預見極權統治之下摧毀個人的自由 (只留下同質性的「我們」) 與共產主義的墮落。這本小說無法公開發行,但手抄本普遍流傳。

描寫革命與無產階級仍是 1920 年代文學作品的主流,富爾曼諾夫 (Dmitri Furmanov, 1891–1926) 的《恰巴耶夫》(Chabaev, 1923) 塑造一個被革命喚醒的人民英雄的典型。綏拉菲莫維奇 (Alexander Serafimovich, 1863–1949) 的《鐵流》(1924),描寫歷盡千辛萬苦與經過革命鍛煉後人民群眾的覺醒。

新經濟政策結束後,蘇聯文壇也產生變化。黨中央認為各種文學派別論爭不已,會妨礙文藝創作的大規模發展。於是取消「拉普」、「伏阿普」等作家協會,於 1934 年 8 月成立「蘇聯作家協會」,由高爾基擔任第一屆主席,他直到 1936 年 6 月去世為止均擔任此職。此後,全蘇聯的作家只能加入「蘇聯作家協會」,開啟由黨完

❾《我們》一書於 1921 年完成,當時僅以手抄本方式流傳;1924 年出版英譯本,未引起蘇聯當局的注意;1927 年在布拉格以俄文出版後,薩米爾欽開始受到迫害。在高爾基的斡旋下,薩米爾欽與妻子於 1931 年 11 月獲准前往巴黎,1937 年 3 月死於巴黎。《我們》一書於 1988 年首次於蘇聯雜誌上發表。

全控制的文學時代。

1932 年史達林提出「社會主義的寫實主義」(Social-ist Realism) 作為蘇聯作家創作的原則,說明「在現實的革命發展中真實地、歷史具體地去描寫現實」,亦即反映社會主義現實,不過只能從正面和樂觀的態度描述社會主義建設的成果,而非全面反映現實社會。至於歷史上俄羅斯民族對抗外族的英勇事蹟,因能激發愛國意識,故受到黨的歡迎。蕭洛霍夫 (Mokhail Sholokhov, 1905–1984) 的《靜靜的頓河》❿是四部八卷的巨著。描述第一次世界大戰、革命與內戰期間農民和哥薩克人的生活,其氣勢磅礴可與托爾斯泰的《戰爭與和平》媲美。《靜靜的頓河》是社會主義的寫實主義經典之作。

在「社會主義的寫實主義」寫作原則之下,凡是違反者其作品無法出版,作家常被批評未能反映蘇聯生活,因而遭到逮捕甚而喪生。

二、掃除文盲與普及教育

列寧曾說在文盲國家裡不能建設共產主義社會。鑑於革命前俄國人民的識字率僅有 28%,識字的婦女更是只占 16%,當務之急是實行現代化教育:傳播共產主義思想,培養建設共產主義的新時代青年。舊社會的學校受到教會的控制,於是在革命成功後,蘇維埃政府於 1918 年 1 月頒佈關於教會與國家分離、學校與教會分離的法令。法令規定在學校裡禁止講授宗教教義和舉行宗教儀式,教會不得干涉學校事務。

能夠進入學校接受教育的畢竟僅限於兒童與青少年,為了使廣大的民眾識字,政府規定八至五十歲不識字的國民須接受識字教育,參與者每日工作可減少二小

❿ 蕭洛霍夫因《靜靜的頓河》獲得 1965 年諾貝爾文學獎,得獎的理由是將俄國人民的生活和歷史的過程以強烈、完美的藝術加以發揮。索忍尼辛曾指出本書的真正作者是克鈕夫,他於 1920 年因感染斑疹傷寒而去世,蕭洛霍夫剽竊其作品。

時佃工資不減；紅軍士兵則按連、營編制來進行，到
1920 年紅軍中有三千六百所專為掃除文盲的學校。掃
除文盲發展迅速，1920–1921 的兩年內，共有七百萬人
參加識字教育。到了 1936 年，文盲占 13%，雖然未全
面掃除文盲，但比起革命前夕的 72% 已是了不起的成
就。

　　內戰結束後，普設學校成為政府的重要任務。蘇聯
的中、小學教育事業在 1920 年代有了很大的發展，到
了 1928 年在校的中、小學生達到一千二百多萬人。但
義務教育❶則遲至 1930 年才開始實行，規定兒童八歲
入學，接受七年的義務教育，二年後入學兒童占九至十
一歲兒童的 98%。到了 1937 年，普及初等教育的工作
業已完成。

　　1930 年代的職業教育也有很大的發展，初期的職
業學校形式是工廠學徒學校，學制為二至四年不等，歸
相關經濟部門管理而非由教育人民委員部管轄。1935
年規定進入工廠學徒學校必須是七年制學校的畢業生，
1940 年建立二年制的技工學校和六個月的工廠培訓學
校。至此，工廠學徒學校也走進歷史。普及教育最大的
困難是缺乏師資，解決的方式有：短期是建立各種形式
的教師進修學校，包括夜校和函授學校；長期是建立中
等和高等師範學校，在 1930–1931 年短短一年內，高等
師範學校的學生人數增加了一倍，中等師範學校的學生
增加了二倍。

　　高等教育方面的發展主要目標是讓無產階級和貧
窮農民享有高等教育的權利，以及為建設社會主義培育
專業人才。1918 年 8 月人民委員會決議：「首先應該無
條件地招收無產階級和貧窮人民出身的人，並普遍地發

❶北歐與西歐諸
國在十九世紀末
二十世紀初幾乎
無文盲，即拜實行
國民義務教育之
賜。

給他們助學金」，所謂「無條件」指的是不須繳畢業證書，也不須經由考試。為了彌補工人教育程度的低落，先在大專院校成立工人系，給予工人基礎訓練以便進入大學。1920 年又成立工農速成中學，凡是年滿十六歲的工人和農民，經由黨、蘇維埃、工會等推薦便可入學，學制為三年，夜校則為四年，學生享有獎學金。到了 1930 年代下半期隨著普通教育的成長，工農速成中學開始減少。1937 年工農速成中學有 625 所、學生 196,000 人，到 1939 年分別減少到 323 所和 5,200 人。

1918 年 10 月政府廢除大學的學位和學銜。到 1920 年底，大學共有 253 所、學生 216,000 人。由於學生入學是以其家庭出身（工、農）為優先考慮，因此大學生的素質普遍低落，1936 年 6 月人民委員會規定須有完全中學畢業證書和通過入學考試才能進入大學就讀，同時又恢復大學學位和學銜制。學位分博士和副博士（碩士）；學銜是教授、副教授、助教。1940 年全蘇聯的大專院校有 817 所，大學生 811,000 人。

三、音　樂

帝俄時期的上流社會人士，其生活與劇場分不開。在 1917 年 11 月 7 日晚上，當「曙光女神」巡洋艦的砲火向冬宮發射時，冬宮對岸的「人民之家」劇院正在上演威爾第 (Giuseppe Verdi, 1813–1901) 的歌劇《唐・卡羅》(*Don Carlo*)。十月革命後，音樂不再只是上流社會的特權，蘇維埃政府於 1917 年 11 月 22 日將所有的劇院收歸國有，列寧要求音樂成為一般人民都能享受的藝術。革命初期在各劇院、工廠、工人俱樂部裡經常舉行大型音樂會，即使在內戰初期的 1918 年 9–12 月，僅聖彼得堡就舉行了一百零六場音樂會。

在新經濟政策期間，音樂享有相當自由的環境。1923 年成立的「現代音樂協會」，成員多半是革命前現代樂派的音樂家。米亞斯科夫斯基 (Nikolai Miaskovsky, 1881–1950) 是該協會的臺柱，他從 1921 年起為莫斯科音樂學院教授，是蘇聯音樂文化的奠基人之一。他的《第六號交響樂曲》(1921–1923) 受到革命運動的靈感所啟發，被稱為蘇聯時代

第一首交響曲。

現代音樂協會強調音樂就是音樂，是不能夠強加某種思想。同樣是成立於 1923 年的「俄羅斯無產階級音樂家協會」則強調音樂的無產階級性，反對所有的古典樂曲。它要求作家只用 2/4 拍子寫樂曲，認為此種進行曲節奏最適合無產階級社會。

1929 年現代音樂協會的兩份雜誌《現代音樂》和《音樂教育》遭到停刊。1932 年 4 月「蘇聯作曲家協會」成為唯一的音樂協會，次年 1 月出版《蘇聯音樂》和《音樂生活》月刊。協會章程規定音樂創作的基本原則是社會主義的寫實主義，與文學作品相同，只能表現美好的事物，因而扼殺不符合此原則的一些創作，例如普羅高菲夫 (Sergei Prokofiev, 1891–1953) 的芭蕾舞劇《石花》(1948)。

代表蘇聯新音樂的傑出人物有普羅高菲夫、哈察都亮 (Aram Khachaturina, 1903–1978)、蕭士塔高維契 (Dmitri Shostakovich, 1906–1975)。普羅高菲夫畢業於聖彼得堡音樂學院，在二月革命後立即寫出《古典交響曲》，正值臨時政府被推翻而未能演出。十月革命後的 1918 年 4 月，蘇維埃政府為普羅高菲夫舉行音樂會，由他親自指揮演出《古典交響曲》，深獲觀眾喜愛。同年 5 月他前往美國，直到 1933 年返回蘇聯定居。在美期間創作許多作品，其中《第三號鋼琴協奏曲》(1921) 作品成為二十世紀最優秀的鋼琴協奏曲之一。

回到蘇聯後的普羅高菲夫以社會主義的寫實主義為其創作原則，1932 年為電影《基傑中尉》(*Lieutenant Kije*) 配樂；1938 年又為電影《亞歷山大‧涅夫斯基》配樂。《彼得與狼》(1936) 是普羅高菲夫為兒童譜寫的交響曲，這首曲子極受小孩子的喜愛；改編自莎士比亞名劇《羅密歐與茱麗葉》(1935) 的芭蕾舞劇，和改編自童話故事的《灰姑娘》(1944) 芭蕾舞劇，都是普羅高菲夫的傑作。

哈察都亮是亞美尼亞人，畢業於莫斯科音樂學院，跟隨米亞斯科夫斯基學作曲，1935 年完成的《鋼琴協奏曲》，使他在蘇聯樂壇一舉成名。《小提琴協奏曲》(1940)、《假面舞》(1944)、《第二號交響曲》

(1943) 均是哈察都亮的傑作。其作品的特色是包含濃厚的亞美尼亞民族風格，頗能符合蘇聯政府強調各民族平等的政策。

蕭士塔高維契畢業於聖彼得堡音樂學院，畢業作品《第一號交響曲》(1924–1925) 以新穎的創作方式震驚樂壇，此時正是新經濟政策實行初期，蘇聯與西方音樂頻繁交流，西方音樂家稱蕭士塔高維契是「蘇聯當代的莫札特」。

蕭士塔高維契以開拓蘇聯社會主義的寫實主義的音樂為自負，被蘇聯尊稱為「蘇聯社會主義作曲家之父」。《第二號交響曲》(1926) 又名《十月》，作品很能反映蘇聯人民的現實生活。1936 年 1 月史達林觀賞《姆岑斯克縣的馬克白夫人》(*The Lady Macbeth of the Mesensk District*) （1934 年 1 月）歌劇後，對於其中通姦、謀殺、自殺的劇情大為不滿，認為以西方資本主義社會的頹廢內容描繪俄國人有辱國格，於是下令禁演，蕭士塔高維契本人多次遭到非難甚而解職，但是他泰然處之，繼續創作音樂。《第五號交響曲》❷ (1937) 的副標題是「一個蘇維埃藝術家對公正批評所作的回應」，首演即獲得當局和人民的熱烈迴響，被譽為「蘇聯音樂的偉大成就」，挽回其昔日名響；1940 年完成的《鋼琴五重奏曲》獲得史達林獎；《第七號交響曲》(1941)，又名《列寧格勒》，是納粹德軍入侵該城市，為了振奮民心所作的愛國樂曲。

❷ 蕭士塔高維契的《第五號交響曲》以傳統作曲方式表達：第一樂章是奏鳴曲式，終樂章採取英雄勝利歡唱的進行曲主題。其實這是他的障眼法，他說他是以人類及其痛苦遭遇為創作的中心概念，終樂章以快樂和樂觀的曲調解除前面樂章的悲劇和張力。

四、電　影

十月革命後，從事電影事業的導演、製片人、攝影師、演員大量移民國外，致使蘇維埃政府的電影事業幾

乎從頭開始，好處是能夠拋棄傳統的包袱而重新改造。1919 年 8 月人民委員會通過有關電影的法令，將電影工業實行國有化，電影成為傳播文化的媒介，不再是牟利的工具。

　　蘇維埃的電影工業以製作新聞紀錄片為開端，以其投資金額少與傳播功能為主要考慮，列寧自然成為新聞片常出現的人物。政府把電影視為教育民眾之一環，1922 年有輪船在伏爾加河穿梭，沿途靠岸放映電影，宣傳社會主義的勝利。同年成立了蘇俄第一所也是全世界第一所的「國立電影專科學校」，設有表演系、電影技術系、導演實驗工作室與動畫片實驗工作室。

　　新經濟政策實行時期，允許民營電影公司的存在；黨中央也允許不同電影風格、派別的出現，於是電影事業呈現多彩繽紛貌。維爾托夫 (Dziga Vertov, 1896–1954) 說：「我是電影眼睛」，他相信把不同地點、不同時間拍攝的鏡頭剪輯起來，就能創造出事物的新形象，「電影眼睛派」影響了世界影壇。庫列紹夫 (Lev Kuleshchov, 1899–1970) 創立了「電影模特兒派」：電影不是反映現實，而是用蒙太奇 (montage)❸手法來創造特殊的「電影現實」。演員被導演要求迅速、準確、和諧地表演各種動作。

　　愛森斯坦 (Albert Einstein, 1898–1948) 是蘇聯偉大的導演，他擅長在電影裡運用「蒙太奇」手法，在《波坦金戰艦》(1926 年 1 月) 影片中將蒙太奇運用得淋漓盡致。影片是描述 1905 年革命時波坦金戰艦水兵叛變之事，在水兵叛變的場景中，先是用緩慢的蒙太奇節奏烘托出可怕的緊張氣氛；隨著一位叛變水兵的一聲高呼，節奏瞬間轉快，水兵們痛打軍官的場面充滿動態但

❸「蒙太奇」這一名詞通常是指蘇聯電影的剪輯技巧，在電影中把內容有關的個別片段順暢地連接起來構成一個段落的剪輯方法。它能夠引導觀眾走向導演預期的方向，激起高昂的情緒反映。

沒有混亂之感。

　　1920 年代末期蘇聯的電影事業也受到社會主義的寫實主義原則影響，愛森斯坦拍攝的《十月》提及托洛茨基是領導十月革命的重要人物，因政治因素使得該片被迫禁演。1935–1937 年大整肅期間不符合社會主義現實主義原則的一百零三部電影被迫中途停拍，二十部已拍好的電影被禁演，使得導演很難自由創作。

第九章
改革與保守
(1953–1985)

沒有人能夠阻止通往真理的道路。為了推廣真理的原則，我甚至準備接受死亡。　　　　　　　　　　　　　索忍尼辛

小說是不能用理論規矩來判斷的。一切都來自我對世界的了解。

巴斯特納克

第一節　赫魯雪夫的改革

一、貶史達林運動

　　1953 年 3 月史達林去世後，蘇聯政壇出現「集體領導」，不再是一人的專制獨裁；新政府由多人執政，黨政最高負責人也不再由一人兼領。馬林科夫 (George Malenkov, 1902–1988) 任總書記八天後，隨即由赫魯雪夫 (Nikita Khrushchev, 1894–1971) 繼任（同年 9 月起改稱第一書記）❶，馬林科夫仍任部長會議主席。新政府企圖減少史達林時期恐怖的極權統治，先是在 7 月解除貝利亞 (Lavrenti Beria, 1899–1953) 的部長會議第一副

❶赫魯雪夫為表謙卑，稱自己只是排列第一名的書記，不再稱「總書記」。古羅馬的屋大維 (Octavian, 68 B.C.–A.D. 14) 掌握政權後謙稱自己是全國公民中排列第一的「第一公民」(*Princeps*, 28 B.C.)，這成為西方「君主」(prince) 名稱的來源。

主席和內政部部長的職務，並將貝利亞的罪行案件送交法院審判，到了年底宣判死刑。貝利亞真正的罪行是利用內政部企圖建立獨裁統治，而第一個檢舉貝利亞罪行的人就是赫魯雪夫。

1955 年 2 月，馬林科夫辭去部長會議主席，外交部長莫洛托夫的職權被削弱，此時的赫魯雪夫已成為集體領導中掌握最大權力者。

1956 年 2 月蘇共第二十屆代表大會由赫魯雪夫主持，會中有來自五十五個國家的共產黨、工人黨代表，他們發現會場上沒有懸掛史達林的肖像。赫魯雪夫向代表報告三項重點： 1.對外以「和平共處、和平競賽、和平過渡」為原則； 2.對內優先發展重工業和開墾荒地； 3.批判「個人崇拜」(cult of personality)，強調黨以恢復集體領導為原則。

在大會中，赫魯雪夫在未列入議程的內部會議與沒有外國代表團參加的情況下，發表了震驚世人的「祕密報告」。題名為「關於個人崇拜及其後果」的報告中抨擊史達林的罪行，主要有： 1.史達林破壞列寧制訂的集體領導原則，濫用權力，實行恐怖統治； 2.譴責史達林破

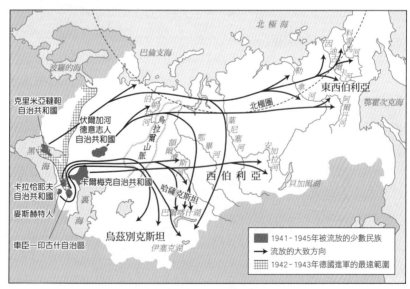

圖 68： 1940 年代史達林對少數民族的流放（一）

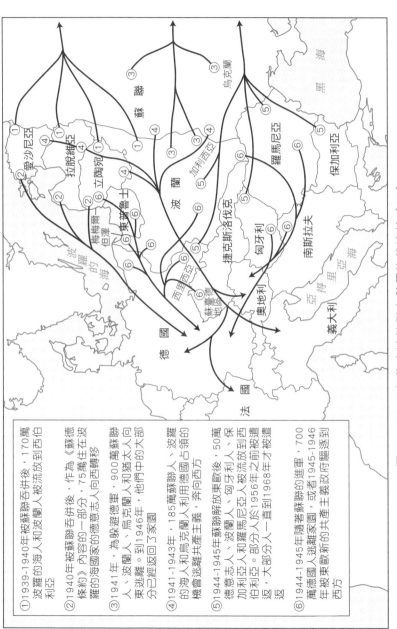

圖69：1940年代史達林對少數民族的流放（二）

①1939-1940年被蘇聯吞併後，170萬波羅的海人和波蘭人被流放到西伯利亞

②1940年被蘇聯吞併後，作為《蘇德條約》內容的一部分，75萬住在波羅的海國家的德意志人向西轉移

③1941年，為躲避德軍，900萬蘇聯人、波蘭人、烏克蘭人和猶太人向東逃離。到1946年，他們中的大部分已經返回了家園

④1941-1943年，185萬蘇聯人、波羅的海人和烏克蘭人利用德國占領的機會逃離共產主義，奔向西方

⑤1944-1945年蘇聯解放東歐後，50萬德意志人、波蘭人、匈牙利人、保加利亞人和羅馬尼亞人被流放到西伯利亞。部分人於1956年之前被遣返，大部分人一直到1968年才被遣返

⑥1944-1945年隨著蘇聯的進軍，700萬德國人逃離家園，或者1945-1946年被東歐新的共產主義政府驅逐到西方

壞革命法制，凡是與史達林不同意見的人，任意冠上「人民的敵人」罪名，致使許多維護黨路線的人們無辜遭受迫害；3.史達林已獲納粹德軍入侵的訊息，卻未採取相對應的措施，又處決紅軍領袖，削弱了軍力，結果造成蘇聯巨大的損失；4.史達林破壞蘇維埃國家的民族政策，任意將一些民族集體遷移至他處；5.史達林個人的任性、專橫、粗暴、傲慢、濫用職權等與蘇共無關。

赫魯雪夫藉貶史達林以鞏固其領導地位：摧毀史達林全能的形象，有助於削弱莫洛托夫派的保守反對勢力；將蘇共過去不當的措施由史達林一人承擔，有助於緩和人民對政府的不滿情緒；再者，貶史達林易獲得西方國家信賴，有助於赫魯雪夫推行和平外交策略。

蘇共第二十屆代表大會正式結束史達林的極權統治。此外也開啟社會主義多中心的新階段，反對世界共產主義運動以蘇聯為中心。1956年 6 月 17 日義大利共產黨總書記陶里亞蒂 (Palmilo Togliatti, 1883–1964) 提出義大利要走自己的社會主義道路，拋棄史達林建設社會主義的唯一模式，他強調蘇聯的經驗不能解決其他國家共產黨所面臨的問題，法國和西班牙共產黨亦響應。

二、經濟改革

赫魯雪夫生於俄羅斯庫爾斯克 (Kursk) 州的礦工家庭，在他擔任黨的重要職務後以此小村成立國家農場，經常推行其倡議的農業改革計劃。1950 年史達林派赫魯雪夫主持農業改革計劃，執行「農業城市」計劃，因農民反抗而不及半年即草草結束。

1953 年蘇聯的農業生產力顯示出全國有一半的人口從事農業方能養活另一半人口，牲畜的數目低於 1928 年；政府對私人土地課徵重稅。自 1933 年起對集體農場實行義務交售制，此嚴重挫傷農民生產的意願。赫魯雪夫任蘇共第一書記後致力於農業改革：降低私人向政府繳納定額的畜產品；免除市民、工人義務繳納牛奶、乳酪產品、穀物的義務；取消集體農場和私人積欠繳納實物的部份。1958 年農產品和

畜產品比起 1953 年提高了一半的產量,政府也自同年起取消集體農場向政府義務繳納農產品的制度,改以收購的方式取代。

集體農場使用的拖拉機是向拖拉機站租用,按耕地面積而不是按實際收穫量收取實物報酬。如此造成拖拉機站不關心如何增加耕地產量,赫魯雪夫稱這種農業生產制度是「一塊土地上有兩個主人」。為了增加農產量,自 1958 年 4 月起把拖拉機廉價轉賣給集體農場,拖拉機站改為修理服務站。全國原有近八千個拖拉機站,到了 1959 年 1 月只剩下三百四十五個,到年底只剩下三十四個。

赫魯雪夫最大膽的農業改革莫過於「墾荒運動」,這是在哈薩克共和國、西伯利亞西部、烏拉區、伏爾加河流域、北高加索部份等半乾旱地區的「處女地」實行墾殖,為的是增加耕地面積以解決糧食短缺的問題。到 1956 年底新增加的耕地面積相當於加拿大耕地的總面積(約三千四百萬公頃),約有三十萬人永久遷移至哈薩克,另有數十萬人短暫性的移民。處女地以種植小麥、玉米為主,1958 年全蘇的小麥產量將近 70% 產自處女地;1954–1958 年間政府自處女地收購的糧食已超越烏克蘭而躍居第一位。

農業改革自 1958 年起出現危機,源於該年快速推行拖拉機轉賣給集體農場,迫使貧窮的集體農場因購買拖拉機而破產。墾荒運動因未考慮氣候條件,處女地地區五年中只有二年適合小麥的生長;大規模的墾荒破壞了生態平衡,沃土被風刮走,各河流下游河床的淤積泥沙多,一些水庫因積泥致使儲水量減少 85%。1960 年 3 至 4 月間的「黑風暴」,使受災的耕地面積達四百萬公頃。1963 年有二千萬公頃受黑風暴侵襲,迫使蘇聯開始向美國和加拿大進口數百萬噸糧食,同年在倫敦的黃金市場拋售五百噸的黃金換取硬貨幣以支付糧價。蘇聯的自然條件並不適合種植玉米,傳統上農民是以種植三葉草、牧場草等成本低的多年生植物當飼料。1960 年代初有「玉蜀黍」綽號之稱的赫魯雪夫因玉米種植失敗而成為政治笑柄,隨著他下臺,「玉米熱」也跟著收場。

工業方面的改革,主要是將管理權過份集中的現象下放給地方企

業，使各加盟共和國在管理和經營方面有較多的主動權。1956 年以後國民經濟的許多部門，如食品工業、肉品和奶製品、紡織品、魚製品、造紙業等都劃歸加盟共和國管轄。如此使各共和國的工業在全蘇工業產值中所占的比重從 1953 年的 31% 上升到 1957 年的 64%。

原先各企業不管經營好壞都能獲得貸款，到了 1954 年 8 月政府開始對經營不善的企業採行有條件的貸款。為了刺激工人工作的意願，在工資方面改為計時工資制或集體計件工資制，此外也縮小高低工資之間的差距，更於 1957 年起實行週休二日。

在 1953-1963 年之間，蘇聯國民所得增加了一‧三倍；政府大力推行社會福利，如 1956 年實行新的養老金辦法，民眾享有免費醫療、獎學金、免費學習的福利，興建大量國民住宅；民生消費品大幅增加，以 1963 年和 1953 年相比：衣服增加二‧七倍、皮鞋為二‧三倍、電視機為十七‧六倍、洗衣機為六百零四倍、冰箱為十六倍、腳踏車為一‧六倍。以上是赫魯雪夫在 1964 年 7 月向最高蘇維埃提出的報告，但是三個月後即被反對人士推翻下臺。

三、赫魯雪夫下臺

1964 年 10 月 15 日赫魯雪夫以健康理由辭去第一書記、蘇共中央主席團委員和蘇聯部長會議主席的職務。蘇共中央委員會列舉赫魯雪夫的罪狀主要有：把權力集中在自己的手裡，蔑視主席團的意見；把成就都歸為己，自我吹噓；成立工業黨委和農業黨委，造成管理混亂，助長兩黨制的形成；任用親戚（女婿）干涉外交行政，引起高級幹部不滿；外交上一連串的失策如古巴危機、柏林危機，以及中蘇衝突加劇。赫魯雪夫得知中央全會反對他，很爽快地同意辭職。他告訴最高蘇維埃主席米高揚 (Anastas Mikoian, 1895-1978)：「既然他們不想要我，就這樣算了。我不會反抗的……我們能向史達林說：我們不想要他，並建議他辭職嗎？那我們會死無葬身之地的。現在恐懼感消失了，談話可以在平等基礎上進行，這是我的功績。」

　　下臺後的赫魯雪夫保有在莫斯科市郊的別墅和市區的住宅，有一筆養老金、一輛汽車、被撤換過的警衛和服務人員。1971 年 9 月 11 日赫魯雪夫因心臟病去世，安葬在莫斯科新少女修道院；一年後多了一座大理石墓碑，兩旁各為黑、白色，中央上方是赫魯雪夫的頭像，黑白分明說明了他的性格。

　　政權順利地移轉且對退位者不曾壓迫，顯示蘇聯政府真正脫離史達林主義的恐怖陰霾。主席團成為一個平等的團體，集體的力量超過領袖個人。

第二節　布里茲涅夫的停滯

一、布里茲涅夫前期的改革

　　布里茲涅夫 (Leonid Il'ich Brezhnev, 1906–1982) 為出生於烏克蘭的俄羅斯人，父母皆為工人，獲冶金工程學位。他在二十五歲時加入共產黨，於第二次世界大戰時任少將，戰後離開軍職，受到赫魯雪夫的提拔，出任札波羅什州的黨領袖，之後進入烏克蘭政治局。1957 年 6 月任中央全會主席團委員；1960 年 5 月任蘇聯最高蘇維埃主席團主席。1964 年 10 月起任蘇共中央第一書記，直到 1982 年 11 月逝世為止。

　　鑑於赫魯雪夫大幅度且欠周詳的改革，布里茲涅夫甫上臺即調整行政組織，1964 年 11 月恢復統一的黨組織，重新設立統一的州、邊疆區黨委員會。次年 3 月批評赫魯雪夫有關推廣種植玉米與牧草輪作制的錯誤，1966 年起正式推行「新經濟體制」。

　　由部長會議主席柯錫金 (Aleksei Kosygin, 1904–1980) 主導的新經濟體制，是李伯曼 (Evsei Liberman, 1897–1983) 教授擬訂的計劃。李伯曼曾於 1924–1925 年留學德國，研究資本主義企業管理制度。他提出以利潤為核心的國營企業管理方案，減少政府使用行政方法和增加經

濟方法以管理企業，亦即擴大企業自主權，以獲利多少來評價和獎勵企業，使企業與員工得以分享利潤。

新經濟體制突破了蘇聯 1930 年代以來形成的舊經濟模式，實行初期成效良好，國民收入、工業和農業總產值均增加。但是新經濟體制並未根本改變傳統體制，市場經濟仍受到排斥，企業自主權雖擴大仍受到多方面的掣肘。政治方面的改革幅度不大。1966 年蘇共中央主席團改名為中央政治局；恢復中央總書記之名稱；取消中央俄羅斯聯邦局，此為避免機構疊床架屋以便提高工作效率。

1961 年蘇共第二十二屆代表大會規定黨每屆例行選舉時，黨的各層級委員至少更換 1/4 或 1/3 甚而高達一半，結果造成黨組織的不穩定性，1966 年的第二十三屆代表大會刪除此項規定，致使黨的領導體制趨於停滯和老化。布里茲涅夫曾長期任最高蘇維埃主席團主席職務，深知蘇維埃（政府機構，非黨的機構）無法發揮功能，乃於 1968 年起頒佈一系列法令明確蘇維埃職能，擴大蘇維埃職權，但是成效有限。

二、布里茲涅夫後期的停滯

1971 年 6 月在莫斯科大學舉行的討論會上，保守者批評新經濟體制有明顯的市場社會主義傾向，決定以後不再使用「改革」一詞，只強調「不斷完善」。進入 1970 年代，經濟改革處於停滯狀況，對新經濟體制僅作些微調整；經濟增長率除第八個五年計劃 (1966–1970) 外，之後的三個五年計劃 (1971–1975, 1976–1980, 1982) 呈下降狀況；仍把傳統重工業產品的產量作為超越西方國家的策略，然而同時期的西方國家已發展新興產業，如半導體技術、生命科學的研發。

布里茲涅夫對於農業的重視甚過於工業，上臺後立即鼓勵發展個人副業，指出個人副業不是資本主義的殘餘，而是公有經濟的延伸。到了 1977 年私有土地生產全蘇 27% 的農產品、34% 的畜產品以及半數的蔬菜和馬鈴薯。此外，政府改採「固定收購，超售獎勵」的制度，提高收購價格，對集體農場的員工參照國營農場的工資給付辦法，實

行月工資制度以滿足員工的現金需求。

蘇聯的農業向來是採行粗耕方式，隨著人口成長的緩慢，布里茲涅夫推行農業集約化的發展方針；增加農業投資，加強農業機械化❷、電氣化、水利化、土壤改良等。

政治方面也顯示停滯局面，主要表現在各級幹部嚴重老化。由於取消幹部定期更換的規定，一般而言各級幹部是「鞠躬盡瘁，死而後已」。1965 年起恢復部門管理經濟的原則，到 1980 年代初蘇聯部長會議轄屬六十四個部、二十多個國家委員會，僅是正副部長級幹部就多達 800 多人❸。在權力方面由集體領導漸趨向集中，個人專斷現象日益增強。1970 年代中期以後，新經濟體制的暫時成果增強布里茲涅夫的威望和領導地位的鞏固，於是大肆宣揚其成就，掩飾種種失誤和缺點，也開始任用親人，如以其女婿任內政部第一副部長。

三、1977 年憲法

1977 年 10 月 7 日蘇聯通過新憲法，這是蘇聯的第四部憲法，亦稱為《布里茲涅夫憲法》。

早在 1967 年 11 月 7 日布里茲涅夫即在國慶大會上宣稱蘇聯已建立「發達的社會主義社會」，1977 年憲法的序言中正式宣告：「在蘇聯，業已建立成一『發達之社會主義社會』，這是一個全面展開共產主義建設的時期。」實則為未能進入共產主義社會的說詞。

在發達的社會主義社會中，經濟方面要提高勞動生產率，推行新經濟體制，以奠立共產主義的物質基礎。在社會方面，不再有敵對的階級鬥爭，工人、農民和知識份子在思想上趨於一致，整個社會趨向「單一的社

❷蘇聯農民耕種的面積比美國多 70%，但是使用的拖拉機和卡車只有美國的 1/3，收割機只有美國的 3/5。

❸以黑色冶金工業部為例：有部長一人、第一副部長三人、副部長十五人，正副部長共計十九人。

會」。在政治方面，社會發展的動力不再是階級鬥爭，而是階級合作；無產階級專政國家已蛻變為「社會主義的全民國家」，共產黨成為全體人民的先鋒隊。在民族關係方面，蘇聯各民族具有不分民族的「統一經濟體」和沒有民族界線的「新文化」，產生人類社會新興之歷史共同體「蘇維埃人」。

新憲法要求蘇聯人民依照馬克思主義思想的指引，並賦予蘇聯共產黨為蘇維埃社會領導的力量，是政治制度、國家與社會組織的核心，共產黨更是決定蘇聯社會發展，以及對內和對外政策的制訂者。在對外政策方面，強調執行和平政策，鞏固世界社會主義地位；防止侵略戰爭，達成全面與徹底裁軍，貫徹實現不同社會制度國家之和平共處原則，並禁止在蘇聯境內宣傳戰爭。

綜觀 1977 年憲法，與 1936 年《史達林憲法》相比變化不大，共產黨統治的權力和對共產主義的堅持仍是牢不可破的力量。實行了六十年的社會主義制度，蘇聯仍停留在社會主義階段，新憲法的序言提及社會主義全民國家的任務是：創造共產主義物質基礎，完善社會主義社會關係並使其轉變為共產主義社會關係，培養共產主義社會人，其最高目標為建立不分階級之共產主義社會。

四、安德洛波夫與契爾年科的短暫統治

布里茲涅夫於 1982 年 11 月 10 日病逝，12 日安德洛波夫 (Iuri Andropov, 1918–1984)❹獲選為總書記並兼任國防會議主席，至 1983 年 6 月又當選為蘇聯最高蘇維埃主席團主席。這次接班與之前不同，沒有經過漫長的權力鬥爭。

❹安德洛波夫生於史塔夫羅波爾 (Stavropol) 邊區的鐵路職員家庭，1957 年起任外交部長。1967 年任 KGB 主席，善於壓抑異議份子的活動，但同時也改善 KGB 的形象。

　　布里茲涅夫統治後期，在軍事方面為了維持其龐大帝國，國防預算占每年國民生產毛額 (GNP) 的 12–15%。政府忽視消費品的生產，人民的儲蓄爆增（1975 年為910 億盧布，1980 年為 1,566 億盧布），造成黑市的交易額約占 GNP 的 25%，但仍未解決供需的差距。通貨膨脹、失業問題、預算赤字均顯示出經濟活力衰退，人民又缺乏民主政治的生活。

　　安德洛波夫上臺後就批評現有體制的缺點，指出蘇聯正處在發達社會主義漫長歷史階段的「起點」而非「建成」；其任務不是直接向共產主義過渡，而是完善發達的社會主義。在經濟方面推行農業集體承包制，承包組織擁有決定生產業務的自主權，1983 年又推行家庭承包制以提高生產量；擴大企業經營的自主權，將超過定額的剩餘全部歸該企業所有。政治方面則整頓紀律、整肅黨風和反貪污之查緝。

　　安德洛波夫在位僅十五個月，因此各項改革未見成果。1984 年 2 月 13 日契爾年科 (Konstantin Chernenko, 1911–1985)❺以七十三歲高齡繼任總書記。他強調執行安德洛波夫的改革政策，加強經濟的集約化也加速科技進步的改革，以適應世界科技革命的新發展。

　　契爾年科執政僅十三個月，他年老多病，與布里茲涅夫晚年以及安德洛波夫執政時同樣是很少出現在公共場合。契爾年科上臺後，基本上奉行安德洛波夫制定的改革策略，但是高層領袖大多是七十歲以上的老人，這種老化的領導集團顯示改革的步伐緩慢，無法配合西方世界迅速的進步。

❺契爾年科生於西伯利亞的克拉斯諾雅爾斯克 (Krasnoiarsk) 邊區的貧窮農家。他長期受到布里茲涅夫的提拔，自稱工作勤勉，對黨忠誠，服務共黨的五十年期間未曾有開創性的企劃，被史家梅德維傑夫譏為純係共產黨機構的產物。

第三節　和平共存的外交政策

一、「三和」策略

赫魯雪夫在 1956 年 2 月蘇共第二十屆代表大會作的總結報告中，分析了國際局勢的變化，闡述蘇聯對外政策「和平共存」(Peaceful Co-existence) 的原則。赫魯雪夫承認資本主義和社會主義無法調解，但是能夠避免戰爭，可以「和平共處」。兩個不同的社會制度經過「和平競賽」將可以證明哪個社會制度優越，此表現在經濟和文化方面的發展以及對經濟不發達國家的援助，主要是以和平競賽而非以軍事衝突來解決。對於社會主義國家過渡（到共產主義社會）的形式，赫魯雪夫提出「和平過渡」的看法，承認無產階級可以不通過暴力革命的方式取得政權，共產黨在資本主義國家中可經由和平的、議會的方式獲得政權，同年 4 月解散「共產黨情報局」以落實其外交政策。

和平共存的外交策略是以經濟取代軍事作戰，希望以經濟建設的成果超越西方國家。1959 年 9 月赫魯雪夫在華盛頓接受記者訪問時說到「資本主義將被埋葬，共產主義將成長起來」。和平外交的提出，也是為了配合核子武器和彈道飛彈發明以後的新局勢：核子戰爭將不是一方勝利和另一方失敗的結局，而是整個世界的毀滅。

1959 年 9 月赫魯雪夫成為蘇聯第一位訪問美國的最高統治者，在宴會上說明：「冷戰的冰塊已經不只是有了裂縫，而且已經開始破碎了。」然而在 1960 年 5 月美國 U-2 偵察機侵入蘇聯領空，被蘇聯擊落。美國承認該飛機係搜集情報而侵入蘇聯領空，艾森豪 (Dwight Eisenhower, 1890–1969) 總統允諾在他任內（1961 年 1 月結束）停止這種飛行但不願作更多的承諾，於是蘇聯取消四國（美、蘇、英、法）領袖會議，以及艾森豪訪蘇計劃，美蘇關係又趨於緊張。

1961 年 8 月 13 日柏林圍牆於一夜之間建立起來，以後西德人民

進出東德須辦理簽證。自從 1949 年 10 月 7 日東德（德意志民主共和國）政府成立以來到圍牆建立，東德有二百六十萬人（全東德有一千六百萬人口）逃往西德（德意志聯邦共和國，1949 年 9 月 20 日成立），其中一百五十萬人是從西柏林逃出的，大多是年輕人與科技人員。為了阻止大量人口移往西德，以及避免西方人士任意在東柏林搜集情報，或散播對東德不利之思想，在赫魯雪夫授意之下，建立起蘇聯稱之為「和平之牆」的圍牆。美國對此事低調處理，不願引爆戰爭，但恢復核子試爆與核子武器的軍備競賽；蘇聯則不再堅持 1961 年底前締結對德和約與其他要求，暫時化解一場危機。

「古巴危機」的化解亦是赫魯雪夫實行和平共存外交的表現。由卡斯楚 (Fidel Castro, 1926–) 領導的古巴革命於 1959 年 1 月 1 日建立起西半球第一個社會主義國家，接受蘇聯的經濟和軍事援助。1962 年 10 月美國 U-2 偵察機發現蘇聯在古巴建立導彈基地，甘迺迪 (John Kennedy, 1917–1963) 總統決定封鎖古巴，不允許蘇聯將核子武器運往古巴。美國的強硬態度迫使蘇聯退卻，10 月 26 日赫魯雪夫寫信給甘迺迪，保證不再把導彈運入古巴領土；要求美國也保證決不入侵古巴，並撤除在土耳其的飛彈作為交換條件。1963 年 8 月蘇、美、英簽訂「核子禁試條約」，美蘇關係趨於緩和。

二、「中」、蘇共的分裂

1950 年代初是「中」蘇共的蜜月期。1953 年中華人民共和國開始實行第一個五年計劃，蘇聯幫助「中國」興建和改建 156 個大型工業；「中國」在外交方面完全支持蘇聯，但是對於 1956 年赫魯雪夫的貶史達林運動，中共並不完全贊同。

蘇共於 1957 年 11 月 14 至 16 日召開有十二國社會主義國家參與的共產黨和工人黨代表的會議，通過了「1957 年莫斯科宣言」；緊接著在 11 月 16 至 19 日又舉行六十四國共產黨和工人黨的代表會議，通過了「和平宣言」。中國共產黨由毛澤東率領之下參與大會，對於蘇共

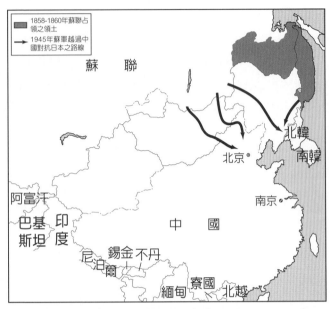

圖 70：中俄關係圖 (1860–1945)

只提和平過渡，不提非和平過渡深感不滿。毛澤東原本冀望這次訪蘇能獲得大量的經濟和技術援助，在金援落空後，毛澤東於 1958 年實行「大躍進」，以土法煉鋼；1959 年又實行「人民公社」。這些激烈的左傾政策，遭到蘇聯的諷刺和批評。

1959 年 6 月 20 日蘇聯撕毀與中國於 1957 年簽訂的「國防新技術協定」，不再提供原子彈的樣品和技術資料；7 月，撤離在中國境內一千三百多名蘇聯技術專家，同時撕毀數百個協定與合約。蘇共與中共分別在報章發表攻擊對方的評論，展開論戰。

1961 年 10 月蘇共在第二十二屆代表大會上正式譴責阿爾巴尼亞，同年 12 月宣佈斷絕外交關係。此後蘇共藉攻擊阿爾巴尼亞而間接攻擊中共，中共則藉攻擊南斯拉夫共產黨而間接攻擊蘇共。1962 年 4 至 5 月間「中國」指責蘇聯在新疆的伊犁地區從事顛覆活動，誘惑數萬名回民移入蘇聯境內，蘇聯拒絕「中國」提出遣返的要求。

　　赫魯雪夫同意美國提出對「古巴危機」的化解被毛澤東譏諷為懦弱的表現，謂美國是「紙老虎」不足以畏懼。中共不畏懼核子戰爭，仗恃其眾多人口的優勢，相信能在戰後廢墟中重建。中共對於蘇共提出「全民國家」、「全民黨」、「取消無產階級專政」、「取消無產階級政黨」亦不贊成，認為會喪失社會主義革命的成果，導致資本主義的重現。對蘇共提出透過議會政治的和平過渡方式，中共指責這會鬆懈無產階級革命意志，主張武力鬥爭的必要性。

　　1963–1964 年期間中、蘇共各自發表文章公開指責對方，造成中、蘇共正式分裂，宣告社會主義陣營的分裂。

三、布里茲涅夫主義

　　布里茲涅夫統治蘇聯時期，在外交方面延續「和平共存」政策。在「越戰」問題方面，蘇聯僅提供物資援助越南人民共和國（北越），但不作進一步的介入，以免與美國直接衝突。

　　由於蘇聯政策的調整和中、蘇共關係的惡化，影響東歐各國亦趨向獨立發展。1968 年 3 月捷克斯洛伐克 (Czechoslovakia) ❻ 改革派的杜布切克 (Alexander Dubcek, 1921–) 接任捷共第一書記，總統也換成改革派的史沃博達 (Ludrik Svoboda)，改組後的捷共於同年 4 月 9 日頒佈「行動綱領」，開始進行被稱為「布拉格之春」的一連串改革。改革的主要內容是保障人民集會、言論、遷徙、出版的權利；限制警察的權力；擴大企業自主權，反對分配主義；與西方世界互動等。

　　「行動綱領」無非表明捷克斯洛伐克能夠獨立處理

❻ 捷克斯洛伐克於第一次世界大戰後（1919 年）脫離奧匈帝國而獨立；1948 年共產黨統治該國並成為蘇聯的附庸。該國是由捷克和斯洛伐克組成的聯邦，1990 年聯邦政府實行激進的經濟改革（私有化）導致雙方分歧（捷克人支持激進改革，斯洛伐克人主張溫和改革），加上斯洛伐克領土僅占聯邦 38%、人口占 33%，在經濟、文化方面長期感受被忽略，終於在 1993 年 1 月 1 日正式分裂為兩個獨立國家。

❼「華沙公約」成立於 1955 年 5 月 14 日，有蘇聯、波蘭、東德、羅馬尼亞、保加利亞、阿爾巴尼亞、捷克斯洛伐克七國加入。此係蘇聯為了對抗西德於 1955 年 5 月 5 日加入「北約」而成立的。

國內外事務，欲擺脫蘇聯的控制，尋找一條適合本國的社會主義道路。綱領頒佈後，蘇聯立即表達高度關切，在報上批評捷克斯洛伐克的改革運動。5 月 29 日，蘇聯軍隊以參加「華沙公約」(Warsaw Pact)❼組織在捷克境內的作戰演習為藉口進入捷克斯洛伐克，演習之後軍隊滯留不走。

6 月 27 日以捷克作家為主的知識份子聯署發表「二千字宣言」，聲明拒絕外來干涉，引起蘇聯的不安。7 月 11 日《真理報》將布拉格之春比喻為反革命勢力，且將在捷克斯洛伐克境內蔓延。7 月 14 至 15 日蘇、波、匈、保、東德聯合聲明：「反對派……已將貴國推離社會主義之道，有破壞整個社會主義體制的隱憂。……這不再只是你們的事務……而是我們諸國的共同事務。」捷克斯洛伐克不顧蘇聯的反對，仍然繼續實行改革。蘇聯勸說無效之後，動員「華沙公約」軍隊出兵，8 月 20 日凌晨二時以空降部隊占領布拉格機場，同時約五十萬名軍隊駕著坦克車開進捷克斯洛伐克境內，一天之內即完成軍事占領。杜布切克被迫與蘇聯於 26 日達成協議，結束了「布拉格之春」。

在大軍入侵捷克斯洛伐克前，蘇聯發表一系列宣言，提出「有限主權論」、「社會主義大家庭論」、「大國特殊責任論」等理論，這些通稱為「布里茲涅夫主義」。9 月 26 日《真理報》刊登題名為〈社會主義國家的主權與國際職責〉之文，說到：「每個共產黨不僅應對其人民負責，也應對所有社會主義國家及整個共產黨運動負責。……目前駐在捷克斯洛伐克境內的聯軍並未干涉該國的內政，他們是為捷克斯洛伐克人民自決原則而戰鬥。」

「布里茲涅夫主義」是蘇聯為其武力干涉共黨國家所作的辯護，蘇聯雖然制止了捷克斯洛伐克的改革運動，提升其在東歐共黨國家的威望，但也對自己造成極大的傷害。中共藉機指責有限主權論是蘇共帝國主義、霸權主義和新殖民主義的表現，中共除加強邊界防衛外，亦積極改善與美國的關係以制衡蘇聯。南斯拉夫、羅馬尼亞、阿爾巴尼亞則增加對蘇聯的離心力。西歐與義大利、法國共產黨亦提出強烈不滿，其與蘇共有關共產主義的爭論自此公開化，不願接受蘇共的領導。以美國為主的「北約」則因蘇聯干涉他國的赤裸裸行動而更加團結。

四、1979 年入侵阿富汗

阿富汗 (Afghanistan) 位於中亞西南部，與蘇聯的塔吉克、烏茲別克、土庫曼三個共和國為鄰。1973 年 7 月阿富汗總理達烏德 (Mohammed Daoud) 發動軍事政變，推翻巴拉克宰王朝 (Barakzai Dynasty, 1826–1973)，自任「阿富汗共和國」總理，達烏德上臺後不再一面倒向蘇聯，而是與美國展開友善關係，引起蘇聯不滿。1978 年 4 月在蘇聯支持下，阿富汗的陸軍軍官和人民民主黨推翻達烏德政權，改由塔拉基 (Nur Mohammed Taraki) 領導。

塔拉基上臺後將國名改為「阿富汗民主共和國」，他處決反對派人士、在各部落推行社會主義、破壞阿富汗傳統文化和宗教，人民對他極為不滿。1979 年 9 月，阿敏 (H. Amin) 發動軍事政變，殺死塔拉基，自任總書記與總理。蘇聯認為阿敏政權不能實現其在阿富汗的目的，於 1979 年 12 月 27 日派遣十多萬軍隊入侵阿富汗，占領首都喀布爾 (Kabul) 後處死阿敏（罪名是美國 CIA 特務與陰謀摧毀阿富汗社會主義），另扶植卡爾馬爾 (Babrak Karmal) 為總書記和總理。

蘇軍入侵阿富汗後，遭到世界上大多數國家的強烈譴責。美國在蘇軍入侵的隔天提出抗議，卡特 (Jimmy Carter, 1924–) 總統打「熱線」給布里茲涅夫，要求退兵，蘇聯以受到阿富汗的邀請，須等待情勢穩

定與外來干涉（指美國）消除後才肯退兵。1980 年 1 月 4 日聯合國通過「要求外國軍隊立即無條件和全部撤出阿富汗」的決議，蘇聯不予理會。美國以禁運穀物至蘇聯、抵制 1980 年在莫斯科舉行的奧運會作為抗議；西歐的「共同市場」不再援助糧食給阿富汗；「中國」、伊朗指責蘇聯干涉弱小國家的內政；阿拉伯國家中只有敘利亞、南葉門支持蘇聯。

　　蘇聯入侵阿富汗無法像 1968 年入侵捷克斯洛伐克以「主權有限論」來辯護，因為阿富汗不屬於社會主義大家庭，不足以構成破壞整個社會主義體制的隱憂。蘇聯進軍阿富汗，正如同美國捲入越戰一樣，耗費鉅大財力，產生極大的負面影響。

第四節　文化：從解凍到凍結

一、文學：從「解凍」到「凍結」

　　蘇聯小說家愛倫堡 (Il'ia Ehrenburg, 1891–1967) 於 1954 年出版名為《解凍》(Ottepel', The Thaw) 的長篇小說，寫 1953 年冬至 1954 年春生活的轉變。先是描述史達林時代的種種故事，使人感到肅殺冰凍的寒意，及至史達林逝世後，乍見冰雪融化、春暖花開的現象。這部小說反映這個時代的特色，因此後人將史達林逝世後的這五、六年期間，稱之為「解凍時代」。

　　《解凍》違反「社會主義的寫實主義」的寫作原則。小說裡眾多人物中沒有一個是好的典範人物，他們在日常生活中看見的壞事多、好事少；壞事被認為是習以為常的慣例，好事則屬例外。《解凍》發表後立即在文壇上引起激烈爭論，毀譽參半。愛倫堡指出：「一個正在發展和日益鞏固的社會絕不怕真實的描寫，……偉大的藝術向來是充滿熱情的。」「解凍」文學要求表現人性和人道主義，允許揭發社會的黑暗面。1954 年 12 月蘇聯作家協會第二屆代表大會，刪除 1934 年第一

屆代表大會通過的「藝術描寫的真實性和歷史具體性，必須與社會主義精神從思想上改造和教育勞動人民的任務結合起來」一語。

此次大會也反對之前的「無衝突論」。「無衝突論」源自 1941 年 1 月作家巴甫連科 (Paul Pavlenko, 1899–1951) 指出蘇聯文學中存在著「無衝突」的傾向：「衝突」消失了，不存在反面的、有害的和有罪的東西。「無衝突論」使得文學作品不再去表現生活的黑暗面和衝突點，刻意迴避現實的缺點與困難，只表現生活中美好、歌舞昇平的事物。

潘諾娃 (Vila Panova, 1905–1973) 的長篇小說《一年四季》(1952) 和涅克拉索夫 (V. Nekrasov, 1911–1987) 的中篇小說《在故鄉城市裡》(1954)，在取材方面寫的都是日常生活司空見慣的事。前者寫兩個共黨幹部家庭的悲劇，後者寫一位普通的職員在回鄉後遇到一連串的麻煩，將蘇聯社會真實面不加粉飾地呈現給讀者，作家本身不加以批判，讓讀者自己去體會。

巴斯特納克 (Boris Pasternak, 1890–1960) 寫的《齊瓦哥醫生》(*Doctor Zhivago*)❽於 1955 年完成，遭蘇聯雜誌《新世界》拒絕，卻在 1957 年 11 月以義大利文在米蘭出版，其後一年內出現了十五種文字的譯本，包括荷蘭出版的俄文版。1958 年 10 月巴斯特納克獲得諾貝爾文學獎，遭到蘇聯當局強烈抨擊，蘇聯作家協會取消其會籍，一些作家建議取消其國籍。在強大壓力下，他被迫拒絕接受獎金並公開認錯。

《齊瓦哥醫生》主要是探討如何看待十月革命的問題。主角齊瓦哥軍醫在四十年的人生旅程中歷經 1905 年革命、第一次世界大戰、二月革命、十月革命、內戰、

❽《齊瓦哥醫生》一書直到 1988 年 10 月才被允許在蘇聯《十月》雜誌上刊登。

新經濟政策、農業集體化等重大歷史事件。齊瓦哥原是憧憬革命的青年，蘇維埃政府建立後被迫舉家離開莫斯科移至烏拉區，不久遭紅軍游擊隊綁架，在西伯利亞輾轉漂泊之後妻離子散，隻身逃回莫斯科。最後貧病交迫，因心臟病發作倒斃街頭。齊瓦哥的不幸影射人民對革命失去信心，因此蘇聯當局指責巴斯特納克「對蘇聯人民、對社會主義、和平與進步事業的背叛」。

索忍尼辛 (Alexander Solzhenitsyn, 1918–2008) 寫的《伊凡・丹尼爾索維奇的一天》❾卻在赫魯雪夫的授意下，刊登於 1962 年 11 月號的《新世界》雜誌。這部小說描述史達林時期在勞改營裡囚犯的一天生活，伊凡象徵蘇聯人民為追求自由和人性尊嚴而不屈不撓的奮鬥精神。

1966 年起，索忍尼辛的著作被政府當局列為禁書，1970 年初他甚而被蘇聯作家協會開除會籍，這表示布里茲涅夫的統治不容許暴露社會黑暗面。同年 10 月索忍尼辛以《伊凡・丹尼爾索維奇的一天》獲諾貝爾文學獎，與巴斯特納克的命運相同，索忍尼辛害怕出國領獎後無法返國，不敢前往領獎。

1973 年 12 月《古拉格群島》(*The Gulag Archipelago*, 1918–1956) 首冊在巴黎出版，次年即出現各種文字的譯本。這本描述囚犯在勞改營的故事，將人類的醜惡面描述得淋漓盡致，小說裡提及「在有限人手中擁有無限的權力，永遠會成為殘酷」。1974 年 2 月蘇聯以叛國罪逮捕索忍尼辛，次日被強押飛往西德的飛機上，不久到美定居，開始其流亡生活。索忍尼辛在流亡期間繼續批判蘇聯，並指責西方道德勇氣的淪喪，又抨擊自由世界濫用新聞自由，忽視社會責任。

❾國內的譯本以《悲愴的靈魂》為書名。作者索忍尼辛曾於民國 71 年 10 月 16～26 日自美國來臺北訪問。他於 23 日的演講中提到：「凡是逃離共產黨的人民是多麼繁榮，而陷入共產黨統治下的人民卻有千百萬人慘死……中共不能容忍的是你們（臺灣）經濟和社會的優勢……在共產黨的意識型態裡，是不容許有任何自由島嶼存在的……。」

二、繪　畫

受到赫魯雪夫朝向改革的新政治局勢，蘇聯的繪畫有了新氣象。自 1960 年代以來打破了「社會主義的寫實主義」的束縛，出現「嚴肅風格」、「裝飾風格」、「古典風格」、「照相寫實風格」的作品。這些風格的改變，以油畫最具有代表性。這些繪畫風格是在 1960–1980 年代共同存在，並非單一在某個時期占主導地位。

「嚴肅風格」出現於 1960 年代初期至中期，特色是描繪生活中艱苦和困難面，選擇的題材多為戰爭時代人民遭受苦難和他們的奉獻精神。科爾熱夫 (Geliy Korzhev, 1925–) 是開先鋒者，其〈國際歌〉、〈舉起紅旗〉、〈荷馬‧工人畫室〉三幅畫是代表作。

「裝飾風格」流行於 1960 年代後期，是對「嚴肅風格」的反駁，要求比較輕鬆、活潑、明朗的氣氛，選材為日常生活和自然風景。雅博隆斯卡亞 (Tat'yana Yablonskaia, 1917–) 的〈年輕的母親〉、〈紙花〉，阿伯杜拉耶夫 (M. Abdulaev) 的〈一九四一年六月〉、克雷切夫 (I. Kly-

圖 71: 紙花 (1967)　雅博隆斯卡亞繪，為「烏克蘭主題組畫」之一，展現蘊藏在人民生活和心靈中具有永恆價值的東西。

chev) 的〈織壁毯女工〉等均是代表作。

　　「古典風格」流行於 1970–1980 年代。「古典」指東正教聖像畫的傳統繪畫，也指文藝復興時代的古典繪畫。代表作有基里洛娃 (Kirillo-va, 1927–) 的〈自畫像〉、蘇彼 (O. Subbi) 的〈夏〉、庫加奇 (Kugach) 的〈主婦〉和〈雷雨將臨〉。

　　「照相寫實風格」是受到西方照相寫實主義的影響而產生的畫派，盛行於 1970–1980 年代，特色是如同照相般的冷漠感，不表現人物內在的激情。蘇聯的照相寫實風格與西方不同點在於其強調畫家自己對繪畫內容的評價。日林斯基 (D. Zhilinskii) 是代表性人物，他的〈蘇聯體操運動員〉、〈黃花〉（兒子的肖像）是代表作。

第十章
戈巴契夫的改革
(1985-1991)

要創造一個新的社會，這個新社會既不是資本主義的複本，也
不是原來那種社會主義改善的翻版。　　　　　　戈巴契夫

從我們的歷史經驗中，我們可以斬釘截鐵地說：共產主義的模
式在蘇聯的實驗是失敗了。　　　　　　　　　　戈巴契夫

我認為共產主義在蘇聯國土上實驗了七十多年，證明是一場人
民的悲劇。　　　　　　　　　　　　　　　　　　葉爾欽

第一節　「開放」中的蘇聯政治

一、執政前的戈巴契夫

契爾年科於 1985 年 3 月 10 日病逝，次日由年僅 54 歲的戈巴契夫
(Mikhail Gorbachev, 1931–) 繼任總書記，為蘇聯的改革注入新的活力。
戈巴契夫出生於北高加索的史塔夫羅波爾邊區一個小村莊的農家，這
是個富庶的產糧區。父親為拖拉機站的機械作業員，祖母與母親均為
東正教徒，戈巴契夫小時候受洗過。十四歲時加入共青團，1955 年畢
業於莫斯科大學法律系，在畢業前（蘇聯的大學係五年制）的最後一

年，與同校哲學系的蕾莎 (Maksimovna Gorbachev Raisa, 1932–1999) 結婚。

畢業後的戈巴契夫與妻子返鄉，成為史塔夫羅波爾市的第一書記。蕾莎在該市的農學院任教哲學課程，並繼續攻讀博士學位，而戈巴契夫也成為這所農學院的函授部學生。蕾莎於 1967 年以〈集體農場農民生活新特徵之發展：依據史塔夫羅波爾區進行的社會調查〉論文獲得莫斯科師範學院哲學系副博士學位。他們育有一女伊琳娜 (Irina Gorbachev, 1957–)，她與夫婿均是醫生。

1978 年 11 月戈巴契夫因其在史塔夫羅波爾農業方面的優異政績，被提升為農業部長，蕾莎轉至莫斯科大學任副教授（直至 1985 年才辭去教職）。1980 年戈巴契夫即成為政治局委員，年僅四十九歲。戈巴契夫與安德洛波夫同鄉，安德洛波夫在位居要職時常返鄉療養，戈巴契夫以地主身份迎接並加以款待，深獲好評。

安德洛波夫執政時，支持時任政治局委員的戈巴契夫提出的建議：解除中央集權和允許地方擁有較多的自主權以刺激經濟成長。在安德洛波夫病重時，戈巴契夫成為他在政治局會議上的代言人。1984 年 2 月契爾年科繼任總書記，戈巴契夫暫時受挫，其創新的改革主張與契爾年科的保守立場形成強烈的對比。

二、「開放」與政治改革

戈巴契夫善於推銷自己，經常接近民眾並透過報紙、電視媒體播出，其充滿朝氣與誠懇的態度贏得民眾的支持。戈巴契夫與美麗大方的蕾莎以及女兒常出現在公眾場合，一掃過去蘇聯「第一夫人」隱祕的面紗，「第一家庭」的風采更是西方媒體爭相報導的對象❶。

為了推動經濟改革或「重建」(Perestroika)，戈巴契夫大幅度的「公開」(Glasnost) 以前被隱瞞的事實，欲建立「自由」和「民主」的社會。戈巴契夫率先實踐，在 1986 年 12 月 16 日親自打電話給被迫遷居在高爾基市的人權鬥士沙哈洛夫 (Andrei Sakhanov, 1922–1989)❷夫婦，邀

請他們返回莫斯科居住。之後，沙哈洛夫不但恢復參與科學研究的工作權利，且被允許參與政治活動。戈巴契夫不斷釋放政治犯，平反之前受冤的著名人物，包含已過世的布哈林。「公開性」也表現在 1986 年 4 月發生烏克蘭的車諾比爾 (Chernobyl) 核電廠爆炸，周圍一千平方公里地區遭到輻射污染，戈巴契夫一反蘇聯政府報喜不報憂的態度，將真相告訴民眾。

　　1986 年 2 月蘇共召開第二十七屆代表大會，會中決議加速經濟、政治體制的改革，卻因許多黨幹部觀念保守，阻礙了改革的進行。1987 年 1 月戈巴契夫在中央全會痛陳布里茲涅夫時期存在的各種問題，說明實行改革的必要性和急迫性，目的是使蘇聯社會主義具有最現

圖 72：戈巴契夫家庭照　妻子蕾莎、女兒伊琳娜以及二位外孫女。

❶1984 年戈巴契夫以政治局委員的身份與蕾莎一起訪問倫敦，打破蘇聯高層領導夫人不出現在公眾場所的傳統作風。英國人發現蕾莎是位崇尚時髦、風度翩翩的女士。1985 年戈巴契夫以蘇聯總書記身份首次出訪西方國家的法國，蕾莎亦陪同。在觀賞印象派繪畫時，她顯露非凡的藝術鑑賞力，令法國人對蘇聯的刻板印象為之改變。蕾莎與戈巴契夫曾於 1994 年 3 月訪問臺北。

❷沙哈洛夫畢業於莫斯科大學物理系，二十二歲即成為蘇聯科學院的研究員，三十二歲成為院士。他被尊稱為蘇聯「氫彈之父」。在赫魯雪夫時期，因反對核

子試爆引起當局不滿。1968 年自行出版《論進步思想：和平共存和知識份子的自由》，因此被放逐至高爾基市，被取消科學研究工作的權利。1975 年沙哈洛夫獲得諾貝爾和平獎，但無法親自前往領獎。1986 年底獲准返回莫斯科。1989 年 5 月當選為「人民代表大會」的代表，同年 12 月 14 日病逝，政府為其舉行隆重的葬禮，葬於莫斯科名人墓園中。

代化的社會組織形式，並且能顯示社會主義制度的「人道主義」性質，強調民主化和公開性對推動改革具有關鍵性的意義。大會提議各加盟共和國黨中央各級幹部一律由大會以無記名投票方式產生，這反映戈巴契夫的改革是以政治改革為經濟改革開闢道路。

1987 年 11 月戈巴契夫出版《改革與新思維》(國內譯為《大翻修：蘇俄的未來》）一書，闡述蘇聯改革的起源、本質、內容、目的與前景，提出「社會全面民主化」是蘇聯現有政治體制改革的綱領；提到多元化，允許民眾的言論多樣化，主張毫無限制的公開性；最後指出蘇聯對外政策的「新思維」——消除人類在核子戰爭中被毀滅的威脅，這有待美國和蘇聯的努力。

1988 年 10 月 1 日戈巴契夫取代退休的葛羅米科 (Andrei Gromyko, 1909–1989)，自任蘇聯最高蘇維埃主席團主席，戈巴契夫身兼黨、政兩個最高職務。縱然如此，僵化的黨政機構使得改革難以推展。1989 年 3 月通過差額選舉和無記名投票選出了二千二百五十名人民代表 (各地區、民族選區和社會團體各選七百五十名代表)，其組成的人民代表大會成為蘇聯最高權力機構。5 月 25 日召開第一屆大會，選出戈巴契夫為其常設機構蘇聯最高蘇維埃的主席。由人民選出的蘇聯最高統治者，戈巴契夫相信更能有效推行改革運動。1990 年 3 月 15 日第三屆人民代表大會選戈巴契夫為蘇聯第一任總統，他認為實行總統制有助於克服權力的無組織性和分散性。

在推行民主化和公開性的重建過程中，原先沉寂數十載的社會問題也一一浮出檯面：諸如罷工風潮湧起，1989 年 7 月 10 日西伯利亞的克麥羅沃 (Kemerovo) 州

有一萬二千名礦工舉行罷工，抗議商品短缺，罷工很快波及西伯利亞、烏克蘭和哈薩克等地，參加人數達五十萬人左右。此外，民眾動輒集會遊行，造成巨大的經濟損失和嚴重的政治後果。

1988 年起未經政府核准的非正式組織如「民主聯盟」、「民主俄羅斯運動」、「莫斯科人民陣線」等紛紛成立，到 1989 年已有六萬多個，至 1990 年 8 月增至九萬個。增加的原因泰半是 1990 年 2 月蘇共中央全會決定放棄蘇共在全國各方面的領導作用；3 月起並允許多黨制的存在，同時修改憲法予以保障。蘇共的反對派利用群眾的不滿攻擊蘇共，以擴大自己在社會團體中的影響力。蘇共的聲望跌至谷底，在人民代表、蘇維埃代表的選舉中，共產黨員難以當選。以致失去對聯盟和地方的控制權，地方主義者大獲勝利。

1990 年 5 月 29 日葉爾欽 (Boris Yel'tsin, 1931–2007) 當選俄羅斯聯邦人民代表大會最高蘇維埃主席後，隨即宣佈俄羅斯聯邦法高於蘇聯憲法，使得蘇共失去蘇聯最大加盟共和國的領導權。隨後，蘇共也在喬治亞、亞美尼亞、摩爾達維亞三個加盟共和國失去執政的地位。加上之前已由反共勢力占優勢的愛沙尼亞、拉脫維亞、立陶宛三個加盟共和國，以及一些大城市如基輔、莫斯科、列寧格勒等也不再由蘇共統治。

葉爾欽在當選俄羅斯最高蘇維埃主席後，立即與蘇聯十二個加盟共和國（愛沙尼亞、拉脫維亞、立陶宛除外）簽署經濟合作協議。各共和國已不再對其他共和國提供商品且自設關卡；中央的行政命令也無法下達各共和國，可以說各共和國將聯盟中央架空，使它變成一個虛有其表的空殼子。至此，戈巴契夫的政治改革未見其利，卻使共產黨失去統治的地位，蘇聯政府也失去統合全國的聯繫力，成立七十多年的「蘇聯」已搖搖欲墜，面臨最大的危機。

第二節　「重建」中的蘇聯經濟

一、蘇聯經濟體制的弊端

　　蘇聯的經濟體制是史達林建立起來的，他建立的社會主義經濟模式使得蘇聯具有超強的國防力量，全世界只有美國可與之媲美；其迅速工業化的成果足以傲視全球。蘇聯傾全力優先發展重工業，忽略輕工業、犧牲農業，致使人民生活得不到相應的提高，加上政治上的極權統治，人民不願積極參與建設。由於高度的中央集權，無法發揮地方和企業的積極態度，地方和各企業只是消極地完成上級交代下來的產量要求；利潤全歸國庫、虧損則由國家補貼，盈虧都與生產的勞動者無關；生產與銷售又分屬不同企業，於是如何降低生產成本和製造更好的產品、如何推銷自己的產品都與己無關。

　　史達林首創單獨在蘇聯一個國家建設社會主義，第二次世界大戰後又將這種模式推展到其他的共產國家，長期與自由世界的經濟體制脫節。但是蘇聯自 1970 年代以來向西方世界大量採買糧食，成為世界最大糧食進口國，在與自由世界市場接觸後，破壞原本穩定的經濟體制。同時，西方各國在第三產業的發展（例如資訊業、服務業）也使得蘇聯失去國際競爭力。主因是蘇聯長期以來把整個國家經濟劃分為物質生產部門和非物質生產部門兩大類,造成只追求工業和農業產值,忽略了第三產業的發展。

　　在高度集中的經濟管理下，蘇聯經濟的成長主要是靠資金、天然資源和勞動力的大量投入換來的，造成高消耗低效益的情況，如此只適合粗放式的生產。蘇聯因為天然資源豐富，人口也相對的多，1940 年代將近有兩億人口，但是人口自然增加率自 1970 年代以後只降不升，優勢不再。蘇聯經濟的年平均增長率在第一個五年計劃達到19.3%,以後各個五年計劃都呈現下降。進入 1980 年代後，蘇聯已經失去速度方

面的優勢，其 GNP 在世界上所占的比重呈現下降趨勢：1920 年為11.4%，1985 年為 10.2%。

二、荊天棘地的經濟改革

戈巴契夫就職一年後制定「蘇聯 1986 年至 1990 年和 2000 年經濟和社會發展基本方針」，指出必須對蘇聯經濟體制進行根本的改革。過去高度集中的經濟管理方式阻礙生產力的發展；粗放型的經濟也不再適合，必須改變成集約式才能符合當時的客觀環境。

1986 年開始改革後直到 1989 年為止，經濟改革並沒有達到預期的效果，反而造成經濟結構失調。綜觀這一時期的改革，仍未跳開舊的經濟體制。例如推行經濟定額政策，改採各企業 60% 的利潤上繳國庫，但在具體實行的過程中，經營好的企業須上繳 80–90% 的利潤，經營差的企業上繳比例甚而低於 60%，或者根本不上繳。這種方式仍舊無法使生產者積極生產，經營不善的企業也不願想辦法解決問題。

戈巴契夫上臺前七年的農業連續歉收，蘇聯的農業問題比工業問題更嚴重，但是初期的改革只重視工業方面，1986–1989 年農業投資額占國家經濟投資總額中的比例從過去的 20% 下降到 16.9%。農業生產形勢更加惡化，造成蘇聯的食品短缺 1/3。直到 1989 年 3 月戈巴契夫才確定根本改變以農業經濟關係為主的新農業政策。工業方面仍然強調優先發展重工業，延緩了經濟結構的調整，仍然只能按照已形成的粗放式經濟發展。

起初，蘇聯人民受到「民主化」、「公開性」的鼓舞，對於經濟改革頗有興趣，但是實施兩年後，發現困難重重，改革不但不能達到預期的目的，反而觸發了蘇聯社會的種種問題。戈巴契夫認為主要是現行的政治體制阻礙經濟改革，於是從 1988 年 6 月起將改革的重點從經濟轉到政治。政治體制的改革使得人民不再受壓抑，可以表達與官方不同的意見，允許人民結社，以至於反對派的力量越來越大。1990 年初出現了經濟負成長的情形，為了挽回頹敗的經濟，各方人馬紛紛提

出改革方案卻互不相讓，使得經濟改革夾雜著政治派系的鬥爭。

在中央政府權威漸失的情況下，原本就存在的地下經濟更是加速發展和擴大。據估計從事地下經濟的人數占全國就業總人數的 1/5 以上，營業額相當於 GNP 的 10%，此加深了經濟中的混亂現象。

1988 年 6 月政治體制改革後，蘇聯的政局由穩定進入混亂的狀況，舊的經濟體制又已瓦解，從中央到地方的經濟管理體制遭到破壞。各共和國各自為政，破壞了原本十五個共和國在生產和分配關係一體化的狀況。在外貿方面，蘇聯與東歐共產國家一直維持良好的經貿關係，對蘇聯的經濟有實質上的利益。然而從 1989 年以來東歐發生巨大變動，首先是波蘭統一工人黨同意實行政治多元化和工會多元化，6 月份的大選由「團結工會」獲勝，執政的統一工人黨慘敗。之後的匈牙利、東德、捷克、保加利亞、羅馬尼亞政局也發生巨大的變動，使得蘇聯與東歐無法再維持傳統上經貿良好關係，此對蘇聯的經濟傷害極大，特別是在商品的供應上造成極大的損失。外債又大幅度增加，1989 年蘇聯外債達五百六十億美元，1990 年增加到七百億美元。失業人口也大幅度增加，1990 年達到二千二百萬人。戈巴契夫的經濟改革，面臨荊天棘地的窘境。

葉爾欽偏向激烈的經濟改革，不願在俄羅斯聯邦實行戈巴契夫提出的溫和改革，蘇聯沒有最大的俄羅斯聯邦的支持，經濟改革根本無法推動。1990 年 7 月葉爾欽和院士沙塔林 (Shatalin) 提出「五百天計劃」（又名沙塔林計劃），那是個全面轉向市場經濟、實行私有制的計劃，二個月後單獨在俄羅斯聯邦實行。1991 年 4 月在面臨經濟即將崩潰的危險情況下，戈巴契夫提出「反危機綱領」，但成果有限。7 月初又提出由哈佛大學經濟學教授參與擬定的「哈佛計劃」，這個計劃預計到了 1997 年底將蘇聯納入世界經濟和貿易體系，希望西方能支援蘇聯瀕臨崩潰的經濟。7 月 15 日，戈巴契夫親自前往在倫敦召開的「七國高峰會議」❸，七國領袖提出對蘇聯技術援助的計劃，但不願提供任何金援。戈巴契夫空手返國，又被國人譏笑為乞丐。

惡劣的經濟狀況嚴重打擊蘇聯的安定，正如蘇聯人民代表與曾任政治局委員的利加喬夫 (Yegor Ligachev, 1920–) 在 1990 年 10 月 5 日說蘇聯的局勢相當複雜，而所有複雜情況都集中在經濟方面。表現在經濟聯繫開始遭到破壞、消費市場嚴重混亂，因而存在著巨大的社會爆炸的危險。

第三節　「開放」中的民族問題

一、蘇聯民族政策的失誤

蘇聯是由俄羅斯聯邦、烏克蘭、白俄羅斯、愛沙尼亞、拉脫維亞、立陶宛、摩爾達維亞、喬治亞、亞塞拜然、亞美尼亞、哈薩克、烏茲別克、塔吉克、土庫曼、吉爾吉斯等十五個蘇維埃社會主義共和國組成的聯盟。蘇聯是一個主權國家，而各共和國名義上也是主權國家，形成了雙重主權的怪現象。史達林採行極權統治，各共和國在政治、經濟和文化建設等各方面只能按照聯盟中央的命令實行，造成聯盟和各共和國之間利益的衝突，削弱了各共和國和中央之間的凝聚力。

各共和國的國名，是以該國多數民族名稱作為國名，因此，違反那一個共和國的利益，也就是違反那一國的民族利益。在各共和國邊界問題上，聯盟是以行政命令強行解決各共和國邊界分歧的問題。1921 年史達林決定將有 76% 亞美尼亞民族居住的納戈爾諾‧卡拉巴赫 (Nagorno-Karabakh) 自治州劃歸亞塞拜然，從 1960 年代起這兩個共和國一直為該區的歸屬發生爭執，造成重大的人員傷亡和財產損失。

❸「七國高峰會議」源自 1975 年成立的「六大工業國組織」，包含英、美、法、德、義、日等國，次年加拿大加入，易名為「七大工業國組織」(G7)，每年舉行一次由國家元首或政府首腦參與的高峰會議 (G 7 Summit)，蘇聯解體後，俄羅斯於 1997 年成為會員國，於是更名為 G8。2014 年 3 月俄羅斯因兼併烏克蘭的克里米亞自治共和國，立即被七個創始國暫時凍結會籍。

史達林自 1928 年起強制實行農業集體化，造成 1932-1933 年大饑荒，烏克蘭、白俄羅斯、高加索等地區有數百萬人餓死。此外，史達林採取大批流放農民和鎮壓富農的措施，更加深各民族對中央的不滿。1940 年強迫愛沙尼亞、拉脫維亞、立陶宛加入蘇聯，並將二十多萬不可靠的當地人民遷往西伯利亞等地區。1941-1944 年又藉口某些少數民族中有少數人「背叛祖國並與德國法西斯合作」，強制把克里米亞韃靼人、日耳曼人、卡爾梅克人 (Kalmyks) 等十一個少數民族大約五百萬人趕出家園，遷往中亞和西伯利亞地區。1948 年懷疑國內「猶太人反法西斯委員會」與國際猶太人反動組織有聯繫，下令禁止猶太人在政府機構、科學研究機構任職，並關閉許多猶太人的學校、劇院和報社。

繼任的赫魯雪夫和布里茲涅夫都支持史達林的民族政策，以 1959 年 8 月拉脫維亞共和國為例，有些領導幹部堅持共和國有獨立自主發展和管理經濟的權力，結果遭到被解除職務的命運；1968 年 4 月烏茲別克的克里米亞韃靼人舉行大規模集會，要求返回家園和恢復民族自治的權利，結果有三百多人被捕。

俄羅斯聯邦在十五個共和國中不論是面積、人口、天然資源方面都占了絕對的優勢，居於中央領導的地位，蘇聯實行的是「大俄羅斯化」政策。蘇聯強制推廣俄語並作為蘇聯的官方語言，規定非俄羅斯民族必須學習俄語，從 1930 年代起規定俄語為各加盟共和國學校的必修課，歧視非俄羅斯民族語言。長期以來，蘇聯領導人極力歌頌沙皇俄國的歷史，宣揚俄羅斯民族的偉大成就，賦予俄羅斯聯邦在蘇聯的中心地位。

蘇聯長期在各共和國之間實行有計劃的移民政策，鼓勵各民族自由遷徙，造成各共和國都是多民族組成的，導致各共和國主要民族對新移民的歧視而產生一些衝突。在史達林、赫魯雪夫、布里茲涅夫執政時期對民族獨立的行動採取高壓或武力鎮壓，表面上是制止了民族分離活動。

二、改革促使各共和國獨立

在民主化、公開性的開導下，蘇聯境內各民族潛伏的不滿情緒紛紛暴露，首先從波羅的海地區開始。1988 年 10 月 1 日愛沙尼亞人民陣線舉行成立大會，表面上支持戈巴契夫的改革，還獲得戈巴契夫派人轉達他的祝賀，實際上這是民族獨立組織，最終目的是要脫離蘇聯而獨立。此後拉脫維亞、立陶宛、烏克蘭、白俄羅斯、摩爾達維亞也先後成立以民族主義為主要特徵的人民陣線組織。

1990 年 3 月立陶宛第一次經由選舉產生新的「最高蘇維埃」，這是蘇聯第一個非共產黨控制的立法機構。新議會通過更改國名、國旗，並宣佈獨立。同年 3 月 30 日、5 月 4 日，愛沙尼亞、拉脫維亞亦分別通過獨立宣言。

有了波羅的海三個共和國宣佈獨立的前例，亞美尼亞在 1990 年 8 月 23 日、摩爾達維亞在 1991 年 2 月 19 日、喬治亞在 1991 年 4 月 9

圖 73: 愛沙尼亞萬人大合唱　位於首都塔林，每年舉行萬人大合唱。

日也宣佈獨立。到了年底，其餘八個加盟共和國分別通過「主權國家宣言」，致使聯盟中央的一切法令和政策無法實施。

一直居於中央地位的俄羅斯聯邦也於 6 月 12 日公佈「主權國家宣言」（以後成為俄羅斯的獨立日與國慶日）而脫離聯盟，此因俄羅斯「民主派」人士倡議俄羅斯吃虧的理論，他們強調全面擺脫各共和國對俄羅斯的依賴，才能全力發展和振興俄羅斯。在「八一九」事件之後，俄羅斯聯邦的領導人取代了蘇聯領導人的權力和地位，戈巴契夫就在葉爾欽逐漸加強其勢力下，宣佈辭去蘇聯總統職務。

第四節 「八一九政變」與蘇聯的解體

一、建立新聯盟

為了阻止各共和國脫離蘇聯，戈巴契夫意識到在舊體制內無法解決危機，必須重新制訂聯盟條約。他在 1990 年 6 月 12 日首次提出以「社會主義主權國家聯盟」取代「蘇維埃社會主義共和國聯盟」的構想（兩者簡寫都是 USSR），強調新聯盟是由主權國家組成，各聯盟成員在政治、經濟和國際關係方面享有充份的國家主權。

12 月 17 日第四屆蘇聯人民代表大會討論新聯盟條約草案，表決後以壓倒性決議保留「蘇維埃社會主義共和國聯盟」國名，並決定在 1991 年 3 月 17 日舉行公民投票以確定是否保留聯盟。全民公投引起愛沙尼亞、拉脫維亞、立陶宛、亞美尼亞、喬治亞、摩爾達維亞的抵制，聲稱蘇聯議會決定的公民投票在該共和國境內不具有法律效力。

3 月 17 日的公民投票有 80% 的公民參與，其中 76.4% 的公民贊成保留聯盟，並決定短期內簽署新聯盟條約。然而聯盟的危機仍然存在，為了促成新聯盟條約的簽署，戈巴契夫在 4 月 23 日與九個加盟共和國（俄羅斯聯邦、烏克蘭、白俄羅斯、亞塞拜然、哈薩克、烏茲別克、塔吉克、吉爾吉斯、土庫曼）領導人發表「關於穩定國內局勢和

克服危機刻不容緩的聯合聲明」，達成共識。

俄羅斯聯邦總統葉爾欽全力支持 7 月 12 日蘇聯最高蘇維埃通過的新聯盟條約草案，理由是俄羅斯聯邦的主權宣言獲得新聯盟的認同，將不受中央政府的控制。8 月 14 日公佈了「蘇維埃主權共和國聯盟條約」的正式文本，新聯盟大幅縮小聯盟的權力，擴大各共和國的權力；強調各共和國均為主權國家，各國擁有決定涉及本國發展的權利，也有與外國建立外交關係與設領事館的權利。聯盟設總統，由公民直選，有最高的行政命令權力，是聯盟三軍總司令，對外代表聯盟。

新聯盟條約預計在 8 月 20 日正式簽署，此後將以此為基礎，重新制定新憲法，並重新建立聯盟中央機構。

二、八一九政變

戈巴契夫安排好「蘇維埃主權共和國聯盟條約」簽署的工作後，前往克里米亞別墅渡假，預計 8 月 19 日返回克里姆林宮簽署。就在他渡假的前一天，政治局委員雅科夫列夫 (Yakovlev) 退黨後聲明：「黨的

圖 74: 1991 年 8 月 19 日，葉爾欽登上一輛坦克車，呼籲軍隊和人民反擊政變。

領導正脫離黨內民主派，正在為進行社會報復以及黨和國家的政變作準備」，他預言 11 月召開的黨大會將解除戈巴契夫的總書記職務。隔日 (8 月 16 日) 蘇聯軍報《紅星報》呼籲軍隊和黨員加強團結以保衛祖國，並要求用所有的行動重申列寧關於捍衛社會主義祖國的思想。

8 月 18 日 16 時 50 分由保守派人士組成的「國家緊急狀態委員會」派人前往克里米亞與渡假中的戈巴契夫會面，要求他下令「國家緊急狀態委員會」❹為合法機構，將總統權力交給副總統，或者辭職，這些全遭戈巴契夫拒絕，於是軟禁戈巴契夫，切斷所有電訊。

8 月 19 日 (星期一) 清晨 6 時 5 分，副總統亞納耶夫 (Gennadii Yanaev, 1937–) 透過廣播電臺，向全國宣佈戈巴契夫由於健康因素無法履行總統職務，依據憲法規定，總統權力全部移交給副總統，由八人組成的「國家緊急狀態委員會」執行六個月的國家緊急狀態事務。9 時，坦克車開進莫斯科市區，占領廣播電臺和報社，委員會宣佈未經其批准的報社不准再發行報紙。

葉爾欽立即在俄羅斯聯邦國會大廈 (俗稱白宮) 成立「抵抗指揮部」，於 11 時 46 分舉行記者會，聲明國家緊急狀態委員會的非法性，要求蘇聯人民代表大會號召全國總罷工。下午 1 時，民眾紛紛支持葉爾欽，在大廈的街道上設置路障；聖彼得堡的宮殿廣場 (Palace Square) 也聚集大批民眾支持葉爾欽。葉爾欽透過設在大廈內的電臺展開宣傳攻勢。

政變的第二天，美國總統布希 (George Bush, 1924–) 公開打電話支持葉爾欽，並表示政變將會失敗。21 日上午數萬名莫斯科人民守住通往大廈的重要道路，以免大廈被攻擊；下午 2 時綿延五公里長的坦克車

❹國家緊急狀態委員會的八名成員除了副總統亞納耶夫外，有國防會議第一副主席巴克拉諾夫 (Oleg Baklanov)、總理帕夫洛夫 (Valentin Pavlov)、國安會主席克留奇科夫 (Kriuchkov)、內政部長普戈 (Boris Pugo, 1937–)、國防部長亞佐夫 (Dmitrii Yazov, 1923–)、蘇聯農民聯盟主席史塔羅杜布采夫 (V. Strodubtsev)、蘇聯國營企業和工業、建築、運輸、郵電設施聯合委員會會長季尼亞科夫 (A. Tizyakov)。

和運輸車隊開出莫斯科市，解除了國會大廈的危機。俄羅斯國會派代表接戈巴契夫返回莫斯科，結束共計六十小時的政變活動。

政變產生的主要原因是即將產生的新聯盟條約將蘇聯國名改為「蘇維埃主權共和國聯盟」，實質上放棄了社會主義；各共和國只要上繳 10% 的稅給中央即可，破壞了蘇聯作為一個有生命力的經濟整體，加上各共和國完全享有主權，大大地削弱蘇聯中央的權力。

政變在短短六十小時後宣告失敗，除了葉爾欽果敢領導與民眾的奮勇抵制之外，緊急狀態委員會內部分裂，缺少果敢決斷的領導人，加上準備不周而無法成功。委員會並未完全封鎖傳播媒體與電訊，致使葉爾欽能夠透過電臺呼籲人民抵抗，外國記者仍然在莫斯科繼續自由報導。委員會也未迅速逮捕反對派人士，促使葉爾欽成為反對派的領導人物。至於軍隊和 KGB 也存在混亂和分歧，19 日凌晨開進莫斯科的坦克部隊抵達目的地後，不知道要做些什麼，而許多軍官或者拒絕服從命令，或者在執行命令時猶豫不決，致使命令無效。或許可以說人民經過六年來的「開放」和「重建」新思維的滋養，在這次抵制政變中勇敢地表現出自己的看法。

三、蘇聯的解體

八一九政變失敗後戈巴契夫重返政壇，卻發現沒有施展權力的空間，此因葉爾欽在抵制政變期間及其後數天內，簽署一系列反政變法令，主要是取消蘇聯中央的權力，其中大部份違反憲法的規定。在政變發生後，葉爾欽立即宣佈自己全權控制駐紮在俄羅斯聯邦領土上的軍；8 月 20 日將位於俄羅斯境內的所有蘇聯機構都劃歸俄羅斯政府管轄，實際上蘇聯中央所有的黨、政機構都位於莫斯科，此意味著俄羅斯總統和俄羅斯政府接管了蘇聯中央的所有機構。

8 月 22 日俄羅斯最高蘇維埃會議宣稱葉爾欽是「蘇聯英雄」，使葉爾欽的聲望又大幅提升。同一天，葉爾欽宣佈蘇聯軍隊中的共產黨組織是非法的，又暫停蘇共報紙《真理報》、《蘇維埃俄羅斯報》、《莫

圖 75：葉爾欽與戈巴契夫（1991 年 9 月 13
日）　八一九政變後，葉爾欽在國會對戈巴契
夫咄咄逼人的態度。

斯科真理報》的發行。23 日查封蘇共中央大樓，降下紅
旗，換上帝俄時期的白藍紅三色旗。23 日下午戈巴契夫
簽署一項法令，承認葉爾欽在政變期間所簽署的一切法
令。24 日戈巴契夫宣佈辭去蘇共總書記職務，要求蘇共
中央委員會自行解散，各共和國的共產黨和地方共產黨
組織可以決定自己的命運。25 日葉爾欽下令，蘇共和俄
共的全部動產和不動產均歸俄羅斯政府所有。

　　八一九政變促成一些共和國趁局勢混亂之際紛紛
宣佈獨立❺，唯獨俄羅斯沒有宣佈獨立。8 月 24 日俄羅
斯承認愛沙尼亞和拉脫維亞獨立，9 月 5 日新成立跨共
和國的蘇聯國務委員會於次日承認愛沙尼亞、拉脫維亞
和立陶宛獨立，並表示支持三國申請加入聯合國。

　　12 月 8 日俄羅斯、烏克蘭、白俄羅斯三國總統在明
斯克聚會，宣佈蘇聯不再存在，並且宣佈成立「獨立國
協」(Commonwealth of Independent States)。到了 12 月
21 日哈薩克、亞美尼亞、亞塞拜然、摩爾達維亞、烏茲
別克、塔吉克、吉爾吉斯、土庫曼也加入「獨立國協」，

❺愛沙尼亞（8 月
20 日）、拉脫維亞
（8 月 22 日）、烏
克 蘭（8 月 24
日）、白俄羅斯（8
月 25 日）、摩爾達
維 亞（8 月 27
日）、亞塞拜然（8
月 30 日）、烏茲別
克和吉爾吉斯（8
月 31 日）、塔吉克
（9 月 9 日）、亞美
尼 亞（9 月 23
日）、土庫曼（10
月 27 日）、哈薩克
（12 月 16 日）等
先後宣佈獨立。

共同在阿拉木圖簽署建立獨立國協的協議書,所有簽字國均為創始國,宣佈隨著獨立國協的成立, 蘇維埃社會主義共和國聯盟將停止存在。葉爾欽聲明獨立國協中沒有戈巴契夫的位置。然而「獨立國協」並不具備一般國家的特徵,從法律上來講, 也不具備相對應的組織結構,它沒有憲法、沒有中央政府、在國際法中也沒有任何地位,可以說「獨立國協」是各個獨立國家之間十分鬆散的聯盟, 它們僅在有關共同利益的事務上進行合作。

12 月 24 日葉爾欽取消蘇聯外交部,以俄羅斯取代蘇聯在聯合國的會員國和安全理事會常任理事國的地位。12 月 25 日晚間 7 時, 戈巴契夫在電視上發表演說,宣佈辭去蘇聯總統職務,同時也辭去蘇聯軍隊最高統帥的職務,並把啟動核子武器的鑰匙移交給葉爾欽。晚上 7 時 38 分,克里姆林宮上的鐮刀鎚子國旗降下,表示結束了蘇維埃社會主義共和國聯盟。12 月 26 日,蘇聯最高蘇維埃舉行最後一次會議,代表們宣佈蘇聯停止存在。至此,成立僅有六十九年的蘇聯正式走入歷史。

戈巴契夫的改革最終導致蘇聯解體,促成近半世紀冷戰的終結,但是僅八一九政變並不能導致蘇聯解體, 蘇聯政府長期累積的弊端,加上戈巴契夫進行六年來的改革,激勵了蘇聯的民族主義和民主革命,正是這些摧毀了蘇聯的舊體制, 促使它倒塌。戈巴契夫的確要為蘇聯的解體負責,然而他也值得世人讚響,至少在民主方面的成果是不可抹滅的, 他使蘇聯人民開始享有民主,也使各民族恢復自己的選擇權利。正如雷根總統的回憶錄《我的生涯》(1990 年 11 月 3 日由法國《費加洛》雜誌發表) 稱讚「戈巴契夫是第一個不贊成蘇聯實行擴張主義,第一個同意銷毀核子武器, 第一個提出實行市場經濟、支持公開選舉和言論自由的蘇聯領導人。……他引進初步的民主、個人自由和自由企業是明智的」。

歷史上,帝國的終結通常是戰爭或巨大的國際變動下引起的,但是戈巴契夫以最小的流血代價徹底摧毀了舊體制。戈巴契夫提出的「重

建」與「新思維」為冷戰劃上了休止符，也在東西德統一的過程中扮演了決定性角色。

　　蘇聯解體後，國際上重要領袖對戈巴契夫的評價有：雷根：戈巴契夫將永垂青史；柯爾（德國總理）：沒有戈巴契夫，就不能解決東西方的衝突，也不可能有數年來空前的裁軍和限武的成就；梅傑（英國首相）：世界上很少有人能夠改變歷史的發展，但是戈巴契夫做到了。蘇聯現在無疑是走向民主的國家，這是他留給後人最大的財富；密特朗（法國總統）：戈巴契夫是本世紀最傑出的歷史人物之一，他準備和組織了自由降臨在他的國家，（造成）冷戰的結束和裁軍；宮澤（日本首相）：戈巴契夫的功績將留在本世紀的歷史上，他將受到很高的評價，我對此表示深深的敬意。

Russia

第 V 篇
俄羅斯聯邦
(1991–1999)

　　蘇聯解體後，十五個加盟共和國各自獨立，其中俄羅斯聯邦取代前蘇聯在聯合國安全理事會常任理事國的地位，俄羅斯聯邦也是前蘇聯面積最大、人口最多、民族也最多的一個國家。脫離蘇聯的俄羅斯聯邦，實際上文化遺產承繼著前蘇聯的一切，可說是剪不斷、理還亂。獨立後初期的俄羅斯一直由葉爾欽統治，本篇即敘述葉爾欽總統統治俄羅斯近九年期間 (1991–1999) 的概況。雖然短短的不到十年，卻是俄羅斯歷史上的「大變局」，是歷史上的轉捩點。大變局表現在政治上從極權體制邁向民主體制，出現總統制的確立、府會衝突、政黨林立、共產黨衰微再興盛的局面。經濟上從計劃經濟邁向市場經濟，以「休克療法」欲快速進入市場經濟，結果出現通貨膨脹、盧布遽貶、私人侵占國有財產與金融風暴。社會上從單一的意識型態到各種思潮並存，從單一的社會階層到差距大的各種階層並列的社會型態；出現意識型態的終結，從保守的反對西化到激進的堅持改革思潮都存在；社會結構分化為貧富懸殊，失業人口與犯罪案件大量增加。總而言之，新的社會秩序尚未建立起來，舊社會的價值觀、倫理道德喪失殆盡，俄羅斯何去何從？尚未有確定答案。

第十一章
葉爾欽時代
(1991–1999)

一個人要像一場火一樣大大的燃燒，發出最大的光亮，追求最大的炫耀，這樣或許燒不了很久，但要比一個小火花好多了。

葉爾欽，1990 年 3 月《時代雜誌》

在俄國歷史的關鍵時刻，俄羅斯總是選擇了傳統主義的道路。

阿法納西耶夫，〈復舊〉，1994 年

在俄羅斯政治生活中兩個極端之間的空間幾乎總是空蕩蕩的。

米羅諾夫，《俄羅斯與中派主義》，1993 年

俄羅斯，妳究竟飛向何處？回答！她卻沒有回答。

果戈里，《死靈魂》

第一節　俄羅斯聯邦概況

一、領土和自然資源

蘇聯解體的同一天（1991 年 12 月 25 日），原屬蘇聯的「俄羅斯蘇維埃聯邦社會主義共和國」易名為「俄羅斯聯邦」(Russian Federation)，或稱為「俄羅斯」，以後在 1993 年《俄羅斯聯邦憲法》中載明，

而將國名正式確立下來。

俄羅斯領土面積廣達一千七百零七萬五千四百平方公里，是世界上領土面積最大的國家，占前蘇聯總面積的 76.2%。俄羅斯的領土東西長約一萬公里，橫跨十一個時區，是世上真正橫跨歐洲和亞洲的國家，其中 1/4 在歐洲，3/4 在亞洲。

俄羅斯與十四個國家接壤，由西北往東南依次為：挪威、芬蘭、愛沙尼亞、拉脫維亞、立陶宛、波蘭、白俄羅斯、烏克蘭、喬治亞、亞塞拜然、哈薩克、蒙古、中國、朝鮮（北韓）。

烏拉山為歐亞平原的分界線，山以西為俄羅斯平原；山以東為西西伯利亞平原、中西伯利亞平原。俄羅斯東部為高原和山地，歐俄的南部有高加索山。境內以自然地理區劃，由北向南依次為：苔原帶、森林帶、草原帶、半沙漠帶，其中森林覆蓋面積占 44%。河流眾多，主要河流有：伏爾加河、頓河、烏拉河、鄂畢河、葉尼塞河、勒拿河、阿穆爾河。大小湖泊有二十多萬個，但 95% 的湖泊面積不到一平方公里，主要湖泊有：拉多加湖（歐俄第一大湖，面積一‧八萬平方公里）、奧涅加湖（歐俄第二大湖，面積〇‧九七萬平方公里）、貝加爾湖（面積三‧一五萬平方公里，是世界上最深和蓄水量最大的淡水湖，約占世界地表淡水總量的 1/5 和俄羅斯淡水總量的 4/5）、裏海（面積三十七‧一萬平方公里，是世界上最大的鹹水湖，俄國擁有裏海北面部份）。

俄羅斯雖然瀕臨十二個海（主要有白海、波羅的海、黑海、白令海、鄂霍次克海）、二個大洋（北極海、太平洋），但位處邊境，對於廣大的平原陸地無法帶來充沛雨量，也無法調節寒冷的氣候。氣候以溫帶大陸性氣候為主，由北向南依次為寒帶、亞寒帶、溫帶、亞熱帶。冬季嚴寒漫長，夏季涼爽短暫，春秋季節甚短。降水量由西部向東部、從中部向南北兩端遞減，北澇南旱影響俄羅斯農業的發展。農業精華區位於中央黑土區❶，面積只有十六萬八十平方公里。

俄羅斯自然資源極為豐富，擁有煤礦、石油、天然氣、鐵、錳、鉀鹽、磷灰石、金剛石、有色金屬和稀有貴金屬等巨大儲量，是世界

上礦產資源自給自足最高的國家，只有汞、鉛、鎢等少數礦物需要進口；木材蓄積量占全世界的1/6，上述自然資源大多位於西伯利亞地區。

二、人口、民族和行政區劃

俄羅斯總人口為一億四千八百七十萬(1992年1月統計)，占前蘇聯總人口一半多一點，在世界上排名第五，僅次於「中國」、印度、美國、印尼。俄羅斯人口自然增長率極低，1980年為4.9‰，1991年為2‰，1992年為1.6‰，1993年降至1.3‰；人口老化現象：六十至六十五歲的老人占總人口的1/9，退休人口占總人口的19.8%（1994年）；全國男性平均壽命為五十九歲，女性為七十二歲；女性人口多於男性人口，男女比例為47：53（1992年），五十歲以上的人口中，男女比例為1：3。以上現象均是世界罕見的❷。

俄羅斯的城市人口占總人口的74%，最大城市為莫斯科（九百萬人），其次為聖彼得堡（五百萬人），第三大城為新西伯利亞，人口約一百四十四萬，其餘超過百萬人口的城市有：下諾弗哥羅、葉卡捷琳堡 (Ekaterinburg)、薩馬拉、喀山、烏法 (Ufa)、彼爾姆、車里雅賓斯克、鄂木斯克 (Omsk) 等。

圖 76：白樺　俄羅斯自古以來最具價值的樹木之一。

❶中央黑土區包括別爾戈羅德州 (Belgorod)、沃羅涅日州、庫爾斯克州、利佩茨克 (Lipetsk) 州和坦波夫州 (Tambov)。

❷據 2014 年 9 月 1 日最新統計：俄羅斯總人口為 146,200,000 人 。

俄羅斯境內有一百多個民族聚居，是世界上民族最多的國家，其中最大的民族是俄羅斯族，占總人口的82%；第二大民族是韃靼人，約占 3.8%，人口五百五十多萬；第三大民族是烏克蘭族，約占 3%，人口四百三十多萬，其餘人口在百餘萬的有巴什基爾人、白俄羅斯人、莫爾多瓦人 (Mordovians)、楚瓦什人 (Chuvash)、達吉斯坦人。

俄羅斯由八十九個行政主體組成，包含二十一個（民族）共和國❸、六個邊區、四十九個州、二個直轄市（莫斯科、聖彼得堡）、一個自治州（猶太）、十個自治（專）區，基層行政單位是區和村。與蘇聯時期不同的是，1992 年 1 月俄羅斯最高蘇維埃決議將境內的十六個自治共和國全部升格為共和國，原五個自治州中的四個也升格為共和國；為了避免重蹈蘇聯解體之覆轍，聯邦給予各共和國更大的自治權，各共和國有自己的憲法與法律，但不得與 1993 年 12 月通過的《俄羅斯聯邦憲法》相抵觸。

俄羅斯聯邦制是民族區域與行政區域結合的特例，自 1992 年至 1999 年俄羅斯並沒有形成一個固定不變的聯邦形式。毫無疑問地，由多民族形成的聯邦面臨了民族分離的問題。1991 年 6 月車臣宣佈脫離俄羅斯聯邦而獨立，此後車臣問題始終困擾著新獨立的俄羅斯聯邦。1994 年底葉爾欽宣佈出兵車臣，經過二年後，雙方於 1996 年 8 月 22 日達成全面停戰協議，聯邦政府為此投入五十億盧布的作戰費用。實際上車臣欲獨立的態度始終不變，1999 年 8 月 3 日起，車臣游擊隊攻入達吉斯坦共和國，欲聯合建立獨立的伊斯蘭國家；8 月 9 日葉爾欽任命普丁 (Vladimir Putin, 1952–) 為新總理，普丁

❸二十一個共和國分別是：阿迪格 (Adygeya)、阿爾泰、巴什科爾托斯坦 (Bashkirtostan, 原名巴什基爾)、布里雅特、達吉斯坦、印古什 (Ingush)、卡巴爾達‧巴爾卡爾 (Kabardino-Balkar)、卡爾梅克‧哈林姆格唐乞 (Kalmyukia-Khalmg Tangch)、卡拉恰伊‧切爾克斯 (Karachi-Cherkess)、卡累利亞、科米 (Komi)、馬里厄爾 (Mari El)、莫爾多瓦、薩赫（雅庫特）(Sakha)、北奧塞梯 (North Ossetia)、韃靼斯坦、圖瓦、烏德穆爾特、哈卡斯 (Khakassia)、車臣、楚瓦什。

聲明堅決打擊車臣反抗軍，直到 1999 年底雙方仍形成拉鋸戰。

　　韃靼斯坦與車臣一樣，要求脫離俄羅斯聯邦而獨立。1992 年 3 月 21 日韃靼斯坦就獨立問題舉行全民公投，結果 61.4% 的公民贊成獨立。同年 11 月 6 日韃靼斯坦議會通過憲法，說明韃靼斯坦是主權國家和國際法主體。1993 年 12 月 12 日經由俄羅斯聯邦全民公投通過的《俄羅斯聯邦憲法（草案）》唯獨韃靼斯坦與車臣拒絕簽署。為了國內的穩定，葉爾欽總統與總理於 1994 年 2 月 15 日與韃靼斯坦總統、總理簽署有關權力劃分之條約，給予韃靼斯坦超越《俄羅斯聯邦憲法》規定的權力，韃靼斯坦成為留在聯邦內具有特殊地位和特權的國家❹。葉爾欽甚而將韃靼斯坦模式推廣，與各共和國、州、邊區簽署雙邊分權條約，至 1998 年為止分權條約達到四十五個。地方分權主義對俄羅斯聯邦的統一造成極大的威脅。

三、文化概況

　　俄羅斯文化源遠流長，其文化成果豐碩，在世界上有著舉足輕重的地位。俄羅斯聯邦是個多民族的國家，依據 1993 年憲法第六十八條第一款規定：「在俄羅斯聯邦全部領土上，以俄羅斯語為其國家語言。」俄語屬印歐語系東斯拉夫語族，使用西里爾 (Cyril) 字母（古希臘字母）。使用俄語的人數在世界上排名第三，僅次於漢語和英語。據聯合國教科文組織的統計，全世界的科學著作有 1/2 是以俄文發表，出版品的 15% 是以俄文排版。

　　自從 988 年來東正教即是俄羅斯的國教，在蘇聯時

❹ 韃靼斯坦共和國享有境內法官任命權；擁有與分配境內天然資源的權利；擁有自己的國籍；有權建立自己的中央銀行……等等。

期壓抑一切宗教信仰,到戈巴契夫執政始允許宗教信仰自由,今《俄羅斯聯邦憲法》第十四條明確規定「俄羅斯聯邦為一非宗教國家。任何宗教不得具有國家或強制性質。」在憲法保障宗教信仰自由下,俄羅斯人信仰東正教爆增,約有四千餘萬信徒,俄羅斯東正教會是世界上十五個獨立東正教會❺中最大且最有勢力的教會。

自 1985 年戈巴契夫推行改革,對教育產生極大衝擊,主要是對歷史重新評價。蘇聯民眾察覺過去歷史教科書充滿謊言、扭曲事實,於是重編歷史教科書,尋找歷史的真相。其次為廢除單一的思想教育,在 1990 年的大學入學考試取消馬(克思)列(寧)主義科目,而學校裡的馬列主義課程不再是必修課,將其涵蓋在哲學、政治學、經濟學等課程之內。

蘇聯解體後,俄羅斯聯邦的教育發展因應政治上民主化、經濟上私有化的轉型,學校教育以培養有民主素養的新世代為職責。「民主」最大特色之一是多元化的發展,1993 年憲法第十三條給予保障:「一、俄羅斯聯邦內承認意識型態之多樣性。二、任何意識型態不得具有國家或強制性質。三、俄羅斯聯邦內承認政治多樣性、多黨性。」因應私有化趨勢,公立學校為了增加收入,紛紛對外開設迎合市場需求的短期訓練課程,特別是商業課程;此外,政府允許私人設立學校,打破學校教育由政府獨占的局面,這也是俄羅斯建國 (862) 千餘年來的新局面。

俄羅斯聯邦繼承蘇聯重視教育之遺產,十五歲以上能閱讀、書寫的人口高達 99.6%,這使得俄羅斯縱使遭遇政治、經濟、社會上巨大的危機,卻被視為有潛力扭轉困境。

❺世界上各自獨立的東正教會(指有教長領導的教會)有:俄羅斯、君士坦丁、亞歷山大、安提阿、耶路撒冷、塞爾維亞、羅馬尼亞、保加利亞、塞普路斯、希臘、喬治亞、波蘭、捷克斯洛伐克、阿爾巴尼亞、美洲等十五個,另有二個自治東正教會(沒有教長職銜,大主教為最高職銜),分別為芬蘭和日本。

在藝術領域方面如繪畫、音樂、戲劇、舞蹈都在世界上占有重要地位。舉世聞名的劇院有莫斯科大劇院、聖彼得堡的基洛夫歌劇院、聖彼得堡愛樂交響樂團，至於俄羅斯國家管弦樂團 (Russian National Orchestra) 是蘇聯時期第一個不靠政府資助的樂團，其資金來源完全來自民間團體的捐助。該樂團自從 1990 年 11 月 16 日在莫斯科首演以來，立即打響知名度，常赴國外演出並且與德國唱片公司合作錄製樂曲。

俄羅斯是個重視文化遺產的國家，境內有一千零六十二個博物館，每年參觀者達一億一千萬人次，最著名的有聖彼得堡的赫爾米塔什博物館和俄羅斯博物館、莫斯科的特列季亞科夫畫廊、普希金美術館和位於紅場的兵器博物館。

俄羅斯承續蘇聯體育強國的地位，全聯邦有一千九百四十六個體育場、四萬四千三百座體育館、一千三百零二個游泳池、五萬四千八百個足球場。俄羅斯自 1996 年亞特蘭大 (Atlanta) 奧運會開始以獨立國家之名加入（1992 年奧運會以包含十一個國家的獨立國協名義參加），獲獎總牌數名列第二，顯示體育強國威力不減。

第二節　政治：從極權邁向民主

一、總統制的確立

俄羅斯聯邦政治體制的特徵主要是脫離前蘇聯時期的一黨專政，轉型為政黨政治，雖然總統的權力龐大，被稱為「總統極權制」或「超級總統制」，應視為長期實行專制政體轉型為民主政體的過渡。另一特色是此時期的政治轉型，一直由葉爾欽任職總統（1991 年 6 月 12 日至 1999 年 12 月 31 日），這個時期可說是「葉爾欽時代」，十足展現葉爾欽個人風格。

1990 年 5 至 6 月俄羅斯共和國選出一千零二十九名人民代表組

成第一屆人民代表大會（以下簡稱人代會），成為全國的最高權力機關。代表中支持葉爾欽的占 1/3 左右席位，屬於「民主派」**❻**，代表們於 5 月 29 日選出葉爾欽為俄羅斯聯邦最高蘇維埃主席。二個月後葉爾欽宣佈退出蘇聯共產黨。

由於人代會中共產黨代表和民主派代表勢均力敵，使雙方提出的議案都難以通過，欲實行激烈經濟改革的葉爾欽，礙於係由人代會選出的最高蘇維埃（以下稱國會）主席，無法避開人代會而推行自己的政策；同樣也無法與蘇聯中央政府抗爭。若由俄羅斯人民選出的總統，上述問題皆可迎刃而解，戈巴契夫於 1990 年 3 月當選為蘇聯總統，為俄羅斯提供了範本。

1991 年 6 月 12 日由俄羅斯公民直選總統，葉爾欽獲得 57.35% 的選票，當選為俄羅斯歷史上第一任總統，此後俄羅斯部長會議必須向其負責，於是葉爾欽權力大增。

1991 年「八一九政變」中，葉爾欽領導群眾奮勇抵抗，在緊急狀態的兩天當中，葉爾欽以俄羅斯總統的身份宣佈位於俄羅斯共和國境內的所有組織機構都歸屬該國政府管轄，實際上是接收蘇聯中央的所有黨政機構，擴大了葉爾欽總統的權力。

1991 年 11 月 1 日俄羅斯人代會接受葉爾欽的建議，同意授權給予葉爾欽一年的獨裁權力，並允許葉爾欽以總統身份兼任總理。1991 年底蘇聯解體，葉爾欽不需再與蘇聯中央抗衡，轉而與俄羅斯國會爆發激烈的衝突。

葉爾欽於 1992 年 1 月 2 日開始實行「休克療法」(Shock Therapy)，採取激烈的價格改革和緊縮貨幣政策

❻1990 年 2 月在戈巴契夫的提議下放棄共產黨一黨專政的局面，於是各政黨林立，共同的特色是反對蘇聯共產黨以及爭取俄羅斯聯邦的主權獨立，他們被稱為「民主派」。

以迅速轉變為市場經濟，未料立即造成物價大漲，國營企業因政府緊縮政策而資金遽減。1 月 20 日國會主席哈斯布拉托夫 (Ruslan Khashbulatov, 1942–) 公開反對，國會中勢力仍大的共產黨和左派也齊聲反對。

葉爾欽抨擊國會反對經濟改革，國會則否決葉爾欽任命的總理以及數次要求葉爾欽辭職，府會衝突白熱化。葉爾欽轉以透過修憲和全民公投以增加總統的權力。1993 年 4 月推出擴張總統權力的新憲法草案❼，又爭取到 1993 年 4 月 25 日舉行全民公投，投票結果有53% 支持經濟改革，同時 67.2% 支持提前舉行國會改選。

1993 年 9 月 21 日葉爾欽發佈總統令，免除副總統魯茨科伊 (Alexander Rutskoi, 1947–) 的職務，魯茨科伊則聲稱自己是合法的副總統，又終止人代會和國會的權力，預訂 12 月 11 至 12 日為國會改選日。國會與司法界人士都認為葉爾欽違反憲法，於是府會正式決裂。

10 月 2 至 4 日府會發生武裝衝突，葉爾欽派遣軍隊至國會大廈（白宮）攻擊包圍支持國會的群眾。在砲轟白宮之後，葉爾欽獲勝，但造成一百四十二人死亡和五百五十三人受傷的血腥結局，魯茨科伊、哈斯布拉托夫等一批反對派人士被捕入獄，結束了第一屆俄羅斯民選議會。

1993 年 12 月 12 日同時進行新國會選舉和新憲法的全民公投，只有韃靼斯坦、車臣兩個共和國和車里雅賓斯克州沒有參與公投。新國會的名稱為「俄羅斯聯邦議會」，由「聯邦委員會」(Federative Council) 和「國家杜馬」(State Duma) 兩院組成，前者為「上議院」，後者為「下議院」。聯邦委員會由俄羅斯現有的八十九個行

❼1990 年 8 月以葉爾欽為首的俄羅斯「民主派」制定新的憲法草案，取代 1977 年布里茲涅夫憲法。新憲法改變舊有的社會主義性質：建立三權分立的總統制和自由的市場經濟。此後在 1991 年 10 月、1992 年 3 月和 1992 年 11 月四度公佈憲法草案。

政主體各選出二名代表共計一百七十八名組成；國家杜馬由四百五十名代表組成，其中二百二十五名由選舉區選出（單一選區），另外二百二十五名則由各黨派按比例選出。

　　經過公投產生的新憲法（以下稱「憲法」）宣告蘇維埃體制的終結，也結束雙元政權的局面，確立以總統制為核心的民主政體。然而新憲法賦予總統極大的權力，總統有權主持政府會議、領導外交政策、統帥全軍、成立並領導國家安全會議；有權任命總理及政府部會首長、提名中央銀行主席、司法部門領導人員、總檢察長。如果國家杜馬連續三次否決總統提名的總理人選，或者在三個月內兩次通過對政府的不信任案時，總統有權解散國家杜馬或罷免政府。總統有權發佈命令（即總統令），且全國都必須執行，總統令實際上就是一種立法權。

　　此種類似極權統治的總統制，造成「強勢總統、弱勢國會、微弱政府」的局面。總統可以否決國會通過的法案，國會雖有權彈劾總統，但是難以實行；此外，國會也難以修改憲法❽。於是在總統權力極大的情況下，三權分立的民主政治名不副實；國會權力過小，使政黨政治無法運作；易造成總統獨裁，且在總統重病情況下，權力轉移至非經選舉產生的機構和官員身上，因為俄羅斯不設副總統，政府總理也

圖 77：白宮 (1980)　俄羅斯國會大廈，位於莫斯科河畔。

附屬於總統。總之，俄羅斯政治體制雖已脫離極權統治，但是尚未成為真正的民主國家。憲政危機與府會衝突不斷，直到葉爾欽於 1999 年 12 月 31 日宣佈辭去總統職務（由普丁❾代理）才暫告舒緩。

二、政黨政治的形成

　　戈巴契夫在 1990 年 2 月宣佈開放黨禁之後，僅在 1991 年上半年，俄羅斯境內建立各種政黨和政治組織就多達八百多個。其中影響較大的有久加諾夫 (Gennadii Zyuganov, 1944–) 領導的俄羅斯共產黨，日里諾夫斯基 (Vladimir Zhirinovskii, 1946–) 領導的俄羅斯自由民主黨。由於當時蘇聯改革處於混亂，政黨活動亦處於混亂之中，以組織群眾示威遊行和參加集會為主要活動。

　　蘇聯解體後，葉爾欽在俄羅斯實行激烈的經濟改革，由於府會對改革方式產生嚴重分歧，在社會上引起激烈爭論，紛紛建立新政黨以增加對未來的影響力。有梅德維傑夫 (Roy Medvedev, 1925–) 領導勞動人民社會黨、克留奇科夫為首的俄羅斯共產黨人黨、沃爾斯基 (Arkadii Vol'skii, 1932–) 領銜的公民聯盟等。到 1992 年底為止，向司法部登記的政黨和組織共有一千多個。

　　1993 年 10 月砲轟白宮事件後，俄羅斯政黨有了重大變化：以激烈方式對抗總統的救國陣線、軍官聯盟等政黨和組織被當局停止活動，亦被取消參選新國會的資格；政府當局藉政黨登記以及一些法令限制政黨活動，使較小的政黨和組織不是解散就是併入較大的政黨和組織。

　　1993 年 12 月國會改選，由於係按政黨比例選出代

❽國家杜馬代表久加諾夫在 1995 年俄共第三屆代表大會上說：「即使是由百分之百的共產黨人組成的國家杜馬，在目前的憲法下，其權力也是有限。」在 1997 年 1 月 15 日又說俄羅斯總統的權力比起美國的總統大四倍。

❾普丁於1975年自列寧格勒大學（今聖彼得堡大學）法律系畢業，之後到 KGB 服務，1985 年外調至東德德勒斯登 (Dresden)。1990 年時離開 KGB，改任列寧格勒市蘇維埃主席索布恰克 (Anatolii Sobchak) 助理。1992 年索布恰克當選市長，普丁順利成為副市長。1996 年索布恰克競選市長連任失敗後，普丁前往莫斯科，獲丘拜斯（總

統辦公室主任）提攜為總統事務管理局副局長。丘拜斯於 1999 年 8 月再向葉爾欽推薦普丁為總理，12 月 31 日普丁又成為代理總統，2000 年 5 月 7 日成為正式的總統。

❿ 1993 年 10 月，亞夫林斯基宣佈與年僅三十三歲的社會學家博爾德列夫 (Boldyrev) 和五十六歲的俄羅斯駐美國大使盧金 (Lukin) 成立亞博盧競選聯盟。這是由知名度並不高的俄羅斯立憲民主黨、新民主黨、共和黨和社會民主黨組成，卻因亞夫林斯基由激進改革派轉為溫和改革派，故頗受人重視。

表，各政黨和組織為了能在國會中占多數席位，出現競選聯盟，使得多黨制得以確立。最後進入國家杜馬的政黨有：俄羅斯自由民主黨、俄羅斯共產黨、蓋達爾 (Egor Gaidar, 1956–) 領導的俄羅斯民主選擇聯盟、亞夫林斯基 (Grigorii Yavlinskii, 1952–) 領銜的亞博盧集團 ❿，拉普申 (Lapushin) 領導的俄羅斯農業黨，和沙赫萊 (Sergei Sakhlai) 領導的俄羅斯統一和諧黨。

1995 年 12 月俄羅斯舉行第二屆國家杜馬選舉，此時全國的政黨和組織增至二千多個。葉爾欽為了削弱俄羅斯共產黨在國家杜馬中的勢力，在選舉前他宣佈成立由國家杜馬主席雷布金 (Ivan Rybkin, 1946–) 和總理切爾諾梅爾金 (Viktor Chernomyrdin, 1938–) 分別領導的中左和中右兩個競選聯盟，藉此打擊俄共及其他反對派勢力，建立起與總統配合的國會，並在基礎上形成類似美國的兩黨制。選舉結果卻是由雷布金領導的中左競選聯盟以及蓋達爾為首的俄羅斯民主選擇聯盟被淘汰出局，而俄羅斯共產黨、我們的家園・俄羅斯聯盟、自由民主黨、亞博盧集團等進入國家杜馬，從而出現以「我們的家園・俄羅斯聯盟」為代表的中右派和以俄羅斯共產黨為代表的中左派對峙的局面。

1999 年 12 月俄羅斯舉行第三屆國家杜馬選舉，此時政黨和組織仍有數百個。進入國會的政黨有：俄羅斯共產黨、團結聯盟、祖國・全俄羅斯聯盟、右翼力量聯盟、自由民主黨、亞博盧集團，其中勢力最大的仍是俄羅斯共產黨。此次改選後各黨派繼續分化組合，最大不同的是意識型態淡化，但利益成為組合主要選擇。團結聯盟已成為國家杜馬第二大黨，促使其正式改組為政黨；俄羅斯共產黨歷經葉爾欽多年的打壓，性質已逐漸

改變為具有社會民主主義色彩。

俄羅斯政黨和政治組織數目之多為全球之冠，但大多是地方性的組織⓫；全聯邦性的政黨和政治組織，至1999年初仍多達一百四十多個，為世界各國之首。以各政黨黨綱、政策主張和活動方式來看，除了左、中、右三大派的典型劃分法，可再劃分為極左、極右、中左、中右等各種派別。

左派的政黨有：俄羅斯共產黨、俄羅斯農業黨、俄羅斯共產主義工人黨等大多在八一九政變後到俄羅斯聯邦獨立之初建立的。這些政黨共同的特色是黨員人數較多、組織健全、領導人較有威望、能獲得多數群眾支持、在國家杜馬中占有較多席位。他們仍堅信社會主義，反對西方的政治經濟制度，反對葉爾欽實行激烈的改革。

中間派的政黨有：俄羅斯民主黨、俄羅斯自由民主黨、俄羅斯統一和諧黨、我們的家園・俄羅斯聯盟、祖國・全俄羅斯聯盟、公民聯盟、團結聯盟等，都是在俄羅斯獨立後建立的，多半是從「民主派」中分離出來的。他們的特色是與政府當局關係融洽，但是彼此之間的政治主張南轅北轍，可劃分中左、中間、中右三派。這些政黨在國家杜馬占有席位雖多，但分屬不同的議會黨團，對抗多於合作。

右派的政黨有：俄羅斯民主選擇黨（1994年6月以俄羅斯民主選擇聯盟為基礎所組成的黨）、亞博盧集團、前進！俄羅斯、俄羅斯民主聯盟等，大多是從蘇聯末期建立的各種民主派政黨和政治組織演變而來。這些政黨的特色是：主張激烈的政治和經濟改革；主要在大城市展開活動，在農村的影響力極小；有知名度高和位居高

⓫有些政黨和政治組織僅是單一訴求，似乎稱不上是政黨，如「啤酒愛好者黨」係研究有關啤酒的生產和銷售問題，爭取喜愛啤酒的國會代表；「貧民黨」的宗旨是救助貧苦人民；有宗教色彩的政黨主要是維護宗教團體和教徒的利益。

⓬丘拜斯是位傳奇性人物,獲經濟學副博士,曾任教職(副教授)。1990年時值三十五歲的丘拜斯開始從政,主張市場經濟。1991年11月受葉爾欽重用,推動私有化工作;1994年11月成為第一副總理,主管經濟和財政金融,1996年1月因經濟改革失敗被撤職。同年8月葉爾欽任丘拜斯為總統辦公室主任兼總統第一助理,權力反而大於舊職。1997年3月丘拜斯又被任命為第一副總理,主要任務是解決惡化的經濟,尤其是稅款拖欠和政府拖欠工資、養老金的問題;5月又兼財政部長。1998年3月因貪污案下臺,轉任聯合電力公司的總裁。

圖78: 葉爾欽與普丁(1999年12月31日) 葉爾欽突然辭去總統職務,由普丁暫代。

位的政治家如蓋達爾(第一副總理兼經濟部長)、基里延科(Sergei Kirienko, 1962– ,總理)、丘拜斯(Anatolii Chubais, 1955– ,副總理)⓬;各黨派同樣是對抗多於合作。在俄羅斯獨立之初右派勢力強大,但是在1999年12月第三次國家杜馬選舉中,雖能擠入國家杜馬,但影響力已不大。

俄羅斯政黨和政治組織雖多,但能在國家杜馬中發揮影響力的不多。各黨派以實用主義為目的,不堅持黨綱的立場。實際上各政黨黨綱雷同者占多數,大多主張改革,只是在改革的方式和速度上不同。大致說來左派是總統的反對者,右派是總統的支持者,但是為了政治利益也會作大逆轉。蓋達爾曾經是葉爾欽的極力支持者,在1994年1月被迫解除總理職務後,同年6月以俄羅斯選擇聯盟為基礎籌組俄羅斯民主選擇黨,立即展開批判葉爾欽的政策;身為俄羅斯公眾大會的副主席列別德(Alexander Lebed', 1950–)原本反對葉爾欽,他在1996年6月16日參加總統第一輪選舉中名列第三,葉

爾欽為了勝選，以俄羅斯聯邦安全會議祕書兼國家安全
會議祕書職務作為列別德退出同年 7 月 3 日第二輪總
統選舉的交換條件，列別德轉而支持葉爾欽，結果葉爾
欽如願當選。

　　俄羅斯各政黨的組織和活動多半只在大城市進行，
忽視深耕鄉村，政黨可說是大城市和知識份子的菁英
黨，廣大的群眾並不熟悉也不參與政治活動，不甚了解
民主政治精神。國家杜馬代表固然皆出自各政黨，但是
葉爾欽總統、代理總統普丁均是無黨籍出身，卻能縱橫
捭闔各政黨。俄羅斯已擺脫一黨專政的極權統治，但是
仍未形成國會由位居多數的政黨來組閣，因而也未出現
有實質意義的執政黨。

第三節　經濟：從計劃經濟到市場經濟

一、激烈的經濟改革

　　戈巴契夫的經濟改革仍不脫計劃經濟體制，也仍舊
是以共產主義社會為建設的目標。葉爾欽早在 1987 年
10 月 21 日的蘇共中央全會上，批評戈巴契夫的改革計
劃和政策不夠徹底，希望加快改革步伐。為此，葉爾欽
被解除政治局候補委員和莫斯科第一書記職務，降貶為
國家建設委員會第一副主席。

　　1990 年 5 月 29 日，剛當選為俄羅斯聯邦最高蘇維埃
主席的葉爾欽反對雷日科夫 (Nikolai Ryzhkov, 1929–)
提出溫和式轉向市場經濟的改革方案 ❸，他採用亞夫林
斯基提出的激烈改革方案──「五百天計劃」，要求在
五百天內建立起市場經濟，主要內容是：全面開放價格，

❸此方案係以不
斷縮小國家對經
濟的直接控制範
圍和擴大市場範
圍為主，但仍在國
家的統一控制下，
通過價格機制推
動蘇聯經濟向市
場經濟轉型。葉爾
欽強烈反對以行
政手段轉型經濟，
堅決反對政府調
漲物價。

❶薩克斯於1985–
1990 年受聘為玻
利維亞總統的經
濟顧問，協助該國
克服經濟危機 (通
貨膨脹、巨額外債
等)，他提出激烈
改革方式，如緊縮
貨幣政策、價格自
由化、外貿自由
化、公營企業民營
化、貨幣貶值以實
現匯率穩定等政
策。實行後立即奏
效，尤其是遏止了
通貨膨脹。其缺點
是生產下降，失業
增加。1990 年又
受聘於波蘭等東
歐國家，擔任經濟
顧問，在波蘭實行
的「休克療法」成
效亦頗豐。

❶玻利維亞原本
屬於市場經濟國
家，國營企業不
多，僅對占比例不
大的國營企業實
行自由化和私有
化。玻利維亞只須
克服反危機的任
務，而俄羅斯仍屬

發展外匯市場；將國家財產出售給人民、企業或合作社，
建立股份公司以吸引外國投資，實現非國有化和私有
化，允許集體農場農民自由退出集體農場，實行土地改
革與重新分配土地。

「五百天計劃」與雷日科夫的計劃有衝突，戈巴契
夫決定採行由阿甘別吉揚 (Abel Aganbegian) 提出的折
衷方案，過渡到市場經濟長達一年半至二年，葉爾欽決
定單獨在俄羅斯聯邦實行「五百天計劃」，人代會通過
並宣佈自 1991 年 1 月 1 日起實行。

至 1991 年 10 月 28 日葉爾欽以「五百天計劃」為
基礎，又提出更激烈的經濟改革方案。這是由副總理蓋
達爾為首向國際貨幣基金組織 (IMF) 提交「備忘錄」，
聘請哈佛大學教授「休克療法」創始人薩克斯 (Jeffrey
Sachs)❶擔任顧問。實行休克療法的原因除了貫徹葉爾
欽激烈改革的理念外，也因俄羅斯繼承前蘇聯幾近崩潰
的經濟，必須快速解決經濟問題。

薩克斯的「休克療法」以市場化、私有化、穩定化
為核心，蓋達爾依此擬訂具體內容並從 1992 年 1 月 2
日正式實行，主要內容有： 1.一次性全面開放價格； 2.
緊縮的財政政策； 3.緊縮的貨幣政策； 4.對外貿易自由
化； 5.實行大規模私有化。

休克療法在俄羅斯實行以失敗收場❶。人民飽受嚴
重的威脅：物價上漲、工業生產下跌、政府赤字高漲與
盧布遽貶，個人所得在 1992 年 4 月比起 1991 年 12 月
降低了 71%，銀行儲蓄減少 82% 的價值，到 1992 年 7
月有一半的人民生活在貧窮當中。

俄羅斯的經濟因休克療法而快速惡化，又因 1994
年底開始的車臣戰爭使得政府的財政問題更為嚴重。

1996 年 7 月葉爾欽當選俄羅斯第二任總統，公開承認經濟改革抄襲西方的做法是錯誤的，於是葉爾欽放棄休克療法，改走穩定化的調整政策。自 1992 年 12 月由切爾諾梅爾金取代蓋達爾的總理職務，他早在 1992 年 1 月初就反對激烈改革，事實說明任何激烈的做法都會使國家充滿崩潰的危險。新的經濟政策調整方向偏向社會市場經濟。

二、推行私有化

蘇聯長期實行生產資料、生產工具公有化政策，這是建設共產主義社會的必要手段，避免產生貧富懸殊和有產者與無產者對立的不平等社會。戈巴契夫執政晚期的經濟改革已朝向私有化，葉爾欽更是全面私有化的支持者——將「國有」全部轉為「私有」。

俄羅斯聯邦國有與公有企業的私有化分為小型私有化、大型私有化。小型私有化指商業、服務業、小型企業、運輸業和建築業的私有化，從 1992 年 1 月開始實行到 1993 年底大致完成，透過拍賣、投標、租賃的方式達到私有化。大型私有化分為三個階段：第一階段從 1992 年 1 月到 1994 年 6 月底，特色是「證券私有化」，讓企業員工花費極少代價（或者無償）成為企業擁有者。證券私有化是休克療法重要一環，主要為了防止共產黨攬大權與鞏固新興的資本主義制度，但是快速私有化無法與缺乏資本的社會相融。資本轉移至員工手裡，卻無法改變他們消極工作的態度，無助於提升工作效率；政府為維持社會的穩定，畏懼企業倒閉的連鎖反應，不斷撥款補助企業。由於政府只重視國有企業私有化，忽略鼓勵私人興業，結果生產減少、物價上漲，而

於計劃經濟體制，不但要完成轉型至市場經濟體制，也要克服反危機，故成效不大。在商品短缺、生產下降、資本短缺情況下實行全面開放價格、緊縮貨幣、大規模私有化的政策是不適宜的。至於波蘭自 1990 年 1 月 1 日開始實行「休克療法」，迅速向市場經濟轉型，結果造成物價狂漲、工業生產下降、失業率攀升到 11%，歷經二年的休克後，波蘭的經濟自 1992 年起開始好轉，這與大量外資投入有關；1993 年起開始穩定發展，此後四年期間是世界上經濟成長率 (GDP) 最高的國家之一（平均成長率是 6%）。

不得不改變策略。

私有化的第二階段從 1994 年 7 月 1 日到 1996 年 12 月底，特色是「現金私有化」。與第一階段的區別，主要是以低於市價出售大型國有企業資產給財團，允許投資者獲得企業股票的控制權。由於 1994 年 12 月車臣戰爭開啟，直到 1996 年 10 月方達成休戰之決定，因此第二階段私有化面臨政府支出大增，於是採取上述辦法以解決政府的財務危機。本階段主要表現在企業改組為股份公司，但是國有企業改革的速度放慢；掌控全國經濟過半的七大財團透過政治捐輸，幫助葉爾欽贏得 1996 年的總統大選，因此增加他們在政治上的影響力，使政府貪瀆之風更加猖獗。

在府會長期衝突下，葉爾欽的經濟改革不得不以維護政權的前提下，在私有化上採取向員工、財團妥協策略，以致國有企業私有化後無法產生一般私有企業的市場經濟特色，但是私有化的任務大致完成。私有化第三階段從 1997 年 1 月開始，切爾諾梅爾金總理提出經濟改革進入新階段的結構改革階段，主要任務是提高生產效率、增加產品。本階段的特色是從大規模私有化轉為個案私有化。私有化的重心從數量轉為強調質量，把私有化範圍擴展到不動產，以吸引更多的投資人。

三、金融改革與金融風暴

獨立後的俄羅斯於 1992 年初開始向市場經濟邁進，配合私有化政策，金融體制亦作改革。首先將單一銀行體制改成二級銀行體制，原先只有國家銀行、建設銀行、對外貿易銀行、儲蓄銀行，其中國家銀行既扮演西方中央銀行的職能又扮演商業銀行的職能。二級銀行體制是以中央銀行為銀行中的銀行，承擔發行貨幣、制訂和實施貨幣政策的銀行，服務對象限政府和銀行；商業銀行專職存款、放款、外匯、盧布兌換等。

俄羅斯商業銀行發展迅速，從 1993 年有 1,700 家，分行 3,100 家，其後逐年大幅擴增❶，到 1998 年減至 1,700 家，分行 6,400 家。私有

化政策也涵蓋銀行，允許外資銀行和合資銀行的存在。由於俄羅斯商業銀行以中小型銀行為主，特色有：資本額不多、分行也不多，造成經營風險大，且不利於資金的有效調度；短期存款和貸款居多，貸款不是用在生產投資，而是用在金融投機；無息或近乎無息的債務比例高達 70%；資產業務中，工商借貸比例只有 30%，證券業務比例高，如 1996 年儲蓄銀行為 56%、首都儲蓄銀行為 40%。為解決上述種種問題，中央銀行規定：1.提高最低法定資本額；2.調整法定存款準備率；3.建立存款保險制度；4.提高資本充足率標準。上述規定不但使銀行總數自 1997 年開始下降，也提高了銀行的管理品質。

　　在金融市場方面的改革有：利率市場化、開放股票市場和債券市場。股票市場是伴隨國有企業私有化而產生，在 1994 年 6 月以前的國有企業以員工配股為主。由於經濟不景氣，這些股票交易少，逐漸被企業負責人和銀行家以低價收購。1994 年 7 月 1 日起實行現金私有化，政府擴大出售經營良善的企業股票，因而刺激了股票市場的買賣，到了 1997 年中期「俄羅斯交易系統指數」(RTS) 迅速攀升到 230 點，同時俄羅斯天然氣工業股份公司和韃靼石油公司的股票開始在倫敦交易市場掛牌交易。

　　在外匯市場方面，一改前蘇聯長期實行的固定匯率，改採浮動匯率制與盧布自由兌換，自 1992 年 7 月 1 日起開始實行。新制造成盧布不斷貶值，從 1 美金兌換 125 盧布到該年底跌到 470 盧布，到 1994 年底更是暴跌到 3,550 盧布。俄羅斯政府改採有限度的浮動幅度，規定 1996 年 7 月 1 日起 1 美金兌換 5,000–5,600 盧

❶ 1994 年有 2,000 家，分行 4,500 家；1995 年有 2,500 家，分行 5,500 家；1996 年有 2,600 家，分行 44,000 家；1997 年降為 2,000 家，分行 39,500 家。

布之間，1997 年為 5,500–6,100 盧布之間。1998 年 1 月 1 日起改用新盧布，1 新盧布等於 1,000 舊盧布，匯率定為 1:6.1。不過到了 1999 年底又貶為 1 美金兌換 27 盧布。

國家外匯儲備在 1995 年之前相當少，1995 年底增加到 140 億美金，1997 年中又增至 238 億美金，1998 年受到亞洲金融風暴❶影響，只剩下 120 億美金。同年 8 月 17 日，俄羅斯政府宣佈盧布貶值和延期償還短期國債的金融危機，人們稱為「黑色八一七」，這場危機造成銀行全面癱瘓，跌跌撞撞的經濟改革面臨最嚴重的浩劫，然而到了 1999 年底，外匯儲備又增至 127 億美金。

❶亞洲金融風暴首先在 1997 年 7 月侵襲泰國，接著印尼、馬來西亞、韓國皆應聲而倒。

俄羅斯金融危機始於外資大量拋售國家短期債券和股票，外資兌換成美金後將美金資金撤走，造成盧布遽貶。多年來政府允許企業以產品實物納稅，現金支付在 1997 年只占 8%，企業間以現金交易僅占 27%，也就是說占 73% 的交易額躲避了賦稅。政府的稅收大半仰賴能源輸出。受到亞洲金融風暴的影響，世界能源需求遽減，價格也大幅降低。政府為增加收入乃大量發行公債，以高利率吸引外資購買，1998 年初發行許多短期債券，大多在下半年到期，而 IMF 的紓困貸款因俄羅斯國會否決幾項加稅法案而不願撥款，引起外資撤離。1998 年 8 月 24 日盧布下跌為四年來最大跌幅。1999 年 4 月 14 日世界銀行貸款 23 億美金，這是 1998 年 8 月金融危機以來第一筆外援，半個月後，IMF 同意支援 45 億美金，至 7 月 28 日這筆援助撥下，總計俄羅斯積欠 IMF 已達 180 億美金。

俄羅斯在金融危機後，並沒有改變市場經濟的方向，但是以完善銀行體制、加強對銀行的監管、嚴格限

制外匯投機為主要策略。

第四節　社會：社會思潮與社會變遷

一、變遷中的俄羅斯社會思潮

　　前蘇聯的國名包含「蘇維埃」和「社會主義」，1977 年憲法的序言謂十月革命乃人類從資本主義朝向社會主義之世界性與歷史性轉變，又謂蘇維埃國家之最高目標為建設一個不分階級之共產主義社會，社會主義成為官方推行並使全民認知的唯一意識型態。隨著戈巴契夫的改革，推行「民主化」、「公開性」，允許人民言論多樣化，稱之為「人道的、民主的社會主義」，開啟俄羅斯社會思潮百花齊放卻是驚濤駭浪的景觀。

　　破除了單一的意識型態，緊接而來的是激進的社會思潮：平反歷史冤案與重新詮釋歷史，因而質疑七十年來的蘇聯歷史和社會主義。至 1990 年左右，拋棄社會主義的思潮普及，最能獲得人民青睞的是美式資本主義。蘇聯解體後，俄羅斯人民更是支持激烈的改革，以為在一、兩年內就能脫離社會主義而進入資本主義社會。

　　葉爾欽總統以美國的市場經濟為改革的目標，以 IMF 作為改革的財政支援，不遺餘力地抨擊共產主義在蘇聯實驗的失敗。對俄羅斯經濟改革最初三年（1991 年 1 月～1994 年 1 月）極具影響力的蓋達爾甚而不諱言拋棄社會主義，以資本主義來改革俄羅斯；葉爾欽重要幕僚布爾布利斯 (Gennadii Burbulis) 讚揚資本主義是到目前為止雖不是最理想卻是最好的制度；副總理丘拜斯認為私有化和市場經濟是俄羅斯社會富裕的唯一途徑。

　　實行休克療法未見成功，現實生活卻出現種種問題，造成府會衝突而有政府砲轟白宮事件。此後自由主義式微，各種思潮並行，不再只推崇美式民主和資本主義，也就是說西化派退出，而極端民族主義

和親共產黨人士再度興起，他們甚而主張恢復昔日能與美國並列世界超級二強的蘇聯時代。

日里諾夫斯基領導的俄羅斯自由民主黨以極端民族主義、愛國主義言論獲得 1993 年 12 月國家杜馬改選中 22.9% 的選票，共產黨也獲得 12.4% 的選票，代表政府由蓋達爾領軍的俄羅斯民主選擇聯盟獲得 15.5% 的選票，換算成國家杜馬的席位分別是六十四席、四十八席、七十席，而傾向共產黨的農民黨和婦女運動共獲得四十二席，反對激烈改革的亞博盧集團獲得二十三席，由此可看出激烈的改革不獲選民認同。1993 年 2 月俄羅斯共產黨重新成立 ❸，對各種標榜社會主義的思潮有推波助瀾的作用。

1995 年 12 月國家杜馬大選，共產黨獲得一百五十七席成為國會第一大黨、自由民主黨獲得五十一席、亞博盧集團獲得四十五席、俄羅斯民主選擇黨僅獲得九席。1999 年 12 月 19 日第三屆的國會選舉，共產黨仍是最大黨獲得一百一十三席；但是支持政府的團結黨獲得七十二席，加上其他親政府的黨派所獲得的席位占全部席位 2/3 以上；自由民主黨只獲得十七席，亞博盧集團也只獲得二十席，這表示極端思想不再受人民的支持，中間溫和的思想受到歡迎。

1996 年總統大選過後，鑑於這幾年俄羅斯在各種思潮衝擊下一直處於搖擺狀態，葉爾欽乃多次召開會議，倡議尋找失去的俄羅斯思想。所謂俄羅斯思想指的是一種兼容並蓄的思想，保留俄羅斯的文化和語言，但是超越民族狹隘的領域；能反映俄羅斯未來發展的藍圖，如保留俄羅斯軍事強國的地位、富裕和穩定的社會。

針對西式的休克療法和外交一面倒向西方的反感，

❸在蘇聯時期 15 個加盟共和國中唯獨俄羅斯聯邦沒有「國家」級的共產黨組織。1990 年 6 月任職蘇共中央宣傳部副部長的久加諾夫抨擊戈巴契夫獨攬大權，因而呼籲建立獨立的俄羅斯聯邦共產黨制衡之，該黨就在同月成立，久加諾夫任黨主席。1991 年 8 月 24 日蘇共被迫解散，俄共暫時消失。蘇聯解體後，「俄羅斯聯邦共產黨」（CPRF）於 1993 年 3 月正式登記成為法律保障的政黨，久加諾夫為黨主席，直至 2004 年 7 月俄共中央委員會仍選久加諾夫連任主席。

具有大國主義思想的「歐亞主義」再度興起。這種思想可溯源至 1920 年代提出的:「俄羅斯既非歐洲也非亞洲,而是處於歐亞之間,是連接歐亞文明的橋樑。」新歐亞主義提出「精神主義、人民政權和大國思想」的思想,強調大國的重要性,反對改革。進入 1990 年代,別爾嘉耶夫 (Nikolai Berdiaev, 1874–1948) 的著作普遍流傳,他強調俄羅斯具有與西歐不同的獨特文化。1992 年索忍尼辛在葉爾欽邀請之下由美返國居住,他反對西方文明的論點對歐亞主義的傳播有極大助力。科學院國際關係研究所的帕茲特涅雅可夫 (Patstneyakov) 在 1993 年後連續發表幾篇俄羅斯大國地位的文章,這些文章的論據是以地緣政治和思想文化傳統相結合的歐亞主義;同時俄羅斯共產黨主席久加諾夫也撰文宣揚歐亞主義,由沙赫萊領導的統一和諧黨於 1995 年召開歐亞主義討論會,並出版相關書籍宣傳此思想。他們都希望能找到一種非歐美方式的民主政治與經濟發展的模式。

二、變遷中的俄羅斯社會

前蘇聯是個實行社會主義的國家,就業者的收入彼此差距不大。1946 年占 10% 的高收入與墊底的 10% 低收入的差距為七點四倍,到 1956 年降為四點四倍,到了 1980 年代降為三倍。個人財產限於生活必需品、住宅、家庭副業用具和勞動所得的儲蓄,因此社會上貧富差距極微。不過,個人是否擁有權力成為社會成員差異的指標。

蘇聯解體後,新的俄羅斯社會面臨快速且巨大的變化:社會階層流動加速、社會不穩定、國民收入差距擴大。俄羅斯實行私有化之後,加速了社會的分化,首先出現在收入差距上,10% 高收入和 10% 最低收入者的差距在 1991 年是四點五倍,1993 年上升為十一倍,1999 年為十四倍。私有化政策造成全國 40% 的人民生活陷於貧困之中,主要包括一些沒有技術性的工人、農民、退休人員和失業者;富有者約占總人口 1–2%,其中巨富占 0.2%,主要是當權者、「新俄羅斯人」、國營大型和中型企業負責人、黑手黨領袖。他們多半在極短時間內成為

暴發戶，造成貧者愈貧、富者愈富的貧富懸殊現象。

　　此外，1992 年起俄羅斯政府全面開放商品價格，導致日用品價格猛漲，加上通貨膨脹而造成國民儲蓄貶值和實際收入遽減，亦加速貧者愈貧的困境。私有化亦造成失業問題，這是前蘇聯時期聞所未聞的事，1992 年 1 月 1 日的失業人數為 61,876 人，到年底增加到六十萬名。1999 年俄羅斯官方出版的《統計年鑑》記載至 1998 年底失業人口為八百六十萬人，失業率為 11.8%。

　　蘇聯時期第三產業（金融業、保險業、房地產、旅遊業等服務業）並不發達，隨著私有化的實行，第三產業的就業人數逐漸增加，而傳統產業、冶金部門的就業人數漸減。

　　變遷中的俄羅斯社會是個不穩定的社會，有組織的犯罪集團或稱為黑手黨 (Mafiia, Black Hand) 成為俄羅斯社會安全的最大威脅，其勢力延伸至政府高層、軍警和知識份子等領域。從官方破案的犯罪案件得知 1992 年有 8,457 件，包含走私、違反外匯交易規則、謀殺案、重傷害、強暴、勒索、濫用職權、受賄等占 94% 等，與槍械、彈藥、毒品有關的案件占全部 6%。

　　私有化後經濟犯罪有增無減，這是指非法走私和利用賄賂取得國有產權的金融犯罪。私有化過程出現了有人偽造「私有化憑證」或偽造國有企業股票詐取私有化憑證，此因私有化憑證是無記名有價證券。國有企業私有化的過程中犯罪集團以極低的價格經由拍賣、標售或議價購得，官員以其職務之便甚而以 1% 的價格購得股票。

　　民營商業銀行普遍成立後，金融犯罪也跟著增加，主要有偽造匯款單、支票和其他有價證券，被冒領的數額極大；銀行未將中央撥款用於指定的工農業貸款，而是違規貸給商人，也未按規定將貸款歸還中央銀行；偽造貨幣盛行，盧布、美金均出現偽鈔。

　　貪污也是俄羅斯社會現象之一，貪污滲透許多政府機構，包括司法與治安單位。1992 年 4 月葉爾欽頒佈「反貪污命令」，卻形同具文。莫斯科市長魯日科夫 (Yuri Luzhkov, 1936–) 在 1993 年 7 月 31 日接

受自由電臺訪問時說：「因為市場經濟，出現了富人進行不合理方式的私有化。貪污是俄羅斯最燦爛的黑色花朵。」

知識份子在變遷中的社會地位和角色發生了很大的變化。在市場經濟的衝擊下，少數人爬上政治權力巔峰，甚而是只有三十多歲的青年如丘拜斯、蓋達爾、基里延科；有些人轉行經商，原蘇聯社會中傳統意義上的知識份子幾乎不存在。從政、從商、出國成為俄羅斯知識份子三大出路，以科技人才大量流失最為嚴重。他們在政治地位、社會聲望和收入方面都出現了極大的差異。

私有化造就俄羅斯社會新階級：「新俄羅斯人」（或稱為商人階層或企業家階層）。「新俄羅斯人」是俄羅斯社會和西方媒體對私有化後暴發戶的稱呼。他們利用職務賺取巨大的利潤，最賺錢的是出口原料如原油、有色金屬、木材、鋼材……等。卡爾梅克共和國年輕的總統伊柳姆日諾夫 (Kizhsan Iliumzhnov, 1962-)，在當選總統前就已是個富翁了，他是以出口石油發跡的。又如利用職務取得各類優惠貸款，甚而是無息貸款也是致富途徑：爭取到美金貸款，按市價兌換成盧布，貸款到期後，將盧布以官價還貸，剩餘的就是龐大的利潤。

變遷中的俄羅斯社會，價值觀和道德倫理觀亦產生危機，但是同時也是俄羅斯東正教復興的時期，1994 年東正教會決定重建宏偉的「基督救世主大教堂」❶，可看出人民對宗教信仰的需求。在 1980 年代俄羅斯教徒約占總人口的 10%；1990 年代末已增加到 50%，軍隊中甚而也設立宗教事務處。也有一些人民轉向特殊的宗教，如在日本被查禁的奧姆真理教在俄羅斯有三萬五千

❶「基督救世主大教堂」位於莫斯科克魯泡特金地鐵站，原址為紀念亞歷山大一世戰勝拿破崙大軍而於 1883 年落成的宏偉大教堂。1931 年 12 月 5 日史達林下令炸毀這座大教堂，赫魯雪夫於 1960 年代初在原址興建溫水露天公共游泳池，因泳池的水氣危害鄰近的普希金美術館藏名畫，故於 1990 年初關閉。1997 年為了紀念莫斯科建城 850 年，葉爾欽總統應允重建，莫斯科市長魯日科夫 (1992.6–2010.10) 力排眾議，斥鉅資二千萬美金重建可容納一萬名教徒的大教堂，2000 年初落成。這座大教堂成為今日莫斯科市的新地標。

圖 79: 基督救世主大教堂　位於莫斯科市，
2000 年初落成，高 103 公尺，可容納一萬名
教徒。

名教徒；來自美國的克利什那教和來自烏克蘭的「白色修道團」在俄
羅斯活躍，反映出民眾精神苦悶與迷惘。

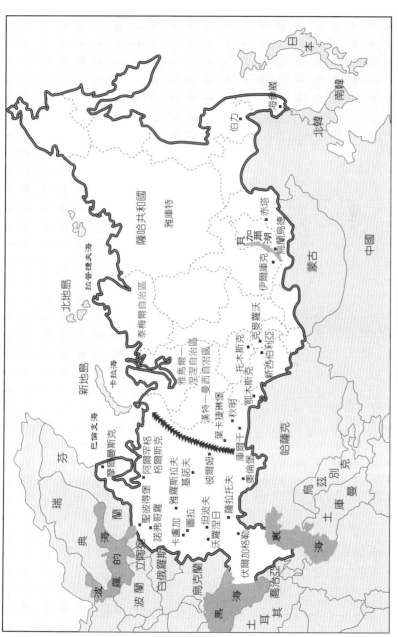

圖 80：俄羅斯地圖

Russia

附　錄

大事年表

852	《往年紀事》文獻以拜占庭皇帝米哈伊爾登基年為俄羅斯歷史之創始年。
862	留里克自北歐進入諾弗哥羅,統治斯拉夫部落,建立留里克王朝,是為俄羅斯的開國始祖。
882	奧列格攻占基輔,並建為新都。
907	奧列格率兵進攻君士坦丁堡,迫使拜占庭皇帝簽訂商業條約,應允與之貿易。
941	伊戈爾再攻君士坦丁堡,拜占庭皇帝與之重訂商業條約。
955	奧莉加攝政抵君士坦丁堡,由皇帝君士坦丁親自為其領洗,成為一名基督徒。
988	弗拉基米爾受洗為基督徒,娶拜占庭皇妹安娜公主,並宣佈基督教為國教。
1054	智者雅羅斯拉夫去世,基輔羅斯自此分崩離析。
1113	莫諾馬赫即位,短暫統一基輔羅斯。
1147	文獻首次提及莫斯科,是為莫斯科城建立之始。
1223	蒙古首次西征,大敗俄羅斯聯軍於卡爾加河畔。
1240	蒙古軍由拔都率領,攻陷基輔城,基輔成為廢墟,人民四處遷徙。
1242	拔都建立金帳汗國,定都於薩萊。
1326	俄羅斯東正教會大主教教座移駐莫斯科。
1328	莫斯科親王伊凡·卡利達被金帳汗國冊封為大公。

1380	莫斯科大公德米特里·頓斯科伊在「鵪鳥場之役」擊退蒙古軍。
1478	莫斯科公國兼併諾弗哥羅共和國。
1480	金帳汗國結束對俄羅斯的統治。
1494	伊凡三世中止諾弗哥羅與漢撒同盟的貿易。
1497	伊凡三世頒佈 1497 年法典。
1547	伊凡四世親政,加冕為「沙皇」。
1552	喀山汗國滅亡。
1556	阿斯特拉罕汗國滅亡。
1565–1572	伊凡四世建立「直轄區」,實行恐怖統治。
1569	波蘭與立陶宛聯合,稱波蘭王國。
1582	葉瑪克征服位於西伯利亞的西比爾汗國。
1587–1598	戈都諾夫攝政。
1596	波蘭於布列斯特宗教會議與境內東正教徒達成妥協性的「東儀天主教會」。
1598–1605	戈都諾夫被選為沙皇。
1605	戈都諾夫之子費多爾(二世)繼任沙皇,在位僅六星期。
1605	第一個偽德米特里任沙皇。
1606–1610	舒伊斯基即位為沙皇,自稱瓦西里四世。
1608–1610	第二個偽德米特里建立圖希諾政府(位於莫斯科附近),自稱沙皇。
1613	米哈伊爾·羅曼諾夫被選為沙皇,開啟羅曼諾夫王朝的統治。
1649	沙皇阿列克謝頒佈法典,地主有權無限期追捕逃亡農民,農民淪為農奴。
1652–1658	尼康任教長,實行宗教改革,造成教會分裂。

1654	烏克蘭哥薩克決議歸附莫斯科。
1667	波蘭承認東烏克蘭（含基輔）為俄羅斯領土。
1667–1671	拉辛之亂。
1682	伊凡五世與彼得一世共治。
1697–1698	彼得首次赴西歐考察。
1700–1721	大北方戰爭，俄國戰勝瑞典。
1703	彼得一世於芬蘭灣興建新都聖彼得堡。
1707–1708	布拉文之亂。
1713	從莫斯科遷都至聖彼得堡。
1717	彼得第二次赴西歐考察。
1721	參議院尊彼得為「國父」、「大帝」、「皇帝」。 取消教長制，由「神聖宗教會議」處理教會事務。
1725	設立「科學院」。
1755	成立莫斯科大學。
1768–1774	第一次俄土戰爭。
1772	第一次瓜分波蘭。
1773–1774	普加契夫之亂。
1783	兼併克里米亞汗國，劃為三個行省。
1789	拉吉舍夫出版《從聖彼得堡到莫斯科之旅》，1790 年 被查禁。
1787–1792	第二次俄土戰爭。
1793	第二次瓜分波蘭。
1795	第三次瓜分波蘭。
1801	兼併喬治亞（原屬波斯）。
1808	戰勝瑞典，瑞典割讓芬蘭。
1812	拿破崙率大軍入侵俄國，先勝後敗。
1814	俄軍反擊法軍，進入巴黎。

1815	維也納會議成立的「波蘭王國」由俄國保護,以俄羅斯沙皇兼波蘭國王並頒佈憲法。
1825	十二月黨人革命。
1826	尼古拉一世成立「第三局」,執行祕密警察任務。
1830	波蘭暴動,將近一年始被鎮壓。
1833	教育部長烏瓦羅夫提出沙皇統治三大原則: 東正教義、專制君權、民族性。
1836	恰達耶夫在《望眼鏡》發表〈哲學書簡〉,開啟斯拉夫派與西化派之爭論。
1837	民族詩人普希金與人決鬥身亡。
1853–1856	克里米亞戰爭,俄國戰敗。
1861	亞歷山大二世頒佈「農奴解放令」。
1863	波蘭叛亂。
1864	司法改革,地方自治局成立。
1865–1885	征服中亞地區。
1867	俄屬阿拉斯加售予美國。
1872	馬克思《資本論》第一卷俄譯本出版。
1874	民粹主義者發動「到民間去」運動。
1875	「南方工人協會」在奧德薩成立。
1876	民粹主義者成立「土地和自由社」。
1878	「俄國北方工人協會」在聖彼得堡成立。
1879	「土地和自由社」分裂為「民意黨」和「土地再分社」。
1881	民意黨人埋設炸彈,炸死亞歷山大二世。
1883	普列漢諾夫在日內瓦成立「勞工解放社」;布拉戈耶夫成立與馬克思主義有關的小組。
1895	列寧在聖彼得堡成立「工人階級解放鬥爭協會」。
1898	「俄羅斯社會民主工黨」在明斯克召開第一次代表大

	會。
1897	俄羅斯社會革命黨成立。
1903	俄羅斯社會民主工黨分裂為「布爾什維克」和「孟什維克」二派。南俄工人總罷工。
1904–1905	日俄戰爭，俄國戰敗。
1905 年 1 月	「血腥星期日」，史稱 1905 年革命。
5 月	總工會成立。
6 月	波坦金號戰艦叛變。
10 月	由鐵路罷工形成全國總罷工。
	聖彼得堡工人代表「蘇維埃」、各革命政黨代表組成。
10 月	尼古拉二世頒佈「十月宣言」，給予人民言論、集會、結社、出版的自由。
1906 年 5 月	第一屆「國家杜馬」召開，同年 7 月解散。
11 月	史托里賓實行土地改革，頒佈法令，允許農民退出村社。
1912 年 5 月	《真理報》創刊。
10 月	第四屆國家杜馬召開，1917 年 3 月解散。
1914 年 8 月	俄國捲入第一次世界大戰。
1916 年 12 月	拉斯普丁被殺。
1917 年 2 月	彼得格勒女工舉行示威遊行，爆發二月革命。
3 月	彼得格勒蘇維埃發佈「第一號命令」；尼古拉二世退位；臨時政府成立，與彼得格勒蘇維埃成為雙元政府。
4 月	列寧返國，在彼得格勒的芬蘭車站受到熱烈歡迎。
6 月	第一屆全俄蘇維埃代表大會在彼得格勒召開。
10 月	十月革命爆發，布爾什維克推翻臨時政府。
12 月	反共政權紛紛成立，開啟內戰。
1918 年 1 月	紅軍成立。

	3 月	與德國簽訂「布列斯特·利托夫斯克條約」，退出第一次世界大戰，條件是割地、賠款；俄羅斯社會民主工黨改名為俄羅斯共產黨（布爾什維克）；首都遷至莫斯科；英軍在莫曼斯克登陸，國際干涉開始。
	5 月	開始實行戰時共產主義。
	7 月 10 日	通過新憲法，新國名為「俄羅斯蘇維埃聯邦社會主義共和國」(RSFSR)。
	7 月 17 日	尼古拉二世全家遇害。
1921 年	2 月	內戰結束。
1921 年	3 月	廢除「戰時共產主義」，開始實行「新經濟政策」。
1922 年	10 月	日軍自海參崴撤退，徹底結束國際干涉。
1922 年	12 月 30 日	蘇維埃社會主義共和國聯盟 (USSR) 成立，簡稱「蘇聯」，加盟的有俄羅斯聯邦、烏克蘭、白俄羅斯、外高加索聯邦四個共和國。
1922–1953 年		史達林任俄共書記長（總書記）。
1924 年	1 月 21 日	列寧逝世。
1925 年	12 月	俄羅斯共產黨（布爾什維克）改名為蘇聯共產黨（布爾什維克）。
1928–1932 年		實行第一個五年計劃。
1930 年	1 月	全面開展農業集體化，提出消滅富農階級的政策。
1933–1937 年		實行第二個五年計劃。
1934 年		蘇聯加入國際聯盟。
1935 年	7–8 月	第三國際決定實行「人民陣線」政策。
1936 年	12 月 5 日	頒佈《蘇維埃社會主義共和國聯邦憲法》，又稱《史達林憲法》，史達林宣稱已建立起社會主義社會。
1939 年	8 月 23 日	蘇、德簽訂「德蘇互不侵犯條約」。
	9 月 1 日	德軍進攻波蘭，爆發第二次世界大戰。

1940 年　8 月 20 日　托洛茨基在墨西哥遇刺，次日身亡。

1941 年　6 月 22 日　德軍攻蘇，德蘇戰爭爆發。

1942 年　9 月 15 日　德軍攻占史達林格勒。

1943 年　1 月 18 日　史達林格勒解圍，蘇軍開始反攻，扭轉二次大戰局勢。

　　　　　5 月　　　　第三國際宣告解散。

1945 年　2 月　4 日　蘇聯、美國、英國三國領袖史達林、羅斯福、邱吉爾

　　　　～11 日　　　在克里米亞半島的雅爾達舉行會議。

　　　　　5 月　8 日　德國向聯軍無條件投降。

1946 年　3 月　5 日　邱吉爾在美發表「鐵幕」演說。

　　　　　4 月　　　　日丹諾夫提出新文化政策，開始文化整肅。

1947 年　9 月　　　　在貝爾格勒成立「共產黨情報局」。

1949 年　1 月 25 日　在華沙成立「經濟互助委員會」。

1952 年 10 月　　　　蘇聯共產黨（布爾什維克）黨名改為蘇聯共產黨。

1953 年　3 月　5 日　史達林逝世。

　　　　　6 月　　　　捷克、東德發生反蘇暴動。

　　　　　9 月 13 日　赫魯雪夫任蘇共中央第一書記。

1955 年　5 月　　　　「華沙公約」宣告成立。

　　　　　9 月 13 日　蘇聯與西德建交，此舉表示承認兩個德國。

1956 年　2 月 14 日　蘇共第二十屆代表大會，赫魯雪夫發表祕密報告，抨

　　　　～25 日　　　擊史達林的極權統治。

　　　　　4 月 17 日　解散「共產黨情報局」。

　　　　　6 月 28 日　波蘭發生反蘇暴動。

　　　　　10 月 23 日　匈牙利發生反蘇暴動。

　　　　　10 月　4 日　蘇聯發射人造衛星「史普特尼克一號」進入太空。

1958 年　3 月 27 日　赫魯雪夫兼任部長會議主席。

1959 年　6 月 20 日　蘇聯單方面撕毀與「中國」於 1957 年簽訂的「國防
　　　　　　　　　　　新技術協定」。

	9 月	赫魯雪夫訪問美國,在大衛營與艾森豪總統舉行會談。
1960 年	8 月	蘇聯從「中國」撤離最後一批學者、技術人員與學生。
1961 年	4 月 12 日	蘇聯太空人加加林乘太空船升入太空,為世界首創。
	12 月 11 日	蘇聯與阿爾巴尼亞斷交,阿爾巴尼亞與「中國」友好。
1962 年	11 月 20 日	蘇聯運回月前佈署在古巴的導彈,甘迺迪總統宣佈結束對古巴海面的封鎖,化解了古巴危機。
1964 年	10 月 14 日 ～15 日	赫魯雪夫被迫下臺,由布里茲涅夫當選為蘇共中央第一書記,柯錫金為蘇聯部長會議主席。
1968 年	8 月 21 日	蘇聯以「華沙公約」組織之名率軍入侵捷克之布拉格,阻止其「民主」改革——布拉格之春。
	9 月 26 日	《真理報》發表〈社會主義國家的主權與國際職責〉,此係針對「布拉格之春」改革所提出的辯護,亦稱「布里茲涅夫主義」。
1977 年	6 月 23 日	蘇聯《新時代》週刊發表文章,提及卡里略(西班牙共產黨總書記)提出的「歐洲共產主義」是用來對抗蘇聯的。
	10 月 7 日	開始實行新憲法,說明蘇聯已建立發達的社會主義社會。
1979 年	12 月 27 日	蘇軍入侵阿富汗。
1980 年		莫斯科主辦奧運會,美國為抗議蘇聯入侵阿富汗而拒不與會。
1982 年	11 月	布里茲涅夫逝世,安德洛波夫繼任蘇共中央總書記。
1984 年	2 月	安德洛波夫逝世,契爾年科繼任蘇共中央總書記。
1985 年	3 月 10 日	契爾年科逝世。
	3 月 11 日	戈巴契夫擔任蘇共中央總書記。
	3 月 21 日	戈巴契夫在蘇共中央政治局議會中,提出實現經濟集

約化和加速社會經濟發展的任務。

7月30日　戈巴契夫聲明: 蘇聯自8月6日起片面停止任何核子試驗，直至1986年1月1日止。

1986年　4月26日　車諾比爾核電廠發生事故，周圍一千平方公里的地區遭受放射性污染。

7月25日　美、蘇於日內瓦舉行第一回合的停止核試談判。

11月　6日　蘇聯國防部宣稱10月31日已自阿富汗撤除六團部隊。

1987年　1月23日　美、蘇於日內瓦舉行第四回合的停止核試談判。

3月28日　英國首相柴契爾夫人訪問蘇聯。

10月21日　蘇共中央舉行全會，葉爾欽在會中批評蘇共中央政治局、中央書記處的工作，點名批評戈巴契夫和利加喬夫。

11月　1日　戈巴契夫寫的《改革與新思維》一書英文版在美國出版。

12月　8日　戈巴契夫與雷根總統於華盛頓簽署美、蘇消除部署在歐洲的一千多枚中、近程飛彈條約。

1988年　2月　8日　戈巴契夫宣佈: 在達成「阿富汗和平協定」的兩個月之後，蘇聯軍隊即分十個月逐次撤出阿富汗。

4月21日　蘇聯外長與美國、巴基斯坦、阿富汗三國外長於日內瓦簽署「阿富汗和平協定」。

7月29日　公佈修憲草案，規定蘇維埃代表最多只能任兩個五年任期，對外用兵須經最高蘇維埃批准。

12月　7日　亞美尼亞北部發生大地震，五十萬人無家可歸，一萬一千人死亡。

1989年　2月25日　蘇聯完成從阿富汗的撤軍行動。

3月21日　蘇聯最高蘇維埃主席團決定在1989年至1990年裁

軍五十萬，並大量削減國防開支。

4 月 4 日　喬治亞發生獨立風潮。

5 月 15 日　戈巴契夫前往北京訪問，標誌著蘇「中」兩國、兩黨
～18 日　關係正常化。

5 月 25 日　第一屆蘇聯人民代表大會選戈巴契夫為蘇聯最高蘇
維埃主席。

7 月 25 日　頓涅茨礦工結束罷工。

7 月 29 日　拉脫維亞宣佈自主並可否決蘇聯法律。

8 月 23 日　約一百五十萬愛沙尼亞、拉脫維亞、立陶宛人民組成
連貫三國的人龍，抗議五十年前簽訂的「德蘇互不侵
犯條約」。

9 月 17 日　上千萬烏克蘭人悼念紅軍兼併烏克蘭五十週年。

9 月 23 日　亞塞拜然通過宣稱其領土有「完整、不可分割及不可
侵犯」的權利，並宣佈其法律效力優於蘇聯中央法律。

10 月 8 日　拉脫維亞人民陣線通過獨立計劃。

11 月 7 日　蘇共在紅場慶祝十月革命七十二週年時，約一萬名群
眾在紅場附近街頭抗議。

11 月 26 日　《真理報》刊登戈巴契夫題為〈社會主義思想與革命
性改革〉的長篇文章，提出要從經濟基礎到上層建築
以改造整個社會主義大廈。

12 月 12 日　蘇聯第二屆人民代表大會宣佈：1979 年 12 月蘇聯出
～24 日　兵阿富汗的決定應受到「道義上和政治上的譴責」；
1939 年 8 月 23 日的「德蘇互不侵犯條約」祕密決定
書違背蘇聯對外政策原則。

1990 年　1 月 13 日　亞美尼亞議會通過有權否決蘇聯中央法律。

1 月 18 日　數十萬喬治亞人示威，要求獨立。

2 月 7 日　蘇共中央決議放棄享有七十二年歷史的一黨專政地

位，並改採直選總統制。

2 月 13 日　數萬摩爾達維亞人集會，要求獨立。

2 月 28 日　人民代表大會通過新法，允許人民擁有財產、土地。農民可以選擇留在集體農場或獲得自己的土地。

3 月 9 日　喬治亞議會宣佈有自主權。

3 月 11 日　立陶宛宣佈獨立，將原有的「蘇維埃社會主義」國名刪除。

3 月 12 日　第三屆人民代表大會修改蘇共在國家政治生活中壟
～15 日　　斷地位的憲法條款，並選舉戈巴契夫為蘇聯首任總統。

5 月 4 日　拉脫維亞新議會通過獨立宣言。至此，波羅的海三國已全部宣佈脫離蘇聯，恢復獨立。

5 月 29 日　俄羅斯聯邦第一屆人民代表大會選舉葉爾欽為俄羅斯聯邦最高蘇維埃主席，並宣佈俄羅斯聯邦法律高於蘇聯法律。

1991 年　2 月 19 日　葉爾欽在電視臺發表談話，批評戈巴契夫獨攬大權、背離激進的經濟改革和使用軍隊鎮壓人民，要求戈巴契夫立即辭職。

3 月 8 日　蘇聯人民代表大會發表新聯盟條約草案，根據草案，蘇聯是「主權的聯邦制民主國家，由各平等共和國自願聯合組成」。

3 月 17 日　蘇聯舉行首次全民公投，就聯盟存廢付諸公決。

6 月 12 日　俄羅斯聯邦舉行總統大選，葉爾欽以 57.35% 選票當選為俄羅斯聯邦第一任總統。

6 月 13 日　列寧格勒市經由市民投票，決議恢復聖彼得堡市名。

7 月 20 日　葉爾欽發佈關於俄羅斯聯邦國家機關非黨化的命令。

8 月 15 日　《莫斯科新聞》週報公佈「蘇維埃主權共和國聯盟條

約」。該條約於同年 7 月 23 日議訂，將於 8 月 20 日簽署。

8 月 18 日　戈巴契夫前往克里米亞別墅渡假。16 時 50 分保守派人士包圍別墅，要求戈巴契夫將總統權力交給副總統並同意宣佈緊急狀態，或者提出辭職，戈巴契夫拒絕後被軟禁。

8 月 19 日　清晨 6 時 5 分，蘇聯副總統亞納耶夫在廣播電臺宣佈，由他接替戈巴契夫的總統全權。聲明從 8 月 19 日莫斯科時間 4 時起在蘇聯某些地方實行為期六個月的緊急狀態。

8 月 21 日　蘇聯總統戈巴契夫於 21 時 10 分發表聲明，他已完全控制局勢，恢復了與國家的聯繫。

8 月 24 日　烏克蘭宣佈獨立。戈巴契夫辭去蘇共總書記職務，並要求中央委員會自行解散。

8 月 25 日　白俄羅斯宣佈獨立。

8 月 27 日　摩爾達維亞宣佈獨立。

8 月 30 日　亞塞拜然、烏茲別克、吉爾吉斯分別宣佈獨立。

9 月 9 日　塔吉克宣佈獨立。

9 月 23 日　亞美尼亞宣佈獨立。

10 月 27 日　土庫曼宣佈獨立。

12 月 1 日　烏克蘭舉行全民公投，83% 的選民參與投票，其中 90% 的人贊成烏克蘭脫離蘇聯獨立，同時選出克拉夫丘克為烏克蘭首任總統。

12 月 16 日　哈薩克宣佈獨立。

12 月 21 日　由葉爾欽領導的俄羅斯、烏克蘭、白俄羅斯、亞塞拜然、亞美尼亞、哈薩克、烏茲別克、吉爾吉斯、塔吉克、土庫曼、摩爾達維亞等十一個共和國領袖在阿拉

木圖簽署建立「獨立國協」協議書。

12 月 25 日 戈巴契夫於 19 時在電視臺宣佈辭去蘇聯總統職務，19 時 38 分，克里姆林宮降下有鐮刀、鎚子的紅旗；俄羅斯蘇維埃聯邦社會主義共和國最高蘇維埃決定更改國名為「俄羅斯聯邦」（或稱俄羅斯）；葉爾欽獲得前蘇聯核子武器使用權；晚間，俄羅斯白藍紅三色旗升上克里姆林宮頂。

12 月 26 日 蘇聯最高蘇維埃舉行最後一次會議，宣佈蘇聯作為一個國家實體和國際法主體停止存在。

1992 年 1 月 2 日 實行價格全面自由化，先開放 90% 的零售價格和 80% 的批發價格，導致莫斯科消費者物價提高四‧五倍。

6 月 1 日 俄羅斯加入國際貨幣基金組織 (IMF)。

6 月 17 日 葉爾欽在美國國會宣佈，他已下令解除 SS18 型洲際導彈的戰備狀態，彈頭不再對準美國。

8 月 5 日 IMF 對俄羅斯貸款十億美金。

8 月 14 日 葉爾欽發佈命令，允許俄羅斯公民以「私有化憑證」購買公司股票、投資基金、或出售「私有化憑證」。

12 月 12 日 人代會決定於 1993 年 4 月 11 日舉行全民公投，以決定新憲法基本原則。

1993 年 2 月 13 日 俄羅斯聯邦共產黨宣佈成立，宣稱有五十萬黨員。

4 月 23 日 葉爾欽公佈憲法草案，主張實行總統制政體，並取消人代會與最高蘇維埃。

4 月 27 日 葉爾欽在 4 月 25 日的公投中獲得 58.05% 的信任票，經濟改革政策得到 52.88% 的支持票。

7 月 12 日 制憲會議通過總統版的憲法草案。

8 月 27 日 俄總理重申不歸還「北方四島」給日本。

9 月　3 日　烏克蘭同意把黑海艦隊全部交給俄羅斯,俄羅斯同意
　　　　　付補償金。

9 月 21 日　俄羅斯爆發「府會之爭」。

10 月　2 日　葉爾欽宣佈莫斯科進入緊急狀態,派軍隊砲轟國會大
～4 日　　廈,最後逮捕副總統魯茨科伊和國會議長哈斯布拉托
　　　　　夫。

10 月 23 日　喬治亞加入獨立國協,成為第十二個會員國(愛沙尼
　　　　　亞、拉脫維亞、立陶宛仍拒絕加入)。

10 月 27 日　葉爾欽發佈實行土地私有化命令。

11 月　6 日　葉爾欽宣佈繼續擔任總統至 1996 年,而不是先前所
　　　　　提議的 1994 年 6 月 12 日。

12 月 12 日　舉行新國會選舉和新憲法草案全民公投:新憲法草案
　　　　　獲得通過,「俄羅斯民主選擇聯盟」在(下議院)國
　　　　　家杜馬占最多席位;新憲法確定「俄羅斯聯邦與俄羅
　　　　　斯是意義相等之稱號」。

1994 年　4 月 30 日　俄羅斯和巴黎俱樂部談判債務,俄羅斯債務達 840 億
　　　　　美金,其中 75% 是政府債。

6 月 30 日　無償私有化階段結束,全俄 70% 工業企業實行私有
　　　　　化,四千萬人民成為股東,一百多萬人成為小企業主。

7 月　8 日　俄羅斯首次以平等地位參與七大工業國家 (G7) 高峰
～10 日　　會議。

12 月　9 日　葉爾欽發佈總統命令,要動員國家一切資源來制止車
　　　　　臣的暴動。

1995 年　2 月 21 日　俄羅斯與車臣停火協議破裂,俄軍再度發動攻擊。

4 月 24 日　俄羅斯正式成為亞太經濟合作會議 (APEC) 的會員
　　　　　國。

7 月 11 日　葉爾欽因心臟病缺血而住院治療,健康狀況堪憂。

12 月 25 日　國家杜馬改選，俄羅斯共產黨為新國會第一大黨。

1996 年　2 月 22 日　IMF 提供俄羅斯為期三年共計 102 億美金的貸款。

4 月 21 日　國家杜馬通過「建立俄羅斯和白俄羅斯共同體條約」。

4 月 22 日　車臣暴動領袖杜達耶夫中彈身亡。

6 月 16 日　舉行總統大選第一輪投票，三位候選人皆未超過半數選票，將於 7 月 3 日舉行第二輪投票。

7 月　5 日　葉爾欽獲得 53.82% 選民的支持，當選為總統。

8 月 18 日　俄軍開始撤離車臣首府格洛茲尼。

11 月 22 日　俄羅斯首次發行國際債券，在歐洲發行十億美金的債券。

1997 年　　　　　紀念莫斯科建城八百五十年，舉行多項慶祝活動。

6 月 26 日　世界銀行批准對俄羅斯總額共八十三億美金的貸款，先撥八億美元以支持改革。

8 月　4 日　葉爾欽宣佈自 1998 年元旦起推出新盧布，每一千舊盧布兌換一新盧布。

1998 年　4 月 17 日　國家杜馬再度不通過總理任命案。

8 月 17 日　俄羅斯出現金融危機「黑色八一七」。

1999 年　4 月　5 日　盧布跌破至 25 盧布兌換 1 美金，從年初至今盧布貶值為 22%；外匯存底為一百零九億美金。

7 月 28 日　IMF 對俄貸款四十五億美金以清償拖欠債務，俄羅斯積欠 IMF 共計一百八十億美金。

8 月　9 日　葉爾欽撤換甫上任二個月的史泰巴辛總理，這是十七個月來第四次撤換內閣。新總理由聯邦安全局局長普丁接任。

8 月 11 日　新任總理普丁聲明堅決打擊車臣恐怖份子。

12 月 31 日　葉爾欽宣佈辭去總統職務，由普丁暫行代理，三個月後舉行總統大選。

2000 年	4 月 16 日	國會批准「第二階段戰略武器裁減條約」。
	5 月 7 日	普丁就任俄羅斯總統。
	11 月 16 日	與歐盟在布魯塞爾簽訂「科學與科技合作協議」。
2001 年	3 月 22 日	美國以從事間諜活動為由,驅逐五十名駐美的俄羅斯外交官。
2002 年	5 月 28 日	北約與俄羅斯發表「羅馬宣言」,建立夥伴關係。
	11 月	莫斯科「歐盟與俄羅斯能源科技中心」正式啟用。
2003 年	5 月 27 日	紀念聖彼得堡建城三百年,舉行多項慶祝活動。
	10 月 23 日	莫斯科爆發車臣恐怖份子挾持劇院人質事件。
	12 月 7 日	舉行國會大選。
2004 年	3 月 14 日	普丁再次當選,連任俄羅斯總統。
	4 月 27 日	與歐盟正式簽署「夥伴與合作協議議定書」。
	11 月 5 日	正式批准《京都議定書》。
2005 年	5 月 9 日	紀念「偉大的衛國戰爭」(第二次世界大戰)勝利日六十週年,舉行盛大的慶祝活動,邀請包括美國總統布希等五十多國領袖前往莫斯科共襄盛舉。
	7 月 1 日 ～3 日	中國國家主席胡錦濤訪問俄羅斯。
2006 年	1 月 1 日	因與烏克蘭對天然氣交易價格一直未能取得共識,而中斷對烏克蘭供氣。
2007 年	1 月 8 日 ～11 日	因發生能源爭議,暫停輸送石油至白俄羅斯。
2008 年	5 月 7 日	梅德維傑夫就任俄羅斯總統。
2009 年	4 月 16 日	政府宣布車臣戰爭正式結束。
2010 年	4 月 8 日	與美國簽署《新削減戰略武器條約》。
	7 月	因乾旱、高溫導致多處森林大火,造成五十多人死亡。
2011 年	12 月 10 日	爆發抗議杜馬選舉舞弊與違法行為的示威運動,這是

自蘇聯解體以來最大規模的民眾抗議活動。

| 2012 年 | 5 月 7 日 | 普丁就任俄羅斯總統。 |

2012 年　5 月　7 日　普丁就任俄羅斯總統。

2013 年　2 月 15 日　小行星撞擊車里雅賓斯克，造成一千多人受傷。

2014 年　2 月　7 日　第 22 屆冬季奧運在索契舉行。
　　　　　　～23 日

　　　　　3 月 16 日　克里米亞舉行獨立公投，並於次日宣布脫離烏克蘭獨
　　　　　　　　　　　立。

　　　　　3 月 18 日　克里米亞加入俄羅斯聯邦。

　　　　　3 月 24 日　因烏克蘭與克里米亞事件，八大工業國組織 (G8) 發
　　　　　　　　　　　表「海牙宣言」，凍結俄羅斯會籍。

　　　　　6 月　　　　因原油價格下跌，加上美國與歐盟因克里米亞事件對
　　　　　　　　　　　俄羅斯實行經濟制裁，使得盧布大幅貶值，通貨膨脹
　　　　　　　　　　　嚴重。

2015 年　1 月　　　　俄羅斯決定加大核武儲備量。

俄羅斯與蘇聯統治者

一、留里克王朝 (862–1598)

留里克	Riurik	862–879
奧列格	Oleg	879–912
伊戈爾	Igor'	912–945
奧莉加（攝政）	Ol'ga, regent	945–962
斯維亞托斯拉夫	Sviatoslav	945–972
亞羅波爾克	Yaropolk	972
弗拉基米爾	Vladimir	978–1015
斯維亞托波爾克	Sviatopolk	1015–1019
雅羅斯拉夫，智者	Yaroslav, the Wise	1019–1054
伊賈斯拉夫	Iziaslav	1054–1073, 1076–1078
斯維亞托斯拉夫	Sviatoslav	1073–1076
伏謝沃洛德	Vsevolod	1078–1093
斯維亞托波爾克	Sviatopolk	1093–1113
莫諾馬赫	Monomakh (Vladimir II)	1113–1125
穆斯提斯拉夫	Mstislav	1125–1132
雅羅波爾克	Yaropolk	1132–1139
維亞切斯拉夫	Viacheslav	1139–1146
伊賈斯拉夫	Iziaslav	1146–1154
尤里·多爾戈魯基	Yuri Dolgoruky	1155–1157
安德列·博戈柳布斯基	Andrei Bogoliubsky	1157–1174
弗謝沃洛德	Vsevolod	1176–1212
尤里	Yuri	1212–1237

雅羅斯拉夫	Yaroslav	1237–1246
斯維亞托斯拉夫	Sviatoslav	1246–1248
安德烈	Andrei	1248–1252
亞歷山大·涅夫斯基	Alexander Nevsky	1252–1263
雅羅斯拉夫	Yaroslav	1264–1271
瓦西里	Vasili	1272–1276
德米特里	Dmitrii	1277–1294
安德烈	Andrei	1294–1304
米哈伊爾	Mikhail	1304–1319
尤里·丹尼爾洛維奇	Yuri Danielovich	1319–1325
伊凡一世	Ivan I, Kalita	1325–1340
西蒙	Simeon, the Proud	1340–1353
伊凡二世	Ivan II	1353–1359
德米特里·頓斯科伊	Dmitri Donskoi	1359–1389
瓦西里一世	Vasili I	1389–1425
瓦西里二世	Vasili II	1425–1462
伊凡三世	Ivan III, the Great	1462–1505
瓦西里三世	Vasili III	1505–1533
伊凡四世	Ivan IV, the Terrible	1533–1584
費多爾一世	Fedor I	1584–1598

二、混亂時期 (1598–1613)

戈都諾夫	Boris Godunov	1598–1605
費多爾二世	Fedor II	1605
偽德米特里一世	Dmitri I	1605–1606
瓦西里四世	Vasili IV	1606–1610
包亞杜馬	Boyar Duma	1610–1613

三、羅曼諾夫王朝 (1613–1917)

米哈伊爾	Mikhail Romanov	1613–1645
阿列克謝	Aleksei	1645–1676
費多爾三世	Fedor III	1676–1682
索菲亞（攝政）	Sophia, regent	1682–1689
伊凡五世	Ivan V	1682–1696
彼得一世（大帝）	Peter I, the Great	1682–1725
凱薩琳一世	Catherine I	1725–1727
彼得二世	Peter II	1727–1730
安娜	Anna Ivanovna	1730–1740
伊凡六世	Ivan VI	1740–1741
伊莉莎白	Elizabeth	1741–1762
彼得三世	Peter III	1762
凱薩琳二世	Catherine II, the Great	1762–1796
保羅一世	Paul I	1796–1801
亞歷山大一世	Alexander I	1801–1825
尼古拉一世	Nikolai I	1825–1855
亞歷山大二世	Alexander II	1855–1881
亞歷山大三世	Alexander III	1881–1894
尼古拉二世	Nikolai II	1894–1917

四、蘇聯統治者 (1917–1991)

列寧	V. I. Lenin	1917–1924
史達林	J. V. Stalin	1924–1953
馬林可夫	G. M. Malenkov	1953
赫魯雪夫	N. S. Khrushchev	1953–1964
布里茲涅夫	L. I. Brezhnev	1964–1982
安德洛波夫	Iu. V. Andropov	1982–1984
契爾年科	K. V. Chernenko	1984–1985

| 戈巴契夫 | M. S. Gorbachev | 1985–1991 |

五、俄羅斯總統 (1991–2012)

葉爾欽	B. N. Yel'tsin	1991–1999
普丁	V. Putin	2000–2008
梅德維傑夫	D. Medvedev	2008–2012
普丁	V. Putin	2012–

參考書目

王鉞，《往年紀事譯注》，蘭州：甘肅民族出版社，1994年6月第1版。

尹慶耀，《蘇維埃帝國的消亡》，臺北：五南圖書出版公司，民國83年5月初版一刷，674頁。

任光宣，《俄羅斯藝術史》，北京：北京大學出版社，2000年8月第1版，400頁。

何瑾，《俄羅斯風情》，臺北：明雅堂出版社，民國83年出版，182頁。

李明濱，《俄羅斯文化史》，臺北：亞太圖書出版社，2000年12月初版一刷，253頁。

李邁先，《俄國史》，上、下卷，臺北：正中書局，民國58年8月臺初版，民國84年4月臺初版第九次印行，879頁。

吳玉山，《俄羅斯轉型》，臺北：五南圖書出版公司，民國89年4月初版一刷，405頁。

沈志華主編，《一個大國的崛起與崩潰——蘇聯歷史專題研究》，北京：社會科學文獻出版社，2009年8月第1版，三冊，1210頁。

奚靜之，《俄羅斯蘇聯美術史》，臺北：藝術家出版社，1990年10月初版，573頁。

段昌國、何萍編著，《俄國史》，臺北：國立空中大學，民國88年8月初版，402頁。

姚海，《俄羅斯文化之路》，臺北：淑馨出版社，1991年11月初版，306頁。

陸南泉等著，《蘇聯興亡史論》，北京：人民出版社，2002年1月第1版，896頁。

賀允宜，《俄國史》，臺北：三民書局，2004年4月初版一刷，654頁。

畢英賢主編，《俄羅斯》，臺北：國立政治大學國際關係研究中心，民國84

年元月再版，510 頁。

畢英賢主編，《蘇聯》，臺北：國立政治大學國際關係研究中心，民國 78 年
　　12 月增修版，683 頁。

曹靖華主編，《俄國文學史》，北京：人民文學出版社，1989 年 5 月第 1 版，
　　640 頁。

曹維安，《俄國史新論──影響俄國歷史發展的基本問題》，北京：中國社
　　會科學出版社，2002 年 5 月第 1 版，397 頁。

葉水夫主編，《蘇聯文學史》，三卷，北京：中國社會科學出版社，1994 年
　　10 月第 1 版，第一卷 295 頁，第二卷 487 頁，第三卷 737 頁。

葉書宗、張盛發，《錘子與鐮刀──蘇維埃文化和蘇維埃人》，臺北：淑馨
　　出版社，1991 年 11 月初版，237 頁。

樂峰，《東正教史》，北京：中國社會科學出版社，1990 年 6 月第 1 版，366
　　頁。

蘇科院歷史所列寧格勒分所編，張開等譯，《俄國文化史綱：從遠古至 1917
　　年》，北京：商務印書館，1994 年 10 月第 1 次印刷，747 頁。

歐茵西，《新編俄國文學史》，臺北：書林出版社，民國 82 年第 1 版，335 頁。

（美）尼古拉‧梁贊諾夫斯基、馬克‧斯坦伯格著，楊燁主譯，《俄羅斯史》
　　第七卷，上海：人民出版社，2007 年 12 月第一版，2009 年 10 月第 2
　　次印刷，737 頁。

（俄）Gorbachev（米‧謝‧戈爾巴喬夫）著，述弢譯，《戈爾巴喬夫回憶
　　錄：全譯本》，北京：社會科學文獻出版社，2003 年 4 月第 1 版，二冊，
　　1455 頁。

（美）Hecker（赫克）著，高驊譯，《俄羅斯的宗教》，香港：香港道風山
　　基督教叢林，1994 年，207 頁。

（俄）Kliuchevsky（克柳切夫斯基）著，張草紉、浦允南譯，《俄國史教程》，
　　第一卷～第五卷，北京：商務印書館，1992 年 3 月～2009 年 6 月。

（法）Leroy-Bearlieu, Anatole 編，劉增泉譯，《帝俄和俄羅斯》，上、下冊，
　　臺北：國立編譯館出版，鼎文書局總經銷，民國 89 年 6 月初版，1555

頁。

（美）MacKenzie, D. & Curran, M. W. 著，蔡百詮譯，《俄羅斯・蘇聯・與其後的歷史》，上、下冊，臺北：國立編譯館，民國 84 年 10 月初版，1224 頁。

（美）O'Clery（康納・歐克勒瑞）著，周全譯，《蘇聯的最後一天》，臺北：左岸文化事業有限公司，2013 年 12 月初版一刷，526 頁。

（俄）Yel'tsin（鮑里斯・葉爾欽）著，江仲、張定綺譯，《葉爾欽——革命手記》，臺北：智庫文化股份有限公司，1994 年 8 月第 1 版，376 頁。

（俄）Zezina（澤齊娜）等著，劉文飛、蘇玲譯，《俄羅斯文化史》，上海：上海藝文出版社，1999 年 12 月第 1 版，404 頁。

圖片出處：Aurora: 4, 16, 22, 42, 55, 58; Art-Rodnik: 10, 18, 31, 41, 77; Schapowalow/Huber, Hamburg: 21; Planeta Publishers: 27, 28, 38, 40, 57, 67, 73, 76; ShutterStock: 63; Associated Press, AP: 75; Alamy: 15, 53, 74.

澳大利亞史——古大陸‧新國度

南方的大陸——澳大利亞,是人們傳說中的仙境。隨著西方人的航海、冒險,以及英國人的殖民與開墾,漸漸地掀開不為人知的神秘面紗,也為這塊古老的土地開創了歷史的新頁,將澳洲從荒蕪的焦土變成繁華的樂園。

土耳其史——歐亞十字路口上的國家

在回教色彩的揮灑下,土耳其總有一種東方式的神秘感;強盛的國力創造出充滿活力的燦爛文明,特殊的位置則為她帶來多舛的境遇。且看她如何在內憂外患下,蛻變新生,迎向新時代的來臨。

菲律賓史——東西文明交會的島國

由於特殊的殖民背景,菲律賓融合了傳統東方文化與現代西方文明,在「外表東方,內心西方」的十字路口,且看菲律賓如何在殖民統治下,努力走向獨立的民主國家,走出屬於自己的獨特道路。

阿富汗史——文明的碰撞和融合

什麼?戰神亞歷山大費盡心力才攻下阿富汗!什麼?英國和蘇聯曾經被阿富汗人打得灰頭土臉!沒錯,這些都是阿富汗的光榮歷史!就讓本書一起帶領你我了解不同於電視新聞的阿富汗。

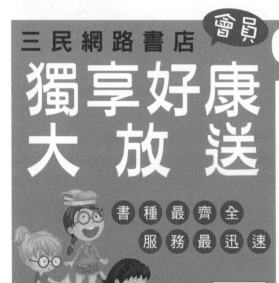